プリント形式のリアル過去問で本番の臨場感！

京都府 公立高等学校

中期選抜

2025年春受験用 解答集

本書は，実物をなるべくそのままに，プリント形式で年度ごとに収録しています。
問題用紙を教科別に分けて使うことができるので，本番さながらの演習ができます。

■ 収録内容

・解答集（この冊子です）

書籍ＩＤ番号，この問題集の使い方，最新年度実物データ，教科別入試データ解析，
解答例と解説，ご使用にあたってのお願い・ご注意，お問い合わせ

・2024（令和６）年度 ～ 2022（令和４）年度　学力検査問題

・リスニング問題音声《オンラインで聴く》　詳しくは次のページをご覧ください。

○は収録あり	年度	'24	'23	'22			
■ 問題（中期選抜）		○	○	○			
■ 解答用紙		○	○	○			
■ 配点		○	○	○			
■ 英語リスニング音声・原稿		○	○	○			

全教科に解説があります

注）国語問題文非掲載：2024年度の二

問題文の非掲載につきまして

著作権上の都合により，本書に収録している過去入試問題の本文の一部を掲載しておりません。ご不便をおかけし，誠に申し訳ございません。

本文の一部を掲載できなかったことによる国語の演習不足を補うため，論説文および小説文の演習問題のダウンロード付録があります。弊社ウェブサイトから書籍ＩＤ番号を入力してご利用ください。

なお，問題の量，形式，難易度などの傾向が，実際の入試問題と一致しない場合があります。

教英出版

■ 書籍ＩＤ番号

リスニング問題の音声は，教英出版ウェブサイトの「ご購入者様のページ」画面で，書籍ＩＤ番号を入力してご利用ください。

入試に役立つダウンロード付録や学校情報なども随時更新して掲載しています。

書籍ＩＤ番号　159528

（有効期限：2025年9月30日まで）

【入試に役立つダウンロード付録】

「ラストチェックテスト(標準／ハイレベル)」

「高校合格への道」

【リスニング問題音声】

オンラインで問題の音声を聴くことができます。

有効期限までは無料で何度でも聴くことができます。

■ この問題集の使い方

年度ごとにプリント形式で収録しています。針を外して教科ごとに分けて使用します。①片側，②中央のどちらかでとじてありますので，下図を参考に，問題用紙と解答用紙に分けて準備をしましょう（解答用紙がない場合もあります）。

針を外すときは，けがをしないように十分注意してください。また，針を外すと紛失しやすくなりますので気をつけましょう。

① 片側でとじてあるもの

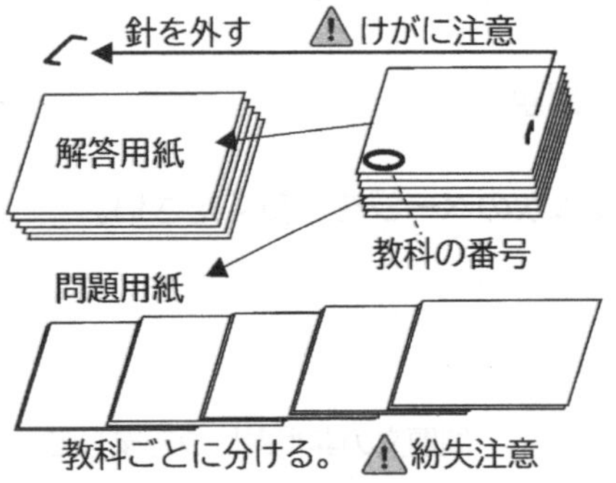

② 中央でとじてあるもの

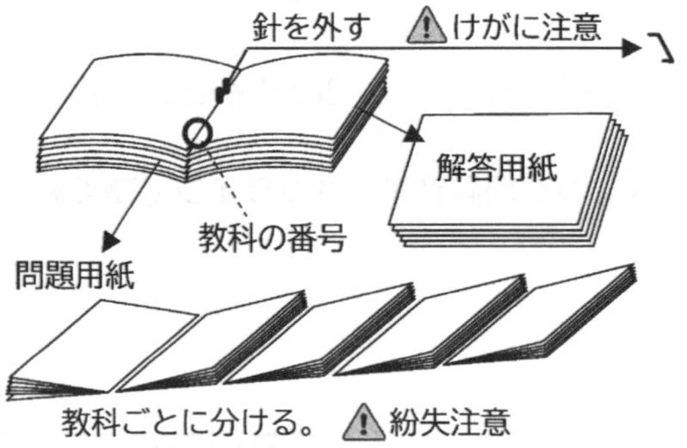

※教科数が上図と異なる場合があります。
解答用紙がない場合や，問題と一体になっている場合があります。
教科の番号は，教科ごとに分けるときの参考にしてください。

■ 最新年度 実物データ

実物をなるべくそのままに編集していますが，収録の都合上，実際の試験問題とは異なる場合があります。実物のサイズ，様式は右表で確認してください。

問題用紙	Ａ４冊子(二つ折り)
解答用紙	Ａ４片面プリント

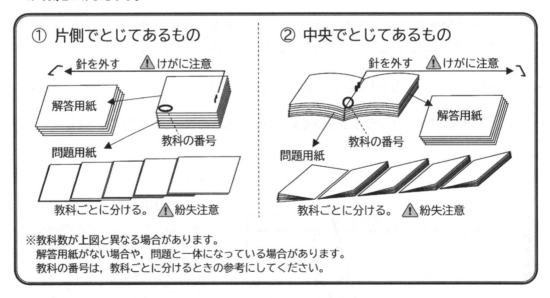

京都府中期　公立高校入試データ解析　国語

分野別データ			2024	2023	2022
大問の種類	長文	論説文・説明文・評論	○	○	○
		小説・物語			
		随筆・紀行文			
	古文・漢文		○	○	○
	詩・短歌・俳句				
	その他の文章				
	条件・課題作文				
	聞き取り				
漢字・語句	漢字の読み書き		○	○	○
	熟語・熟語の構成		○	○	
	部首・筆順・画数・書体		○		○
	四字熟語・慣用句・ことわざ				
	類義語・対義語				
文法	品詞・用法・活用		○	○	○
	文節相互の関係・文の組み立て				
	敬語・言葉づかい				
文章の読解	長文	語句の意味・補充	○	○	○
		接続語の用法・補充			
		表現技法・表現の特徴		○	
		段落・文の相互関係	○	○	○
		文章内容の理解	○	○	○
		人物の心情の理解			
	古文・漢文	歴史的仮名遣い	○	○	○
		文法・語句の意味・知識	○		
		動作主		○	○
		文章内容の理解	○	○	○
	詩・短歌・俳句				
	その他の文章				

形式データ	2024	2023	2022
漢字の読み書き	2	2	2
記号選択	19	20	18
抜き出し	3	3	4
記述	1	1	1
作文・短文			
その他			

2025年度入試に向けて

例年，古文と説明的文章の，大問２題構成である。古文の設問は，歴史的仮名遣いから全体の内容に関するものまで幅広い。省略された主語を補うなどしながら，丁寧に内容を追っていこう。説明的文章の設問では，例年，本文の内容についてのやりとりをもとにした読解の問題が出ている。各段落の内容をふまえたうえで，文章全体における筆者の主張をつかもう。また，品詞や意味用法の見分けなどの文法も問われている。基本事項をしっかり復習し，得点源にしよう。

京都府中期　公立高校入試データ解析　社会

分野別データ		2024	2023	2022	形式データ		2024	2023	2022
地理	世界のすがた	○	○	○	記号選択	資料読み取り	3	4	3
	世界の諸地域（アジア・ヨーロッパ・アフリカ）	○	○	○		知識	5	4	4
	世界の諸地域（南北アメリカ・オセアニア）			○		計算		1	
	日本のすがた	○	○	○	語句記述		1		2
	日本の諸地域（九州・中国・四国・近畿）	○			文章記述				1
	日本の諸地域（中部・関東・東北・北海道）		○	○	計算				
	身近な地域の調査		○		作図		1		1
歴史	原始・古代の日本	○	○	○	記号選択	資料読み取り			
	中世の日本	○	○	○		知識	9	8	9
	近世の日本	○	○	○		並べ替え年代考証	2	2	2
	近代の日本	○	○	○	語句記述		1	4	1
	現代の日本	○	○	○	文章記述				
	世界史	○	○	○					
公民	わたしたちと現代社会	○		○	記号選択	資料読み取り	3	2	3
	基本的人権	○	○			知識	4	7	2
	日本国憲法	○			語句記述		2		2
	民主政治	○	○	○	文章記述				
	経済	○	○						
	国際社会・国際問題	○	○	○					

2025年度入試に向けて

記号選択問題が多く，地理分野は資料読み取りを，歴史と公民は知識を問われる問題が多い。特に地理と歴史は大問の中で融合された問題として出題されるので，地名などを歴史的な出来事と結びつけて覚えておくとよい。歴史は基礎的な語句を選択する問題が多いので，各時代を代表する人物・文化・出来事などを確実に覚えておきたい。公民は，経済をテーマとする問題がよく出題される。金融の仕組みや景気変動の模式図などをしっかりと理解しておきたい。

京都府中期　公立高校入試データ解析　数学

分類		2024	2023	2022
式と計算	数と計算	○	○	○
	文字式	○	○	○
	平方根	○	○	○
	因数分解			
	1次方程式			○
	連立方程式		○	○
	2次方程式	○	○	○
統計	データの活用	○	○	○
	確率	○	○	○
関数	比例・反比例		○	○
	1次関数	○	○	○
	2乗に比例する関数	○	○	○
	いろいろな関数			
	グラフの作成			○
	座標平面上の図形			
	動点，重なる図形		○	
図形	平面図形の性質	○	○	○
	空間図形の性質	○	○	○
	回転体			
	立体の切断			
	円周角		○	○
	相似と比	○	○	○
	三平方の定理	○	○	○
	作図	○		
	証明			

分類	問題構成	2024	2023	2022
式と計算	小問	[1](1)～(5) 計算問題	[1](1)～(5) 計算問題	[1](1)～(5) 計算問題
	大問	[6]円周上の点の個数と弦の本数の規則性	[6]規則的に並べられたタイルの枚数	[6]規則的に並べられた正三角形の枚数
統計（データの活用）	小問		[1](8)箱ひげ図	[1](8)標本調査
	大問	[2]ヒストグラム，箱ひげ図		
統計（確率）	小問	[1](8)５個の色玉		
	大問		[3]８枚のカード	[2]さいころ２回
関数	小問	[1](6)２乗に比例する関数の式	[1](6)双曲線上で x座標，y座標がともに整数の点の個数	[1](6)変域
	大問	[3]文章問題 道のり・速さ・時間	[4]文章問題 動点と三角形の面積	[4]文章問題 道のり・速さ・時間
図形	小問	[1](7)作図	[1](7)平行線と線分の長さ	[1](7)円周角
	大問	[4]空間図形 円すい [5]平面図形 長方形，三角形	[2]空間図形 円柱，円すい [5]平面図形 円，三角形	[3]空間図形 三角柱，四角すい [5]平面図形 三角形

2025年度入試に向けて

例年，平面図形と空間図形が大問で１題ずつ出され，大問６は規則性についての問題だが，それら以外の問題は基本的な問題が多い。基本的な問題でミスせずに確実に点を積み重ねよう。規則性についての問題は類題を解くことによってかなり解きやすくなるので，問題集などで練習しておこう。

京都府中期　公立高校入試データ解　理科

分野別データ		2024	2023	2022
物理	光・音・力による現象	○		○
	電流の性質とその利用		○	
	運動とエネルギー	○	○	○
化学	物質のすがた	○	○	
	化学変化と原子・分子	○		○
	化学変化とイオン		○	○
生物	植物の生活と種類			○
	動物の生活と種類	○	○	○
	生命の連続性と食物連鎖		○	
地学	大地の変化		○	
	気象のしくみとその変化	○	○	○
	地球と宇宙	○		○

形式データ	2024	2023	2022
記号選択	20	22	25
語句記述	3	2	1
文章記述	1	1	1
作図	1	1	1
数値	5	4	3
化学式・化学反応式			

2025年度入試に向けて

中学校の３年間で学習する内容からまんべんなく出題されているが，大問１つ１つについては，その分野の中のかなり狭い範囲に絞って問題がつくられているので，たとえ得意な分野であっても，学習が不足している部分がないかどうか時間を十分に使って細かく確認していく必要がある。答えとなる内容については，教科書に載っていることを確実に覚えていけば十分に対応できるので，教科書の確認問題を一通りやり直して，自分の弱点を早めに見つけ，それを克服していくといった学習方法も有効だと考えられる。また，ただ単に語句を暗記するのではなく，その語句の説明や，実験・観察の目的や注意点，結果や考察などの説明ができるように練習しておけば，その分野の内容がより定着しやすくなり，自信をもって本番に臨めるだろう。

京都府中期　公立高校入試データ解析　英語

分野別データ		2024	2023	2022
音声	発音・読み方			
	リスニング	○	○	○
文法	適語補充・選択	○	○	○
	語形変化	○	○	○
	その他			
英作文	語句の並べかえ	○	○	○
	補充作文			
	自由作文			
	条件作文			
読解	語句や文の補充	○	○	○
	代名詞などの指示内容	○	○	○
	英文の並べかえ			
	日本語での記述			
	英問英答	○	○	○
	絵・表・図を選択	○	○	○
	内容真偽	○	○	○
	内容の要約	○	○	○
	その他			

形式データ			2024	2023	2022
リスニング	記号選択		6	6	6
	英語記述				
	日本語記述				
文法・英作文・読解	読解	会話文	1	1	1
		長文	1	1	1
		絵・図・表			
	記号選択		10	10	11
	語句記述		5	5	4
	日本語記述				
	英文記述				

2025 年度入試に向けて

中期選抜の筆記は長文と会話文が１題ずつ出題されるが，時間が短いので，英文をすばやく正確に読むことが求められる。過去問などを使って類似問題に取り組んでおこう。また，リスニングの内容は比較的易しいので，問題形式に慣れて，１問でも多く正解できるように準備しておこう。

2024 解答例 京都府公立高等学校【中期】

令和6年度

《2024 中期 国語 解答例》

一 (1)エ (2)ウ (3)おわしましけり／ウ (4)㊀イ ㊁エ ㊂はるかに程へて

二 (1)ア (2)ウ (3)Ⅰ．イ Ⅱ．カ (4)灰 (5)1 (6)す (7)イ (8)Ⅰ．エ Ⅱ．ケ

(9)Ⅰ．ア Ⅱ．キ (10)イ (11)㊀感覚の～起こす ㊁ア ㊂美を求～とする ㊃Ⅰ．カ Ⅱ．ス

《2024 中期 社会 解答例》

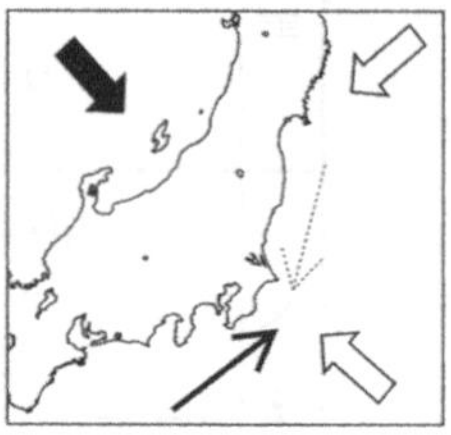

1 (1)オ (2)ウ／ちそかいせい (3)右図 (4)ア→ウ→イ／ケ (5)ⅰ群…イ ⅱ群…ク

2 (1)イ，ウ，エ (2)橋がかかっている地域…ア，ウ 県境がある地域…ア

(3)イ／行政 (4)ⅰ群…エ ⅱ群…ケ (5)イ，オ

3 (1)オ (2)ⅰ群…ア ⅱ群…ク (3)シ→ク→サ→ケ〔別解〕ウ→ク→サ→ケ／

ク→オ→サ→ケ (4)ⅰ群…ア ⅱ群…ケ (5)13／エ

4 (1)ア／そくせい (2)ア→エ→ウ→イ (3)るいしん／イ (4)ウ，オ (5)ウ

《2024 中期 数学 解答例》

1 (1)56 (2)$2x+\frac{5}{2}y$ (3)$-\sqrt{2}$ (4)64 (5)0，$\frac{11}{4}$ (6)$-6x^2$ (7)右図 (8)$\frac{4}{5}$

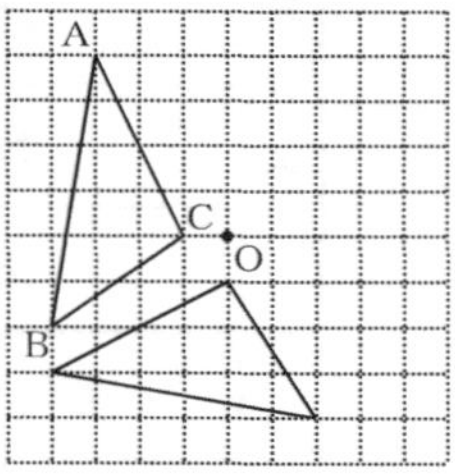

2 (1)52，ア (2)イ，オ

3 (1)9000，$200x+5100$ (2)12300

4 (1)半径…$2\sqrt{3}$ $AE=4\sqrt{3}$ (2)$2\sqrt{21}$

5 (1)9 (2)$\frac{24}{5}$ (3)$\frac{13}{5}$

6 (1)10 (2)820 (3)63

《2024 中期 理科 解答例》

1 (1)ア，ウ (2)はいほう／カ (3)ウ

2 (1)割合が高い (2)0.97

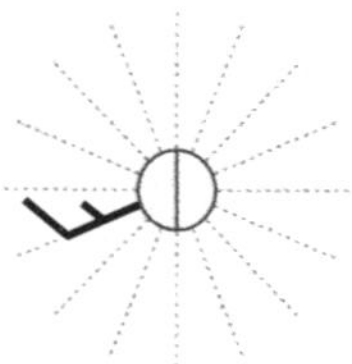

3 (1)A．ウ B．エ／カ (2)ⅰ群…ア ⅱ群…ク

4 (1)イ (2)ⅰ群…ア ⅱ群…キ (3)ア／きゅうねつ

5 (1)イ (2)イ／200

6 (1)3 (2)X．4 Y．50 (3)ア

7 (1)エ (2)C／ウ (3)右図 (4)ちじく／ア (5)Q

《2024 中期 英語 解答例》

1 (1)ウ (2)②stood ⑤enjoyed (3)ア (4)(a)put bikes outside (b)イ (5)イ→エ→カ→ウ→ア→オ (6)エ

(7)エ (8)(a)イ (b)talk with people from other countries

2 (1)much (2)ア (3)ウ (4)イ

3 (1)イ (2)エ

4 (1)ウ (2)ウ

5 (1)ア (2)イ

《2024　中期　国語　解説》

一 (1) 井戸の底をのぞいたときは「丞相《しやうじやう》の相」(＝大臣の相)が見えたのに、帰ってから鏡で見てみると「その相」はなかった。このことを不審に思ったのである。よって、エが適する。

(2) 九条《くじょう》の大相国の顔から「鏡」までの距離と、「井」(＝井戸の水面)までの距離を考える。少し後で、「この事、大臣にならんずる事遠かるべし」と推測していることから、大臣の人相が見えた井戸の水面までの距離は遠かったことがわかる。よって、「その相あり」の前の［B］には、「井にて遠く」が入る。

(3) 古文で言葉の先頭にない「はひふへほ」は、「わいうえお」に直す。また、古文の「わゐうゑを」は、「わいうえお」に直す。ウの「を」は助詞なので、現代仮名遣いでも「お」には直さない。

(4)㊀ 「誉之」は、「之を誉めて」となり、下の１字からすぐ上の１字に返って読むので、レ点を使う。「莫能陥也」は、「能く陥すもの莫きなり」となり、「能」「陥」の２字をへだてて「莫」に返って読むので、一・二点を使う。

㊁ 九条の大相国は、自分の顔が遠く(＝井戸の水面)に映った時には大臣の相が見え、近く(＝鏡)に映った時には大臣の相が見えないことから、その理由を考え、いつか大臣にはなれるが、それは遠い未来だと予想した。大臣の相が見える条件を冷静に分析しているので、エが適する。　ア．九条の大相国が、宇治の大臣の人相を見たのだから、「宇治の大臣にまで～見てもらう」は適さない。　イ．井戸に立ち寄った理由は、「なにとなく」(＝なんとなく)なので、「なつかしんで～思い出を大切にする」が適さない。　ウ．「いくつかの井戸に確認しに行く」が本文にない内容なので、適さない。　㊂ ㊁のエの解説を参照。

【古文の内容】

九条の大相国(藤原伊通)が、位が低かった時、なんとなく内裏にある井戸に立ち寄って底をおのぞきになると、大臣の人相が見えた。うれしくお思いになってお帰りになり、鏡をとってご覧になると、その人相は見えない。どういうことかと不審に思って、また内裏に参上してあの井戸をおのぞきになると、先ほどのように大臣の人相が見えた。その後落ち着いてお考えになることには、鏡に(顔を写して)近くに見ると大臣の人相はない。井戸の水面に(顔を写して)遠くに見ると大臣の相がある。このことは、大臣になるということが遠いということなのだろう。(しかし)いずれは必ず大臣になれるのであろう、とお思いになった。はたして長い時間が経ってから大臣におなりになった。この大臣は、すばらしい人相見でいらっしゃった。宇治の大臣も、特に依頼して人相を占ってもらいなさったということだ。

二 著作権上の都合により文章を掲載しておりませんので、解説も掲載しておりません。ご不便をおかけし、誠に申し訳ございません。

《2024　中期　社会　解説》

1 (1) オ　　社会主義…生産手段を共有し，平等な社会の実現を目指す考え方。幕末から明治時代にかけて，外国と結んだ条約には，日本に不利な安政の五か国条約(アメリカ・イギリス・フランス・オランダ・ロシア)，対等な日清修好条規，日本に有利な日朝修好条規がある。

(2) ウ／ちそかいせい　　ア．誤り。太平洋＞大西洋＞インド洋の順に広い。イ．誤り。インダス川が流れ込む海洋はインド洋である。ウ．正しい。日付変更線は経度 180 度の線を基準として，島や陸地を通過しないように引かれている。エ．誤り。ガーナは大西洋に面している。地租改正は，米の物納による財政の不安定さを解消するために行われた。地価の３％を現金で納めさせたが，農民の不満が大きかったため，後に2.5％に引き下げられた。

⑶　関東地方に冬に吹く乾燥した風を「からっ風」と呼ぶ。冬の北西季節風は，日本海上空で大量の水分を含み，山を越えるときに日本海側に大雪を降らせ，山を越えて乾いた風となる。日本近海の海流については，右図を参照。

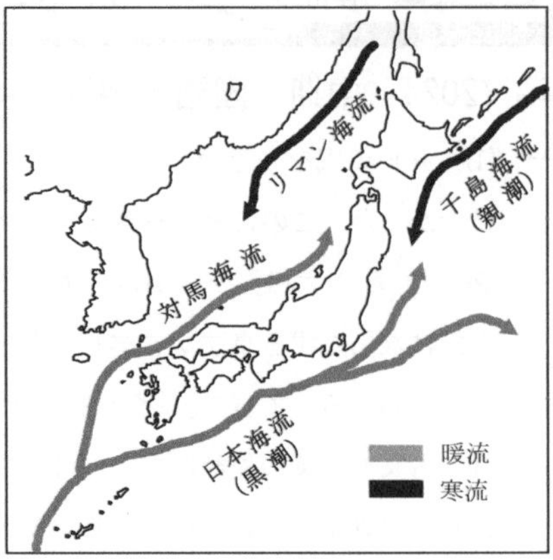

⑷　ア→ウ→イ／ケ　　ロンドンは，１年を通して安定した降水があり，気温の変化が小さい西岸海洋性気候である。ニューヨークは，夏に高温になり，１年を通して降水量が多い温暖湿潤気候である。カイロは，１年を通して降水がほとんどない砂漠気候である。平和維持活動は，Peace Keeping Operation から，PKO と呼ばれる。NGO は，非政府組織の略称である。

⑸　ⅰ群＝イ　ⅱ群＝ク　　ⅰ群．1929 年，アメリカのニューヨークにあるウォール街での株価の大暴落から，世界恐慌が始まった。　ⅱ群．カ．誤り。株式会社は私企業である。キ．誤り。株式会社は，株式を購入した株主に配当を支払う。ケ．誤り。株主は，株式会社が倒産すると出資額を失うだけで，それ以外の費用を負担しなくてよい「株主の有限責任」がある。

2　⑴　イ，ウ，エ　　ア．誤り。1994 年～1997 年にかけての徳島県における小売業の売場面積は，100 万㎡より小さい。オ．誤り。全国における小売業の売場面積は，2016 年の方が 2012 年よりも大きい。

⑵　橋がかかっている地域…ア，ウ　県境がある地域…ア　　本州四国連絡橋のうち，アに大鳴門橋，ウに明石海峡大橋がある。淡路島は兵庫県に属するので，徳島県と兵庫県の県境は，淡路島と徳島県の間にある。

⑶　イ／行政権　　アとウは内閣が行う仕事である。裁判官については，最高裁判所長官は天皇，最高裁判所裁判官は内閣が任命する。その他の裁判官は，最高裁判所の指名に基づき内閣が任命する。

⑷　ⅰ群＝エ　ⅱ群＝ケ　　ⅰ群．銅鐸，銅剣，銅矛などの青銅器や，鉄器は弥生時代に大陸から伝わり，青銅器は祭りの道具として，鉄器は武器や工具として使われた。ⅱ群．資料Ⅳで近畿地方に属する県は，兵庫県，滋賀県，和歌山県だから，出土した銅鐸の数は，56＋41＋41＝138(点)

⑸　イ，オ　　アは室町時代，ウは明治時代，エは安土桃山時代。

3　⑴　オ　　高麗…936 年～1392 年　宋…960 年～1276 年　百済…４世紀～660 年　元…1271 年～1368 年
明…1368 年～1644 年　正確な年号は覚えていなくても，高麗は元の属国となり，元寇に参加させられていたこと，1392 年に李成桂によって滅ぼされたことは覚えておきたい。また，平安時代に平清盛が日宋貿易で富を得たことも覚えておきたい。

⑵　ⅰ群＝ア　ⅱ群＝ク　　ⅰ群．イは酪農，ウは輪作，エは焼畑農業の説明。ⅱ群．袁世凱は，孫文が建国した中華民国の初代大総統，孔子は儒家(儒教)の始祖，溥儀は清の最後の皇帝。

⑶　シ→ク→サ→ケ　　不景気のとき，銀行(一般の金融機関)は企業に資金を貸し渋る傾向があるので，銀行がもつ資金を増やすための政策が行われる。日本銀行の景気対策を金融政策といい，一般に公開市場操作が行われる。不景気のときは，銀行がもつ国債などを日本銀行が買うことで，銀行のもつ資金を増やす買いオペレーションが行われる。

⑷　ⅰ群＝ア　ⅱ群＝ケ　　ⅰ群．中国では，外国企業を呼び込むために沿岸部に経済特区を設け，日本や欧米の進んだ技術を取り入れようとした。そのため，工業が発達した沿岸部に人口が集中し，内陸部の農村との経済格差

が問題となっている。ⅱ群．カ．誤り。金剛峯寺は空海によって和歌山県の高野山に建てられた。キ．誤り。日本で初めての本格的な都は，飛鳥時代の藤原京である。ク．誤り。住人が約 100 万人になった日本の都市は江戸時代の江戸が初めてであった。平城京に住む住人は約 10 万人といわれている。

⑸　A＝13　B・C＝エ　　フビライ・ハンによる元寇は1274年と1281年に起きたことから13世紀と判断する。1201年から1300年までを13世紀とする。モンゴル帝国の最大範囲は，現在のベラルーシあたりまで及んだ。

4　⑴　ア／そくせい　　右図において，価格がPのとき，需要量＞供給量となるので，品不足が発生する。品不足が発生し希少性が高くなると，少しぐらい高くても買う人が出てくるため，価格は上がっていき，生産者は生産量を増やそうとする。宮崎県や高知県できゅうりやピーマンの促成栽培が盛んに行われている。

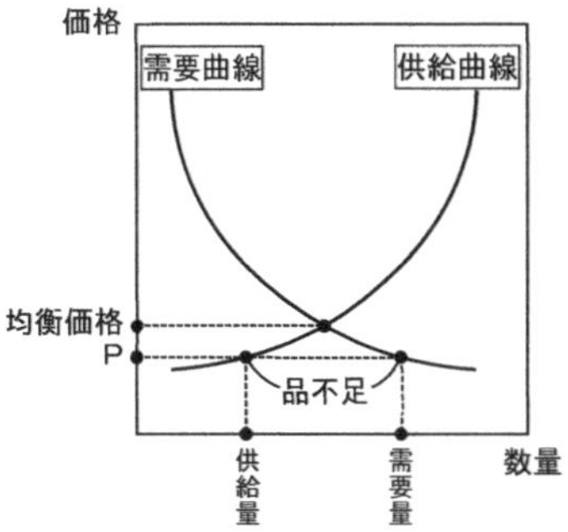

⑵　ア→エ→ウ→イ　　ア(鎌倉時代)→エ(安土桃山時代)→ウ(江戸時代初頭)→イ(江戸時代中期)

⑶　るいしん／イ　　累進課税には，所得の再分配の機能がある。ＥＵのＧＤＰは，日本より多く，アメリカには及ばないことを覚えておきたい。

⑷　ウ，オ　　ア．誤り。大日本帝国憲法の説明である。イ．誤り。裁判を受ける権利は社会権ではなく，請求権に属する。エ．誤り。ＧＨＱが示した草案をもとにして，国会で審議修正され，1946年11月３日に公布された。

⑸　ウ　　ア．誤り。「やや不満」「かなり不満」の合計は20.3＋17.7＝38(％)になる。イ．誤り。「かなり満足」「やや満足」の合計は 8.0＋27.4＝35.4(％)であり，「やや不満」「かなり不満」の合計の 17.5＋11.7＝29.2(％)より高い。エ．誤り。収入満足度における「かなり満足」「やや満足」の合計は，「起業関心層」は 2.8＋19.9＝22.7(％)，「起業無関心層」は 3.8＋17.7＝21.5(％)，ワーク・ライフ・バランス満足度における「かなり満足」「やや満足」の合計は，「起業関心層」は 8.0＋27.4＝35.4(％)，「起業無関心層」は 9.6＋26.4＝36(％)だから，「起業関心層」よりも「起業無関心層」の方が割合の合計が高いのは，ワーク・ライフ・バランス満足度のみである。

《2024　中期　数学　解説》

1　⑴　与式$=6-2\times(-25)=6+50=\mathbf{56}$

⑵　与式$=4x+2y-2x+\frac{1}{2}y=2x+\frac{4}{2}y+\frac{1}{2}y=\mathbf{2x+\frac{5}{2}y}$

⑶　与式$=4\sqrt{2}-\frac{16\sqrt{2}}{2}+3\sqrt{2}=4\sqrt{2}-8\sqrt{2}+3\sqrt{2}=\mathbf{-\sqrt{2}}$

⑷　$x-y=A$とすると，与式$=A^2-10A+25=(A-5)^2=(x-y-5)^2$

ここで$x=7$，$y=-6$を代入すると，$\{7-(-6)-5\}^2=8^2=\mathbf{64}$

⑸　与式より，$8x^2-22x=0$　　$4x^2-11x=0$　　$x(4x-11)=0$　　$x=\mathbf{0,\ \frac{11}{4}}$

⑹　**【解き方】yがxの２乗に比例するので，求める式を$y=ax^2$とする。**

$y=ax^2$に$x=3$，$y=-54$を代入すると，$-54=a\times3^2$　　$a=-6$　　よって，求める式は，$\mathbf{y=-6x^2}$

⑺　**【解き方】時計回りに270°回転移動させるということは，反時計回りに360°－270°＝90°回転移動させるということである。**

A，B，Cを回転移動させた点をそれぞれA′，B′，C′とする。

C′はOのすぐ真下になる。A′は，OAを斜辺とする右図の濃い色の直角三角形を反時計回りに90°回転移動させると考えると，図の位置にとることができる。

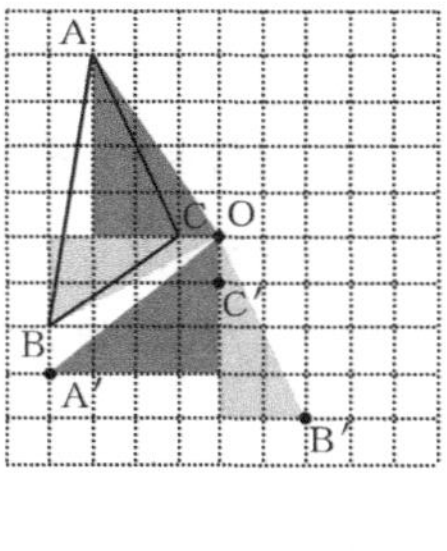

B′については，薄い色の直角三角形を回転移動させると考える。

⑻　**【解き方】同じ色の玉を取り出す確率の方が小さいので，１－(同じ色の玉を取り出す確率)で求める。**

１個目の取り出し方は５通りあり，２個目の取り出し方は残りが４個だから４通りあるので，すべての取り出し方は，５×４＝20(通り)ある。２個の赤玉をr_1，r_2，２個の白玉をw_1，w_2とすると，同じ色の玉を取り出す取り出し方は，(１個目，２個目)＝(r_1，r_2)(r_2，r_1)(w_1，w_2)(w_2，w_1)の４通りある。

よって，同じ色の玉を取り出す確率は，$\frac{4}{20}=\frac{1}{5}$だから，求める確率は，$1-\frac{1}{5}=$**$\frac{4}{5}$**

2　⑴　**【解き方】箱ひげ図が表す値は，最小値・最大値→中央値→第１四分位数・第３四分位数の順に求めやすいので，求めやすい値から箱ひげ図を比べていく。**

Ｉ図で，30分以上40分未満の階級から80分以上90分未満の階級までの６つの階級の度数は順に，８，８，９，８，９，10で，この合計は52である。よって，30分以上90分未満の生徒は**52**人いる。

Ｉ図より，最小値は０分以上10分未満，最大値は110分以上120分未満であり，この条件に合う箱ひげ図は，(ア)か(エ)である。(ア)と(エ)を比べると，中央値と第１四分位数は同じ階級にあるが，第３四分位数は異なるので，第３四分位数を考える。120個のデータの第３四分位数は，120÷２＝60，60÷２＝30より，大きい方から30番目と31番目の値の平均である。Ｉ図より，そのどちらも90分以上100分未満の階級に含まれるので，第３四分位数は90分以上100分未満である。(ア)と(エ)のうちこの条件に合うのは，**(ア)**である。

⑵　**【解き方】30個のデータの中央値は，30÷２＝15より，小さい方(または大きい方)から15番目と16番目の値の平均である。また，15÷２＝７余り１より，第１四分位数は小さい方から８番目の値，第３四分位数は大きい方から８番目の値である。**

(ア)Ａ組は60分以上70分未満に中央値が含まれるが，小さい方から15番目と16番目の値がどちらも60分以上70分未満に含まれないということはありえるので，必ず正しいとはいえない。

(イ)Ｂ組は第３四分位数が85分以上だから，85分以上の生徒が８人以上いるので，正しいといえる。

(ウ)Ｃ組は最大値が115分なので115分の生徒がいるが，１人だけかはわからないので，必ず正しいとはいえない。

(エ)Ｄ組は第１四分位数が40分と45分の間にあるので，小さいから２番目から７番目までの生徒がすべて０分以上40分未満に含まれる可能性があるが，すべて40分と第１四分位数の間に含まれる可能性もある。したがって，必ず正しいとはいえない。

(オ)四分位範囲は箱ひげ図の箱の長さで表され，最も大きいのはＡ組である。範囲は箱ひげ図全体の長さで表され，Ａ組が最も小さい。したがって，正しいといえる。

以上より，**(イ)**と**(オ)**を選ぶとよい。

3　⑴　グラフから，ＡさんはＰからＱまで21－６＝15(分)で進んだとわかるから，ＰからＱまでの道のりは，600×15＝**9000**(m)　　また，Ｑからゴールまでの道のりは，14300－300－9000＝5000(m)で，ＡさんはＱからゴールまで46－21＝25(分)かかったから，このときの速さは，$\frac{5000}{25}$＝200(m/分)である。したがって，このときのグラフの傾きは200になるから，グラフの式を$y=200x+b$とする。このグラフの左端の点の座標は(21，9300)だから，グラフの式に$x=21$，$y=9300$を代入すると，$9300=200\times21+b$より，$b=5100$となる。

よって，求める式は，**$y=200x+5100$**

⑵　**【解き方】ＢさんがＱに着いたときＡさんと何m離れているか求めてから，そのｔ分後にＢさんがＡさんに追いつくものとし，ｔの方程式を立てる。**

ＢさんがＱに着くのは，$x=6+\frac{9000}{500}=24$のときであり，このときＡさんはＱを出てから24－21＝３(分)進んでいる。したがって，このときＡさんはＢさんの $200\times3=600$(m)前にいる。

Ｂさんの長距離走の速さを s m/分とすると，$\frac{4}{5}$s $=200$ より s $=250$ となるから，Ｂさんの長距離走の速さは 250m/分である。$x=24$ の t 分後にＢさんがＡさんに追いつくとすると，t 分後にＱから進んでいる道のりについて，$600+200$ t $=250$ t が成り立つ。これを解くと t $=12$ となるから，$x=24+12=36$ のとき，ＢさんはＡさんに追いつく。(1)で求めた式に $x=36$ を代入すると，$y=200\times36+5100=12300$ となるから，求める道のりは，**12300m**である。

4 (1) **【解き方】底面の円の中心をＯとすると，△ＡＢＣは右図のようになる。**

ＢＯ＝$x$cmとし，三平方の定理よりxの方程式を立てる。

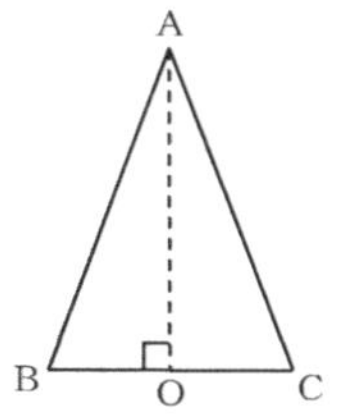

△ＡＢＣは二等辺三角形だから，$\mathrm{BO}=\frac{1}{2}\mathrm{BC}$なので，ＡＢ：ＢＣ＝３：２より，

$\mathrm{AB}:\mathrm{BO}=3:\frac{2}{2}=3:1$　　したがって，ＡＢ＝３ＢＯ＝$3x$(cm)と表せる。

三平方の定理より，$\mathrm{AB}^2=\mathrm{BO}^2+\mathrm{AO}^2$　　$(3x)^2=x^2+(4\sqrt{6})^2$

これを解くと，$x=\pm2\sqrt{3}$となる。$x>0$より，$x=2\sqrt{3}$

よって，底面の半径は**$2\sqrt{3}$cm**である。また，$\mathrm{AB}=3\times2\sqrt{3}=6\sqrt{3}$(cm)だから，$\mathrm{AE}=6\sqrt{3}\times\frac{2}{3}=$**$4\sqrt{3}$**(cm)

(2) **【解き方】立体の表面に長さが最短になるようにかけられたひもは，展開図上で線分となる。この円すいの展開図において，側面のおうぎ形の中心角がいくつになるかを考える。**

側面のおうぎ形の弧の長さは底面の円周に等しく，$2\pi\times2\sqrt{3}=4\sqrt{3}\pi$(cm)である。

側面のおうぎ形の半径はＡＢ＝$6\sqrt{3}$cmだから，中心角を$y°$とすると，弧の長さについて，

$2\pi\times6\sqrt{3}\times\frac{y}{360}=4\sqrt{3}\pi$　　これを解くと，$y=120$ となる。

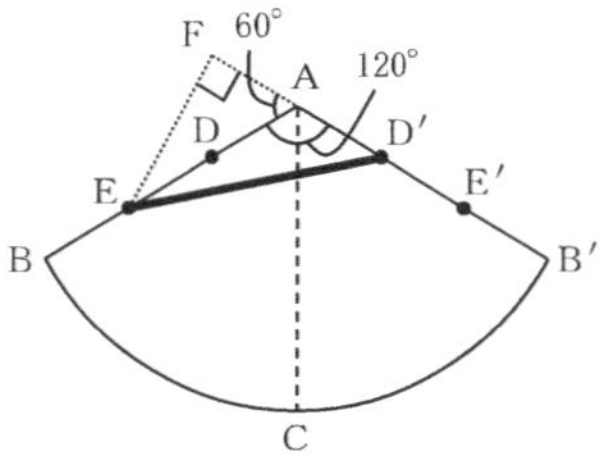

したがって，側面の展開図について右のように作図できる(Ｂ′，Ｄ′，Ｅ′はそれぞれ，組み立てたときにＢ，Ｄ，Ｅと重なる点である)。求める長さは，ＥＤ′の長さである。△ＡＦＥは３辺の比が$1:2:\sqrt{3}$の直角三角形だから，

$\mathrm{AF}=\frac{1}{2}\mathrm{AE}=2\sqrt{3}$(cm)，$\mathrm{FE}=\sqrt{3}\mathrm{AF}=\sqrt{3}\times2\sqrt{3}=6$(cm)

$\mathrm{AD}'=\frac{1}{3}\mathrm{AB}'=2\sqrt{3}$(cm)だから，$\mathrm{FD}'=2\sqrt{3}+2\sqrt{3}=4\sqrt{3}$(cm)

三平方の定理より，求める長さは，$\mathrm{ED}'=\sqrt{\mathrm{FE}^2+\mathrm{FD}'^2}=\sqrt{6^2+(4\sqrt{3})^2}=\sqrt{84}=$**$2\sqrt{21}$**(cm)

5 (1) **【解き方】ＢＥ＝８－２＝６(cm)だから，△ＣＥＢは直角二等辺三角形である。**

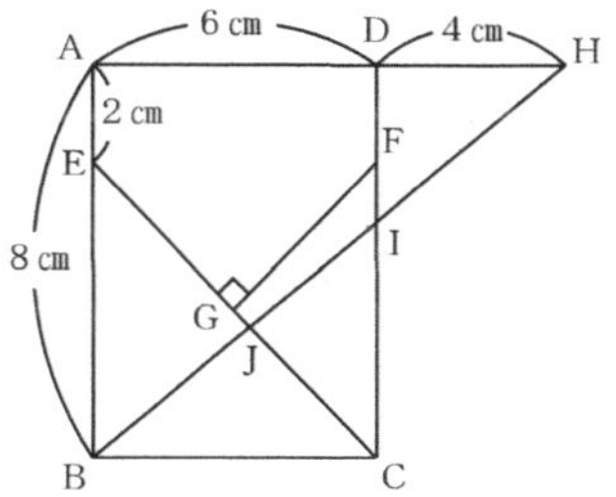

$\mathrm{BC}:\mathrm{CE}=1:\sqrt{2}$だから，$\mathrm{CE}=\sqrt{2}\mathrm{BC}=6\sqrt{2}$(cm)

$\mathrm{CG}=\frac{1}{2}\mathrm{CE}=3\sqrt{2}$(cm)

∠ＧＣＦ＝90°－45°＝45°だから，△ＣＦＧも直角二等辺三角形なので，

$\mathrm{FG}=\mathrm{CG}=3\sqrt{2}$cm　　△ＣＦＧ＝$\frac{1}{2}\times3\sqrt{2}\times3\sqrt{2}=$**9**(cm²)

(2) **【解き方】ＡＨ//ＢＣだから，△ＤＨＩ∽△ＣＢＩである。**

△ＤＨＩ∽△ＣＢＩより，ＤＩ：ＣＩ＝ＤＨ：ＣＢ＝４：６＝２：３

したがって，ＣＩ：ＣＤ＝３：(２＋３)＝３：５だから，$\mathrm{CI}=\frac{3}{5}\mathrm{CD}=\frac{3}{5}\times8=$**$\frac{24}{5}$**(cm)

(3) **【解き方】△ＣＦＧの面積から△ＣＩＪの面積を引けばよい。△ＣＩＪの面積は，△ＣＢＩの面積とＩＢ：ＩＪから求める。**

$\triangle\mathrm{CBI}=\frac{1}{2}\times\mathrm{BC}\times\mathrm{CI}=\frac{1}{2}\times6\times\frac{24}{5}=\frac{72}{5}$(cm²)

ＡＢ//ＤＣだから，△ＥＢＪ∽△ＣＩＪなので，$\mathrm{BJ}:\mathrm{IJ}=\mathrm{EB}:\mathrm{CI}=6:\frac{24}{5}=5:4$

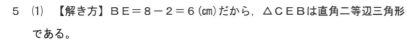

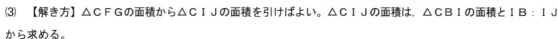

△ＣＢＩと△ＣＩＪは，底辺をそれぞれＩＢ，ＩＪとしたときの高さが等しいから，面積比は
ＩＢ：ＩＪ＝(５＋４)：４＝９：４となる。したがって，△ＣＩＪ＝$\frac{4}{9}$△ＣＢＩ＝$\frac{4}{9}\times\frac{72}{5}=\frac{32}{5}$(cm^2)

(1)より△ＣＦＧ＝９cm^{2}だから，四角形ＦＧＪＩの面積は，△ＣＦＧ－△ＣＩＪ＝９－$\frac{32}{5}=\mathbf{\frac{13}{5}}$(cm^2)

6　(1)　ｎ＝５のとき，右図のように弦は**10**本になる。

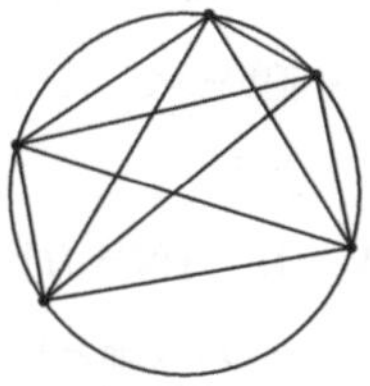

(2)　**【解き方】弦の本数をｎの文字式で表す。１つの点から何本ずつ弦が引けるか考える。**

１つの点から(ｎ－１)本ずつ弦が引ける。ここで，弦の本数を，
(ｎ－１)×ｎ＝ｎ(ｎ－１)(本)とすると，１本の弦を２回ずつ数えることになってしまう。
よって，弦の本数は，$\frac{n(n-1)}{2}$本と表せる。
ｎ＝41のとき，弦の本数は，$\frac{41\times(41-1)}{2}$＝**820**(本)

(3)　(2)より，$\frac{n(n-1)}{2}$＝1953を解く。$n^2-n-3906=0$より，(ｎ－63)(ｎ＋62)＝０　　ｎ＝63，－62
ｎ≧２より，ｎ＝**63**

《2024　中期　理科　解説》

1　(1)　イとエは植物の細胞のみに見られるつくりである。

(2)　肺胞があることで表面積が広くなり，酸素と二酸化炭素の交換を効率よく行える。

2　(1)　密度が小さいということは１cm^{3}あたりの質量が小さいということである。よって，密度が小さいエタノールの含まれる割合が高いほど，同じ体積で比べたときの質量は小さくなる。

(2)　水17.0cm^{3}の質量は17.0ｇ，エタノール3.0cm^{3}の質量は0.79×3.0＝2.37(ｇ)だから，混合物20.0cm^{3}の質量は17.0＋2.37＝19.37(ｇ)になる。よって，混合物の密度は$\frac{19.37}{20.0}$＝0.9685→0.97ｇ/cm^{3}である。

3　(1)　胎生のＡは哺乳類，体表が湿った皮ふでおおわれているＢは両生類，魚類以外で体表がうろこにおおわれているＣはは虫類，体表が羽毛でおおわれているＤは鳥類である。また，カはＡとＣとＤ，キはＢにあてはまる特徴である。

(2)　草食動物は，天敵である肉食動物を見つけやすくなるような目のつき方をしている。また，えさである植物をかみ切るための門歯とすりつぶすための臼歯が発達している。

4　(1)　鉄と硫黄の混合物を加熱すると，鉄と硫黄が結びついて硫化鉄ができる〔Fe＋S→FeS〕。

(2)　磁石に引きつけられるのは，鉄やニッケルなどの一部の金属である。よって，磁石に引きつけられたのは加熱前の混合物(試験管Ａ)に含まれる鉄である。また，加熱前の混合物に塩酸を加えると，鉄と塩酸が反応して水素が発生し，加熱後の化合物に塩酸を加えると，硫化鉄と塩酸が反応して硫化水素が発生する。水素は無臭であり，硫化水素は卵が腐ったようなにおいがする。

(3)　アは発熱反応，イとウは吸熱反応である。

5　(1)　操作③の波形(Ⅲ図)は操作②の波形(Ⅱ図)と比べ，振動数が少なくなり，振幅が大きくなっている。弦のはりを弱くすると振動数は少なくなり，弦を強くはじくと振幅は大きくなる。なお，振動数が少なくなると低い音になり，振幅が大きくなると大きい音になる。

(2)　Ⅱ図の音は，横軸の２目盛りで１回振動している。１秒間に500回振動する音が１回振動するのにかかる時間は１÷500＝0.002(秒)であり，これが横軸の２目盛りが表す時間だから，１目盛りは0.002÷２＝0.001(秒)である。また，Ⅲ図の音は，５目盛り，つまり0.001×５＝0.005(秒)で１回振動しているので，振動数(１秒間に振動する回数)は１÷0.005＝200(Hz)である。

6 (1) I表より，球がレール上を動いた距離は0.2秒ごとに5.6cmずつ大きくなっていくことがわかる。よって，球がレール上を動いた距離が84.0cmになるのは，$0.2\times\frac{84.0}{5.6}=3$（秒後）である。

(2) X．0.2秒から0.3秒の間での球の移動距離は18.0－8.0＝10.0(cm)で，0.1秒から0.2秒の間での球の移動距離は8.0－2.0＝6.0(cm)だから，0.2秒から0.3秒の間のときの方が10.0－6.0＝4(cm)大きい。 Y．X解説より，0.3秒から0.4秒の間の球の移動距離は10.0＋4＝14.0(cm)，0.4秒から0.5秒の間の移動距離は14.0＋4＝18.0(cm)になるから，0.5秒での移動距離は0.4秒のときより18.0cm大きくなる。よって，32.0＋18.0＝50(cm)となる。

図 i

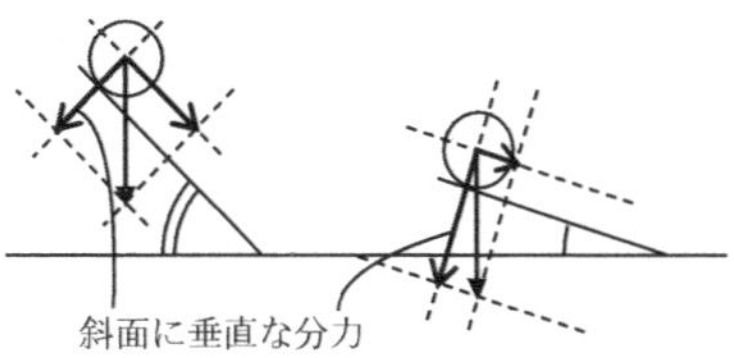

(3) ア×…図 i 参照。斜面の角度が大きいときの方が斜面に垂直な分力は小さい。斜面からの垂直抗力は斜面に垂直な分力と同じ大きさである。

7 (1) 停滞前線の北側では北よりの風，南側では南よりの風がふく。よって，アでは9時も18時も北よりの風がふき，イでは9時は北より，18時は南よりの風がふく。また，ウのように，温帯低気圧にともなう温暖前線が通過すると風向は東よりから南よりに変化し，エのように，温帯低気圧にともなう寒冷前線が通過すると風向は南よりから北よりに変化する。

(2) 等圧線の間隔がせまいところほど強い風がふく。また，風は高気圧から低気圧に向かって動く空気の流れであり，北半球では自転の影響により等圧線に垂直な方向から少し右にずれるので，高気圧の地表付近ではウ，低気圧の地表付近ではイのように風がふく。

(4) 太陽が真東からのぼり，真西に沈む日は，春分の日と秋分の日である。これらの日の太陽の南中高度は，〔90度－観測地点の緯度〕で求めることができるので，南中高度が90度になるのは緯度が0度の地点，つまり赤道上の地点である。

(5) Ⅲ図のように金星が半月状に見えるのは，Ⅳ図において，地球と金星を結んだ直線と太陽と金星を結んだ直線が垂直に交わるときだから，Qが正答となる。また，Ⅳ図において，地球から見て太陽の左側にあるQがよいの明星と考えることもできる。なお，Rは明けの明星で，半月状よりも少し満ちた形に見え，太陽と同じ方向にあるPは見ることができない。

《2024 中期 英語 解説》

1 【本文の要約】参照。

(1) ルーカスの自己紹介を聞いた卓也が，お寺が好きという共通点を持つルーカスに話しかけたいと思ったという流れ。ウが適当。

(2)② 過去の文だから，stand の過去形 stood が適当。 ⑤ 過去の文だから，enjoy の過去形 enjoyed が適当。

(3) 卓矢は教室の掃除についての自分の学校とルーカスの学校の違いに驚いたことを読み取る。卓矢はアメリカの生徒たちも学校で自分たちで教室を掃除すると思っていた，となるアが適当。

(4)(a) 第3段落6行目参照。ルーカスのアメリカのバスについての発言から3語で抜き出して答える。

(b) 第3段落7行目の，バスの写真を見たときの卓矢の発言と一致するイが適当。ア「日本でたくさんのバスを見る」，ウ「ルーカスとまたバスに乗る」，エ「自分の携帯電話でアメリカのバスの写真を撮る」は不適当。

（説明の訳）「ルーカスは卓矢とお寺に行った。お寺を訪問したあと，ルーカスは自分の故郷のバスについて話した。そこでは，バスに乗る時に人々は i 外側に自転車を載せる（＝put bikes outside）ことができる。しかし，卓矢はそのバスが想像できなかった。するとルーカスが卓矢にその写真を見せてくれた。卓矢はそれを見て驚き，ⅱイルーカスが話したアメリカのバスを使い（＝use the American buses Lucas talked about)たいと思った」

(5)　Also, he said he was happy to visit the temple which was famous for statues with me.：二人が訪れたのは「仏像で有名な寺」である。〈関係代名詞＋語句〉で後ろから名詞を修飾する形にする。　・be famous for ～「～で有名な」

(6)　質問「卓矢は姉にアメリカの乗り物の本を見せたあと，姉に何を言いましたか？」…第4段落2～3行目より，エ「彼は姉に，アメリカのバスについての一部の情報はルーカスに教えてもらったと言った」が適当。ア「ルーカスが日本に来る前に彼と会った」，イ「町内のお寺に行くときに日本のバスに乗った」，ウ「アメリカで面白い経験をした」は不適当。

(7)　ア「ルーカスは日本に来て卓矢のクラスで×数日間勉強した」　イ「卓矢は×図書館に行ったあと，アメリカの乗り物について知りたくなった」　ウ「ルーカスは×自分の国について知ることで日本に興味を持つようになったことに気付いた」　エ○「ルーカスは空港で，日本の生活についてどう感じたかを卓矢に話した」

(8)　【良太とライアン先生の会話の要約】参照。(a)　第5段落の最後の1文に，I'm happy to spend a good time with you.という卓矢の発言がある。happy と同様の意味の glad が適当。　・I'm happy/glad to ～「～してうれしい」
ア「慎重な」，ウ「親切な」，エ「緊張した」は不適当。

(b)　卓矢は第5段落の3～4行目で，外国の人と話すこと（＝talking with people from other countries)は，その人たちの国について知る素晴らしい機会だ，と述べている。［ ii ］は it is … to＋動詞の原形「～するのは…だ」の形だから，第7段落4行目から talk with people from other countries を抜き出す。

【本文の要約】

6月のある日，私の中学にアメリカから1人の生徒がやってきました。ルーカスという名前で，家族と一緒に日本に来ました。クラスで自己紹介をしたとき，ルーカスはこう言いました。「僕はこのクラスで素晴らしい時間を過ごしたいと思っています。僕は日本が好きです。(1)ウ特に日本のお寺が好きです。興味がある人がいたら，僕に教えてください」(1)ウ僕もお寺が好きだったので，ルーカスと話したいと思いました。

ルーカスは自己紹介をした後，僕の隣に座りました。彼を見ると，日本語が理解できない時があり，不安そうでした。僕は英語を話すことに自信がありませんでしたが，英語で彼を助けようとしました。僕が手助けをすると，彼は「助けてくれてありがとう」と言いました。僕たちはすぐに友達になりました。昼食を食べたあと，みんなが椅子から②立ち上がりました（＝stood up)。ルーカスは僕に何をするのかと尋ねました。僕は，教室の掃除をするのだと言いました。すると彼は，「本当？日本では生徒が自分たちで教室を掃除するということを知らなかったよ。アメリカの僕の学校では生徒が教室を掃除する必要はないんだよ」と言いました。僕はそれを聞いた時，驚きました。③アアメリカの生徒たちも学校で自分たちで教室を掃除すると思っていたのです。

ルーカスが日本に来て最初の土曜日，僕はルーカスと一緒にバスで町内のお寺に行きました。ルーカスは「日本のバスに乗れてわくわくしてるよ」と言っていました。それから僕たちはそのお寺に到着し，仏像を見ました。以前テレビで見た時に，多くの人が仏像を見るためにそのお寺を訪れていることに気付いたので，僕は仏像が見られてうれしかったです。僕たちは一緒に素晴らしい時間を過ごしました。家に戻る途中，ルーカスはバスについて面白い話をしてくれました。「僕の故郷ではね，バスに自転車を載せて移動できるんだよ」僕が「バスの車内に自転車を載せられるの？」と聞くと，ルーカスは「違うよ。(4)ⅰ自転車は外に載せる（＝put bikes outside)ことができるんだよ」と答えました。僕はそれを想像できませんでした。すると彼は携帯電話でバスの写真を見せてくれました。僕は「なんて興味深いんだ！(4)ⅱイアメリカでそんなバスに乗ってみたいよ」と言いました。僕はアメリカのバスに興味を持ち，日本とアメリカの乗り物の違いについてもっと知りたいと思いました。

翌日，僕は図書館に行ってアメリカの乗り物の本を一冊借りました。家でその本を読むのを⑤楽しんだ(＝enjoyed)あと，姉が，それは何かと聞いてきました。僕は姉にその本の中のアメリカのバスを見せました。(6)エそして僕はルーカスがそれについて教えてくれたのだと言いました。姉は「私はアメリカにいた時，いろいろな国の生徒と話したよ。日本と他の国の違いがたくさんわかって面白かったな。卓矢ももっとルーカスと話せば，より多くのことを学ぶことができるね。他の国の人と話すことは，その人たちの国について深く理解するのに役立つよ。きっとルーカスと話すことは，あなたたち二人にとって素晴らしい機会になると思うよ」と言いました。それで，僕はもっとルーカスと話したいと思いました。

翌日，僕はルーカスに，姉との会話について話しました。ルーカスは「お姉さんの言ったことがわかるよ。僕は君と話をすると日本について知ることができて，それでもっと日本について興味がわくんだよ」と言いました。僕は「僕も君の国についてもっと知りたいよ。(8)(b)外国の人と話すことは，その人たちの国について知る素晴らしい機会だということがわかったんだ。僕は君と楽しい時間が過ごせて幸せだよ」と言いました。

9月のある日，ルーカスは日本を去りました。空港でお互いに「さよなら」と言った時，(7)エルーカスは日本での思い出を話してくれました。彼は僕と話すのが楽しかったと言っていました。また，僕と一緒に仏像で有名なお寺を訪れることができてうれしかったとも言っていました。

ルーカスとの会話を通して，僕は日本とアメリカの違いを発見し，それでアメリカに興味を持つようになりました。ルーカスと会う前，僕はアメリカについてあまり知りませんでしたが，今ではその国に親しみを感じています。外国語を話すのに自信がなくても，僕はみんなに(8)(b)外国の人と話す機会を作ってほしいと思います。そうすればきっと，その国についてそれまで知らなかったことをたくさん学べると思います。

【良太とライアン先生の会話の要約】

良太：卓矢のスピーチはとても興味深かったです。

先生：なるほど。彼は何について話したの？

良太：卓矢とルーカスはたくさん会話をしました。卓矢はルーカスと楽しい時間を過ごせてⅰイ幸せ(＝glad)だったと言っていました。

先生：その通りだね。外国の人と出会うと他の国に興味を持つというのは私にもわかるよ。

良太：それと，卓矢はⅱ外国の人と話をすることは素晴らしい(＝it is great to talk with people from other countries)とも言っていました。そうすることによって，僕たちは他の国について何か新しいことを学ぶことができます。

先生：そうか。君はいい点に気付いたね。

2 【本文の要約】参照。

(1)① ・how much ～?「～はいくらですか？」(金額やものの量を尋ねる表現)

② ・much「とても」(主に動詞を修飾する副詞)

(2) 直後のあやの返事から，リズはケーキをテイクアウトできるかどうかを尋ねていると判断する。アが適当。イ「一緒に食事をするために彼女をこのレストランに連れてくる」，ウ「日本語で書かれたメニューをもらう」，エ「ケーキの写真を撮るのに自分のカメラを使う」は会話の流れと合わない。

(3) あやの7回目の発言より，彼女が注文するケーキには動物の形のチョコレートが乗っていることがわかる。メニューの〈cake〉参照。イチゴケーキの説明にA piece of chocolate is on this cake, and the shape of the chocolate is a cat.「上にチョコレートが乗っていて，その形は猫です」とあるから，彼女が注文するのはウの「イチゴケーキ」である。

(4) ア「あやは先月弟とこのレストランを訪れ，その時の季節は×秋だった」…バナナケーキを食べたから，前回来たのは3月から8月の間であり，秋ではない。 イ○「リズは後程レストランで買うクッキーをかほに楽しんでもらいたい」 ウ「アヤは帰宅後，弟にどの×ケーキが食べたいか聞くつもりだ」 エ「メニューにあるケーキの中の1つは，×リズの好きな作家が書いた本で紹介された」

【本文の要約】

リズ：このレストランに連れてきてくれてありがとう。

あや：どういたしまして。このレストランには英語で書かれたメニューがあって，多くの英語を話す人がここで食事をするのを楽しんでいるんだよ。ケーキセットがとても人気があるから，それを注文しようよ。

リズ：うん，①いくらかわかる？（＝Do you know how much it is?）

あや：メニューを見てみよう。Aセットは600円でBセットが650円だね。先月弟とここに来たときは，私はAセットを頼んだよ。私はまたそれにしようかな。あなたはAセットとBセット，どっちにする？

リズ：そうだなあ。あ，メニューの写真を見て。アイスクリームがおいしそうだよ。アイスを食べてみたいからBセットにするよ。

あや：ケーキはどうする？ケーキセットを注文すると，メニューに載っているケーキからひとつを選べるよ。どのケーキを食べるか，もう決めた？

リズ：うん，私はスペシャルケーキにするよ。

あや：私もスペシャルケーキが食べたいな。先月それを選んで，バナナケーキがおいしかったの。もう一度それを食べたいな。

リズ：待って，あや。今はそれを食べられないよ。今月からは，スペシャルケーキを選ぶとパンプキンケーキになるって。私はパンプキンケーキを食べてみたいけど，あなたはどう？

あや：えー，どうしよう。私は他の種類のケーキにしようかな。

リズ：ええと，アップルケーキを頼めばいいんじゃないかな。メニューに，あなたの大好きな作家のアオイさんは②それが大好き（＝likes it very much）だって書いてあるよ。あなたも同じものを食べたいんじゃないかな。

あや：アオイさんは好きだけど，今朝リンゴをひと切れ食べたんだよ。他の種類にするよ。

リズ：このケーキはどう？ケーキの上のチョコレートの形を楽しめるんじゃないかな。

あや：いいね。今回はこのケーキにするよ。(3)ウカメラで上に乗っている動物の写真を撮ろうかな。

リズ：なるほど。そうだ，友達のかほが今日，あとでうちに来るの。彼女にもこのレストランのケーキを楽しんでほしいな。③ア家で楽しむためにケーキを買う（＝buy the cake to enjoy it at home）ことはできるかな？

あや：それはできないよ。ケーキはレストラン内でしか食べられないの。でもクッキーやアイスクリームは買えるよ。

リズ：そっか。(4)イこのレストランを出るときにかほにクッキーを買っていくことにするよ。喜ぶといいな。あなたもあとで何か買う？

あや：クッキーやアイスクリームはインターネットでも買えるよ。私は家に帰ったあとで弟にどれが食べたいか聞いて，インターネットで注文するよ。

3 (1) 「ケイトは最初に何をしますか？」…A「ママ，このコンピュータを使うのを手伝ってくれない？」→B「いいわよ，ケイト。でもちょっと待ってね。このテーブルを私の部屋に持っていきたいの」→A「OK。手伝うよ。それを先にやろう」→B「ありがとう。窓際に置きたいわ」より，イ「母親と一緒にテーブルを運ぶ」が適当。

(2) 「なぜオリビアはわくわくしているのですか？」…A「あら，オリビア。疲れてるみたいね」→B「こんにちは，ナンシー。２時間テニスを練習したの。きつかったよ」→A「なるほど。来週末のテニス大会に出場するんだよね？あなたの試合を見たいな」→B「うん。今までテニスの試合に出場したことがないからわくわくしてるよ。来週末の試合に勝てるといいな」より，エ「テニスの試合に出場するのが初めてだから」が適当。

4　【放送文の要約】参照。

(1)　「リナとアンは今日の放課後，誰に会いますか？」…リナの２回目の発言より，ウが適当。

(2)　「リナとアンは小学校でどの歌を歌いたいですか？」…アンの３回目とリナの５回目の発言より，ウが適当。

【放送文の要約】

リナ：アン，うちの英語部がサツキ小学校を訪問するって，もう聞いた？小学生と一緒にアクティビティをしたり，英語を使って楽しむんだよ。

アン：ハーイ，リナ。ホワイト先生は，フタバ小学校を訪問するって言ってたと思うよ。

リナ：(1)ウそうだっけ？今日の放課後先生に会うから，聞いてみよう。

アン：うん。先生は私たちに当日のプランも立ててほしいとも言ってたね。

リナ：そうだね。私はそれについて考えているところだよ。英語の歌を紹介して一緒に歌いたいな。

アン：(2)ウいいね。私は「Flowers」っていう歌を紹介したいな。

リナ：それって，私たちが時々部活で歌う歌？

アン：いいえ。ホワイト先生が２か月前の部活の時に紹介してくれた歌のことだよ。

リナ：(2)ウああ，どの歌のことを言ってるかわかったよ。有名な映画で使われている歌だから，多くの小学生が知ってると思うよ。

アン：アメリカにもこの歌が好きな人がたくさんいるし，私の大好きな歌でもあるよ。

リナ：そうなんだね。明日，他の部員と私たちの計画について話し合ってみよう。

アン：そうだね。

5　(1)　A「ソフィア，私は家を掃除するつもりなんだけどあなたの助けが必要よ。ここに来てくれる？」→B「ごめんなさい，行けないわ，ママ。今は宿題をしなければならないの」→A「わかったわ。それは何時に終わる？」より，次に続くのはア「昼食の前には終わるよ」が適当。

(2)　A「すみません。この町に詳しいですか？」→B「はい，長年ここで暮らしています」→A「カエデ美術館への道を教えてくれませんか？」より，次に続くのはイ「はい，バッグの中の地図をお見せしますね」が適当。

京都府公立高等学校【中期】

《2023　中期　国語　解答例》

一　(1)にわかに／ア　(2)ウ　(3)イ　(4)ウ→エ→ア→イ　(5)㊀許しつかはすべきなり　㊁エ

二　(1)Ⅰ．ウ　Ⅱ．ケ　(2)Ⅰ．イ　Ⅱ．カ　(3)とくしゅ　(4)ウ　(5)3　(6)エ　(7)Ⅰ．イ　Ⅱ．カ　(8)質
(9)イ　(10)エ　(11)㊀社会環～うもの　㊁次第に～くもの　㊂ア　㊃Ⅰ．イ　Ⅱ．カ　Ⅲ．シ

《2023　中期　社会　解答例》

1　(1)c，ア　(2)ア　(3)ウ　(4)ア→エ→イ→ウ／世界人権宣言　(5)イ

2　(1)写真A…東　写真B…ウ　(2)2000，エ　(3)律令／調　(4)ⅰ群…ア　ⅱ群…ク　(5)ⅰ群…エ　ⅱ群…カ

3　(1)オ→ケ→カ→サ／ク→ケ→イ→シ／ケ→イ→シ→ク　のうち1つ　(2)ア／とうだいじ　(3)ウ，エ
(4)イ，ウ，エ　(5)団結／イ

4　(1)ⅰ群…イ　ⅱ群…カ　ⅲ群…サ　ⅳ群…ツ　(2)天保　(3)右図　(4)ウ
(5)ⅰ群…イ　ⅱ群…サ

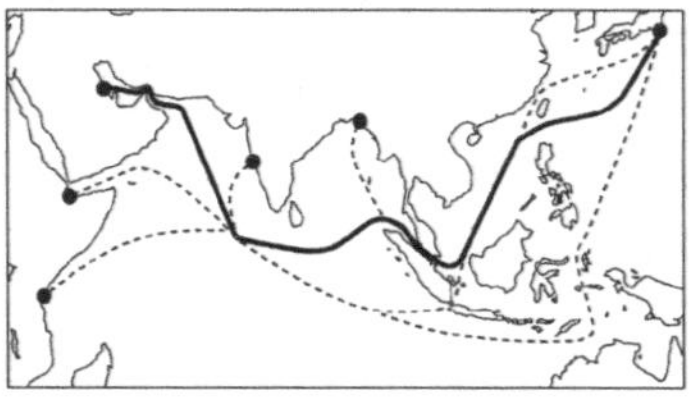

《2023　中期　数学　解答例》

1　(1)-42　(2)$2b^2$　(3)$-8\sqrt{3}$　(4)$x=2$　$y=-5$　(5)24　(6)10　(7)16　(8)下図

2　(1)91π　(2)84π

3　(1)$\frac{5}{9}$　(2)イ，ウ，エ

4　(1)$y=\frac{1}{2}$，ウ　(2)3，16

5　(1)8　(2)$(8-4\sqrt{3})$　(3)$(8\sqrt{3}-12)$

6　(1)25　(2)312　(3)18

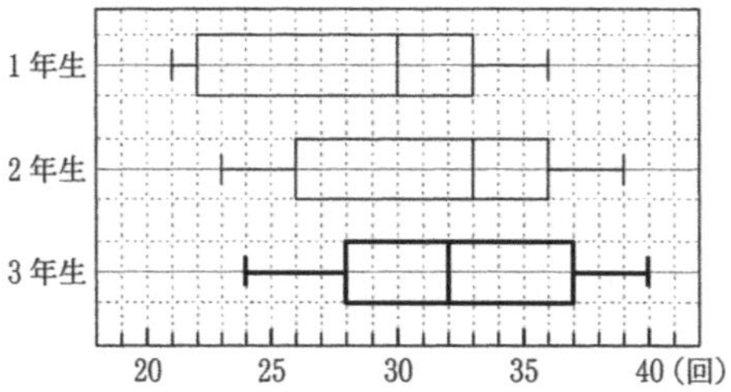

《2023　中期　理科　解答例》

1　(1)エ　(2)X．ウ　Y．5.8　(3)ウ／まっしょう

2　(1)A，D　(2)ⅰ群…イ　ⅱ群…カ

3　(1)ウ　(2)凝灰岩…ア　石灰岩…ウ　(3)ア

4　(1)オ　(2)28.8，13　(3)B，C，F

5　(1)イ　(2)エ

6　(1)4.9　(2)右図　(3)イ

7　(1)ⅰ群…ウ　ⅱ群…キ　ⅲ群…サ　(2)ⅰ群…ア　ⅱ群…ケ

8　(1)ⅰ群…イ　ⅱ群…ク　(2)C．つり合っている　D．慣性

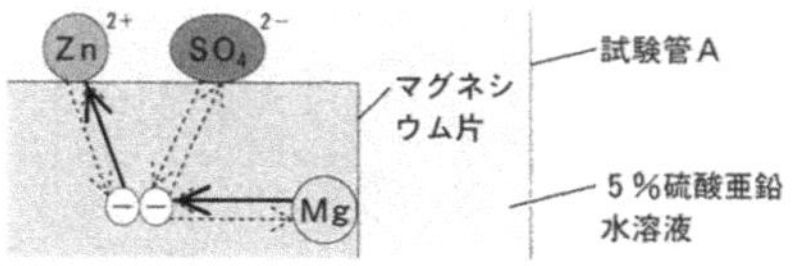

《2023　中期　英語　解答例》

1　(1)ウ　(2)②came　⑤broken　(3)(a)a library　(b)イ　(4)ア　(5)ウ→ア→オ→エ→イ→カ　(6)イ　(7)エ
(8)(a)エ　(b)through the experience

2　(1)too　(2)ア　(3)ウ　(4)イ

3　(1)ア　(2)エ

4　(1)イ　(2)ウ

5　(1)イ　(2)エ

《2023　中期　国語　解説》

一　⑴　古文で言葉の先頭にない「はひふへほ」は、「わいうえお」に直す。よって、「にはかに」→「にわかに」。アの「ほのかに」は、言葉の先頭だからそのまま。

⑵　ア・イ・エは貫之《つらゆき》が主語。「これ、明神の御託宣なり」と言ったのは「禰宜《ねぎ》」。よって、ウが異なる。

⑶　「その禰宜、ただにはあらぬさまなり」と、禰宜が普通の様子でなかったということが書かれている。その直後の「汝《なんち》、我が前を～馬、さだめて起《た》つことを得《え》むか」が「明神の御託宣」（明神のお告げ）であるから、イのようなことが読みとれる。

⑷　【古文の内容】を参照。

⑸㊀　「貫之が故意にその行いをしたのではないから」と、神がどのように対応したかを読みとる。　㊁　神の「和歌の道をきはめたる人なり。その道をあらはして過ぎば、馬、さだめて起つことを得むか」という御託宣を聞き、貫之は「たちまち水を浴《あ》みて、この歌を詠《よ》みて」とすばやく反応した。この内容に、エが適する。

【古文の内容】

紀貫之《きのつらゆき》が馬に乗って、和泉《いずみ》の国にいらっしゃるというとき、蟻通《ありどおし》の明神（蟻通神社）の目の前を、暗かったので、気づくことができずに通ったところ、馬が急に倒れて死んでしまった。どういうことかと驚き考えて、灯火の明かりで見回すと、神社の鳥居が見えたので、「どのような神様がいらっしゃるのですか」と尋ねると、「ここは、蟻通の明神と申し上げ、とがめることをひどくしなさる神様です。ひょっとして、馬に乗りながらお通りになったのですか」と人が言ったので、「そうです、暗かったので、神様がいらっしゃるとも知らないで、通り過ぎてしまったのです。どうしたらいいでしょう」と言って、神社の禰宜を呼んで聞いたところ、その禰宜は、普通ではない様子だった。「おまえは、私の前を馬に乗りながら通った。当然、知らなかったのだから許してやるべきことである。そうではあるが、（おまえは）和歌の道をきわめた人だ。それを示して通るならば、馬は、必ず立つことができるだろう。これは、明神のお告げである」と言った。貫之は、すぐに水を浴び、次の歌を詠んで、紙に書き、神社の柱に張り付けて、熱心に拝んで、しばらくの間に、馬は起きて身ぶるいをし、いななないて立ったのだった。禰宜は、「お許しになりました」と言って、覚めたということだ。

　雲が空を覆っている夜なので、蟻通の神がいるとはうかつにも思わなかった

二　⑴　「永遠」（永《なが》い＋（時間的に）遠い）と、ケの「衣服」（衣＋服）は、ウ「上の漢字と下の漢字が似た意味を持っている」熟語。カの「雷鳴」（雷が鳴る）は、エ「上の漢字と下の漢字が主語・述語の関係になっている」熟語。キの「速報」（速い報《しら》せ）は、ア「上の漢字が下の漢字を修飾している」熟語。クの「利害」は、イ「上の漢字と下の漢字の意味が対になっている」熟語。

⑷　「例／に／とれ／ば／よく／わかり／ます」と分けられる。「例」（名詞）は自立語。「に」（格助詞）は付属語。「とれ」（五段活用の動詞「とる」の仮定形）は自立語。「ば」（接続助詞）は付属語。「よく」（副詞）は自立語。「わかり」（五段活用の動詞「わかる」の連用形）は自立語。「ます」（丁寧の助動詞）は付属語。よって、ウが適する。

⑸　抜けている一文の最初に「だからこそ」とあるので、「ものを書いて商売をするといった発想を度外視してまで～血のにじむ努力をした」理由にあたる内容が直前に書かれている箇所を選ぶ。よって、「真剣に自己を掘り下げ～正直に言葉にしなくては自分というものを確立できないと作家たちが感じたから」の直後の〈３〉が適する。

⑹　「それ」が指すのは、3段落で述べた内容。「近代は科学の時代で、うそっぽい話はもう流行《はや》らなくなった～

話は『リアル』(＝現実的)でないといけない、そういう考え方が強くなった～そうなると、作家が自分の生の真実を正直に『告白』する道がひらけます」という内容なので、エが適する。アは、「自分の生の真実を『告白』する道がひらけたことにより、うそっぽい話が流行しなくなった」という因果関係が誤り。イの「話は面白おかしく奇想天外でないといけないという考え方が広まった」は誤り。ウの「人々が飽き」ということは本文に書かれていない。また、「作家が自分の生の真実を『告白』することが文学の常道にまでなったこと」は、「『私小説』隆盛の背景」にあることの説明になっていない。

(9) [A] は、直後に「から解放されて」とあることから考える。[B] は、「個人史物語の発達をうながした」につながることから考える。[5]段落では、社会と個人の関係について、前近代と近代の違いを説明しており、「作家」に関して述べているわけではない。よって、イが適する。

(10) [7]段落で「発達心理学では～個人史を語ることは、人格形成におおいに役立つという」と取り上げたことを、[8]段落でより詳しく具体的に説明し、それらの内容をふまえて、[9]段落で「そういう立場からすると、個人史物語とは～それが語られることによって個人が形成されていくような物語、ということになります」「自分というものを確固たる存在として生み出そうとした結果として『私小説』を生み出した、というべきなのでしょう」と主張をまとめている。よって、エの「反対の立場で」は適当でない。

(11)㈠ [X] の前後と同様の内容を述べている部分を探す。「発達心理学の見解」を詳しく説明している[8]段落の「個人史物語は自己を確立し、同時に自己を他者との関係で位置づけ、社会環境のなかでの自分というものに目覚める契機(きっかけ)となるというのです」より。　㈡ [Y] の前後と同様の内容を述べている部分を探す。[9]段落の「発達心理学の世界では、自己というものを～成長とともに、次第に形成されていくものと見ているのです」より。　㈢ 本文の最後で筆者が「いきなりの近代化で宙に舞い、気も動顚《どうてん》していた日本人が、自分とは何かを求めるだけではなく、自分というものを確固たる存在として生み出そうとした結果として『私小説』を生み出した、というべきなのでしょう」と述べていることに、アが適する。　㈣ それぞれの群の選択肢のうち、聞き手に関心を持って聞いてもらえる内容、聞き手によく理解してもらうための工夫が含まれるほうを選ぶ。

《2023　中期　社会　解説》

1 (1) c／ア　日本の秋田県や岩手県を通る緯線が北緯 40 度線であり，北緯 40 度線がイタリア半島やイベリア半島を通ることは覚えておきたい。陸地と海洋の面積比はおよそ３：７である。

(2) ア　A・B．右表参照。C．直後に「南アメリカ大陸において，現在多くの国で公用語」とあることからスペインであると判断できる。その中で，ブラジルの公用語はポルトガル語であることは覚えておこう。

ゲルマン系言語	スラブ系言語
英語 ドイツ語	ロシア語 ポーランド語
ラテン系言語	**その他の言語**
フランス語 イタリア語	ギリシャ語 フィンランド語

(3) ウ　日本が二十一か条の要求によって得た山東半島は，そのまま日本が受け継ぐことに決まったことで，中国国内で五・四運動が起きた。ア．三国干渉の内容。ロシア・フランス・ドイツは，下関条約で清から遼東半島を得た日本に対し，遼東半島の返還を要求し，日本は受け入れた。イ．ベルサイユ条約では，敗戦国であるドイツの軍備は縮小された。エ．東ドイツと西ドイツは，第二次世界大戦後の冷戦時に成立した。

(4) ア→エ→イ→ウ／世界人権宣言　ア(４世紀)→エ(14 世紀)→イ(16 世紀)→ウ(18 世紀)　世界人権宣言には法的拘束力がなかったため，1966 年に法的拘束力をもつ国際人権規約を制定していることも，あわせて覚えておきたい。

⑸　イ　　A．中大兄皇子や中臣鎌足らは，蘇我氏を滅ぼした後，人民や土地を国家が直接支配する公地公民の方針を示し，政治改革に着手した。この頃，「大化」という元号が初めて用いられたので，この改革を大化の改新という。B．江戸時代末期からの一連の改革や社会の変化を明治維新といい，新政府は明治維新を「御一新」とよんだ。外交使節や留学生の派遣として，岩倉使節団が挙げられる。

2　⑴　写真A…東　写真B…ウ　　写真Aには利根川が写っていないので，県庁の西側にある利根川が背面にある向きで写真を撮影したと考えて，東と判断する。写真Bの手前に橋，その向こうに電車が写っているので，ウと判断する。地図記号は右図。

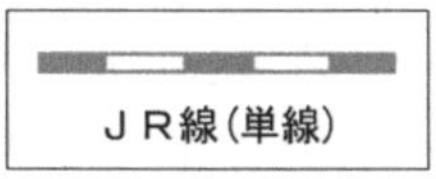

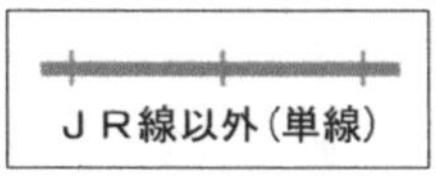

⑵　2000／エ　　8×25000＝200000(㎝)より，2000mである。エ．神社(⛩)は3つ，寺院(卍)は1つある。ア．城東駅のある鉄道は私鉄である。地図記号は右図参照。イ．地図の左端に田(Ⅱ)や畑(∨)が見える。ウ．地図の左端にある三角点(△)の横に，標高を表す121.3という数字が見える。

⑶　律令／調　　律令の「律」が刑罰に関するきまり，「令」が政治のしくみや租税などに関するきまりを意味する。律令時代の税については右表参照。

名称	内容	納める場所
租	収穫した稲の約3％	国府
調	布または特産物	都
庸	10日間の労役にかわる布	都
雑徭	年間60日以内の労役	
衛士	1年間の都の警備	
防人	3年間の九州北部の警備	

⑷　ⅰ群…ア　ⅱ群…ク　　まず，ⅰ群を考える。2020年現在の金額が大きい順を考えればよい。国の歳入のうち半分以上は税収であること，歳出のうち社会保障費が最も多く，全体の3割程度であることが分かれば，税収額(ウ)＞社会保障費(イ)＞公共事業関係費(ア)と判断できる。次にⅱ群を考える。ⅰ群の目盛りを当てはめ，増加の傾向や金額を考えればよい。年々増加傾向にあるカが社会保障費，ピーク時の半分程度に減少しているクが公共事業関係費である。1991年にはじけたバブル景気後のデフレ不況の際，経済対策として公共事業が増やされたが，2000年代以降，公共投資の投資規模や中身が見直されていった。残ったキが税収額である。リーマンショックから東日本大震災発生までの間に落ち込んだ税収は，近年増加しており，2020年度の税収は過去最高であった(2023年現在は更新)。

⑸　ⅰ群…エ　ⅱ群…カ　　ⅰ群．アは新潟県，イは福島県，ウは長野県についての記述。ⅱ群．キは佐賀県にある吉野ヶ里遺跡など，クは福岡県志賀島，ケは埼玉県にある稲荷山古墳についての記述。

3　⑴　平清盛は，娘の徳子を高倉天皇のきさきにし，生まれた子どもを安徳天皇として立て，外戚として権力をにぎった。

⑵　ア／とうだいじ　　加賀(現在の石川県南部)の一向一揆は1488年に起こった。金剛力士像の制作には，運慶・快慶・定覚・湛慶らが携わったとされている。

⑶　ウ，エ　　ア．人口の差は1097000－1008000＝89000(人)より，10万人より少ない。イ．名古屋市の人口密度は，2000年が2172000÷326≒6662.5(人／㎢)，2020年が2332000÷327≒7131.4(人／㎢)より，2000年の人口密度のほうが低い。オ．2000年と2020年の人口の差は，仙台市が89000人，名古屋市が2332000－2172000＝160000(人)，広島市が1201000－1126000＝75000(人)，福岡市が1612000－1341000＝271000(人)より，福岡市が最も人口の差が大きいが，面積の差が最も大きいのは，広島市である。

⑷　イ，ウ，エ　　ア．閣議を開くのは内閣であり，内閣を構成する内閣総理大臣と国務大臣が参加する。オ．2012年，民主党を中心とする連立政権にかわって，自由民主党が公明党との連立で政権に復帰した。

⑸　団結／イ　　団結権…労働者が雇用者と対等な立場で話し合うために，労働組合をつくる権利。団体交渉権…労働組合が，雇用者と労働条件の交渉をする権利。団体行動権…労働条件改善のために，ストライキなどのような，

団体で抗議する権利。　アは太平洋戦争中，ウは明治時代初期，エは豊臣秀吉の治世に行われた。

4　(1)　ⅰ群…イ　ⅱ群…カ　ⅲ群…サ　ⅳ群…ツ　　Ａ・Ｂ．１ドル＝100 円から１ドル＝80 円になることを「円高ドル安」，１ドル＝100 円から１ドル＝120 円になることを「円安ドル高」という。ここで，10000 円の製品を輸出する場合を考えてみる。１ドル＝100 円のとき，海外では，10000÷100＝100(ドル)で販売される。これが１ドル＝80 円になると，海外では 10000÷80＝125(ドル)で，１ドル＝120 円になると，海外では 10000÷120＝83.33…(ドル)で販売される。基本的に現地での価格は安い方が有利なので，日本の輸出産業にとって円高は不利にはたらき，円安は有利にはたらく。Ｃ・Ｄ．第四次中東戦争をきっかけとして，1973 年にアラブの産油国が石油価格の大幅な引き上げなどを実施したために第一次石油危機が起こり，日本の高度経済成長期が終わった。

(4)　ウ　　ＡＰＥＣはアジア太平洋経済協力(Asia Pacific Economic Cooperation)の略である。

(5)　ⅰ群…イ　ⅱ群…サ　　ⅰ群．イ．裁判員裁判は，重大な刑事事件の第一審だけで行われる。ア・ウ・エは，刑事裁判についての記述。ⅱ群．三権分立におけるそれぞれの役割は右図。

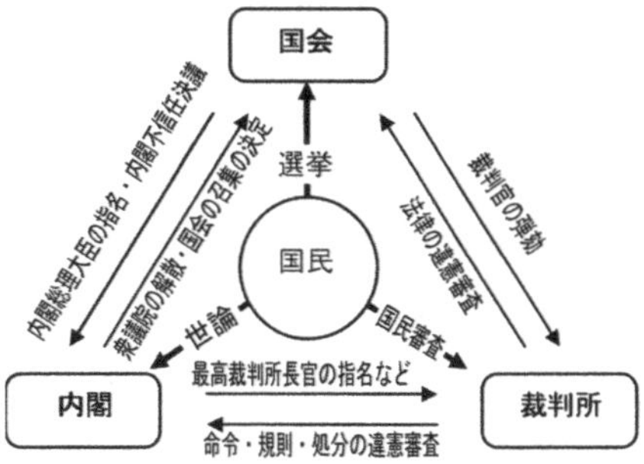

《2023　中期　数学　解説》

1　(1)　与式$=-36+4\times\left(-\frac{3}{2}\right)=-36-6=\mathbf{-42}$

(2)　与式$=\frac{4ab^2\times3ab}{6a^2b}=\mathbf{2b^2}$

(3)　与式$=\sqrt{48}-3\sqrt{48}=-2\sqrt{48}=-2\times4\sqrt{3}=\mathbf{-8\sqrt{3}}$

(4)　$4x+3y=-7$…①，$3x+4y=-14$…②とする。

①×４－②×３でyを消去すると，$16x-9x=-28+42$　　$7x=14$　　$\mathbf{x=2}$

①に$x=2$を代入すると，$8+3y=-7$　　$3y=-15$　　$\mathbf{y=-5}$

(5)　与式$=xy(y-x)$とし，$x=\sqrt{5}+3$，$y=\sqrt{5}-3$を代入すると，

$(\sqrt{5}+3)(\sqrt{5}-3)\{(\sqrt{5}-3)-(\sqrt{5}+3)\}=(5-9)(\sqrt{5}-3-\sqrt{5}-3)=(-4)\times(-6)=\mathbf{24}$

(6)　x座標が正の数でx座標とy座標がともに整数となる点の座標は，(1，16)(2，8)(4，4)(8，2)(16，1)の５個ある。$y=\frac{16}{x}$のグラフは原点Ｏについて点対称な双曲線だから，x座標が負の数の場合も同様に５個ある。

よって，求める個数は，５＋５＝**10**(個)

(7)　**【解き方】平行四辺形の向かい合う辺は等しいことを利用する。**

ＡＢ//ＥＣ，ＤＥ//ＢＣより，四角形ＦＢＣＥは平行四辺形だから，ＦＥ＝ＢＣ＝10 ㎝

ＡＣ//ＤＢ，ＤＥ//ＢＣより，四角形ＤＢＣＧは平行四辺形だから，ＤＧ＝ＢＣ＝10 ㎝

ＤＥ//ＢＣより，△ＡＦＧ∽△ＡＢＣだから，ＦＧ：ＢＣ＝ＡＦ：ＡＢより，

ＦＧ：10＝２：(２＋３)　　ＦＧ$=\frac{10\times2}{5}=4$(㎝)

よって，ＤＥ＝ＤＧ－ＦＧ＋ＦＥ＝10－４＋10＝**16**(㎝)

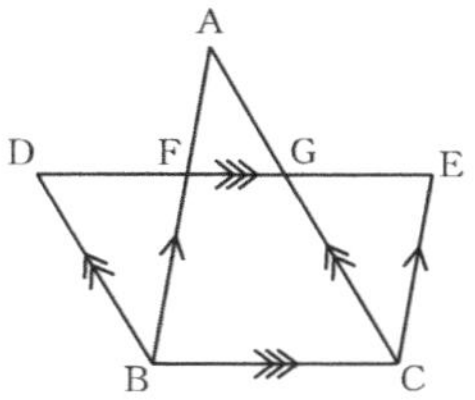

(8)　**【解き方】箱ひげ図は，右図のような値を表す。半分にしたデータ(記録)のうち，小さい方のデータの中央値が第１四分位数で，大きい方のデータの中央値が第３四分位数となる(データ数が奇数の場合，中央値を除いて半分にする)。**

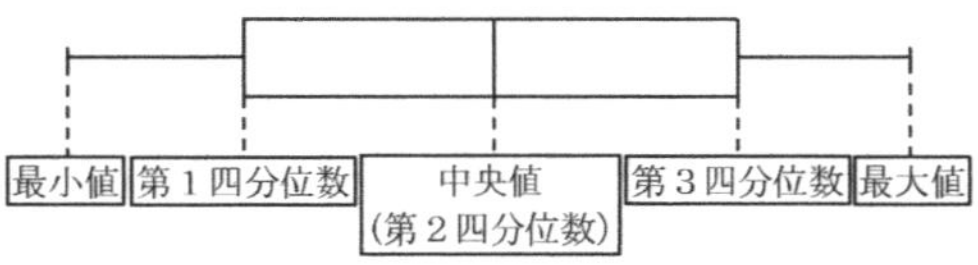

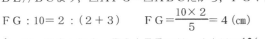

8個のデータを小さい順に並べると，24，28，28，31，33，35，39，40となる。

最小値は24，最大値は40である。中央値は小さい方から4番目と5番目の値の平均だから，$(31+33)\div 2=32$

第1四分位数は，下位4個の中央値だから，小さい方から2番目と3番目の平均なので，$(28+28)\div 2=28$

第3四分位数は，上位4個の中央値だから，大きい方から2番目と3番目の平均なので，$(35+39)\div 2=37$

よって，箱ひげ図は解答例のようになる。

2 ⑴ 円柱部分は底面積が $5^2\pi=25\pi$ (cm²)で高さが3cmだから，体積は，$25\pi\times 3=75\pi$ (cm³)

円すい部分は底面積が $4^2\pi=16\pi$ (cm²)で高さが3cmだから，体積は，$\frac{1}{3}\times 16\pi\times 3=16\pi$ (cm³)

よって，立体Xの体積は，$75\pi+16\pi=$ **91π (cm³)**

⑵ **【解き方】立体Xの表面積は，円柱部分の底面積と，円柱部分の側面積と，(円柱部分の底面積)－(円すい部分の底面積)と，円すい部分の側面積の和である。**

図1

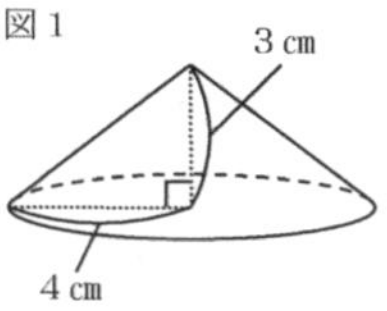

円柱部分の底面積は 25π cm²である。

柱体の側面積は(底面の円周)×(高さ)で求められるから，円柱部分の側面積は，

$2\pi\times 5\times 3=30\pi$ (cm²)

(円柱部分の底面積)－(円すい部分の底面積)$=25\pi-16\pi=9\pi$ (cm²)

円すい部分は図1のようになるので，三平方の定理より母線の長さは，$\sqrt{3^2+4^2}=5$ (cm)

したがって，円すい部分の展開図は図2のようになる。

図2

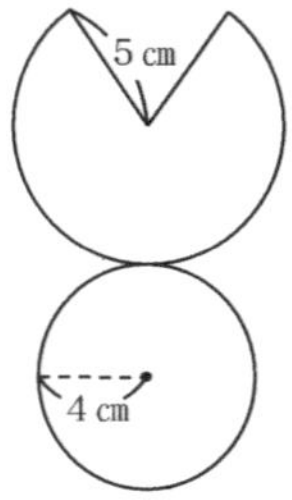

側面のおうぎ形の弧の長さは底面の円周に等しく，$2\pi\times 4=8\pi$ (cm)　おうぎ形の面積は $\frac{1}{2}\times$(弧の長さ)×(半径)で求められるから，側面積は，$\frac{1}{2}\times 8\pi\times 5=20\pi$ (cm²)

なお，円すいの側面積は，(底面の半径)×(母線の長さ)×πで求めることができるので，

側面積は，$4\times 5\times\pi=20\pi$ (cm²)と求めることもできる。

以上より，立体Xの表面積は，$25\pi+30\pi+9\pi+20\pi=$ **84π (cm²)**

3 ⑴ 真人さんの取り出し方は3通り，有里さんの取り出し方も3通りだから，2人のカードの取り出し方は全部で，$3\times 3=9$ (通り)ある。そのうち真人さんが勝つ取り出し方は右の樹形図の5通りだから，求める確率は **$\frac{5}{9}$** である。

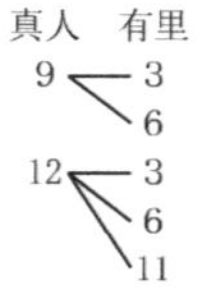

⑵ **【解き方】XとYにカードを1枚ずつ追加することで，2人のカードの取り出し方は全部で $4\times 4=16$(通り)となる。同じ数のカードは存在しないから，ゲームは引き分けがなく必ず勝敗がつくので，2人それぞれの勝つ確率が等しくなるとき，真人さんが勝つ確率は $\frac{1}{2}$ である。したがって，真人さんが勝つ取り出し方が $16\times\frac{1}{2}=8$ (通り)あればよい。**

Xに4を追加しYに1枚追加する前だと，真人さんが勝つ取り出し方は右図の6通りである。

さらに $8-6=2$ (通り)増えればよいので，Xの中の4枚のカード(1，4，9，12)のうちちょうど2枚のカードだけが勝つことができるカードをYに追加すればよい。そのようなカードの数は5，7，8だから，**イ**，**ウ**，**エ**を選べばよい。

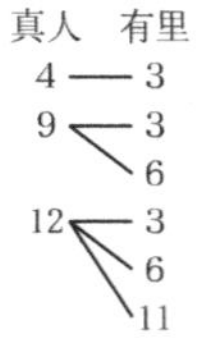

4 ⑴ **【解き方】Qは6秒ごとに正方形の頂点を通るから，$0<x\leqq 6$，$6\leqq x\leqq 12$，$12\leqq x\leqq 18$ の場合に分けて考える。**

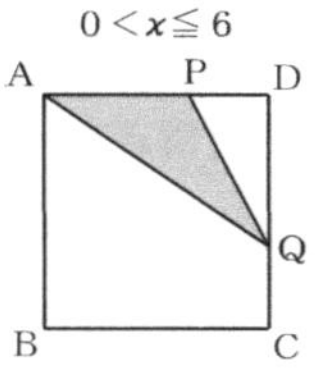

$x=1$ のとき，$AP=1\times 1=1$ (cm)，$DQ=1\times 1=1$ (cm)だから，

$y=\frac{1}{2}\times AP\times DQ=\frac{1}{2}\times 1\times 1=$ **$\frac{1}{2}$**

$0<x\leqq 6$のとき，△ＡＱＰの底辺を$\mathrm{AP}=1\times x=x$(cm)とすると，高さは$\mathrm{DQ}=x$cm

だから，$y=\dfrac{1}{2}\times x\times x=\dfrac{1}{2}x^2$　　したがって，グラフは放物線の一部となる。

6≦x≦12

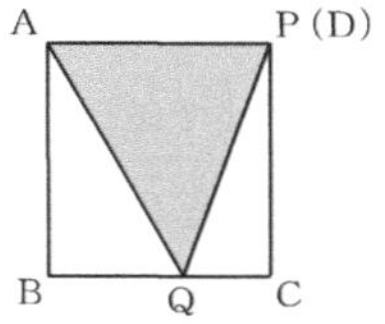

$6\leqq x\leqq 12$のとき，△ＡＱＰの底辺を$\mathrm{AP}=6$cmとすると，高さは$\mathrm{DC}=6$cmだから，

$y=\dfrac{1}{2}\times 6\times 6=18$　　したがって，グラフはx軸に平行な直線となる。

$12\leqq x\leqq 18$のとき，△ＡＱＰの底辺を$\mathrm{AP}=6$cmとすると，高さは

$\mathrm{AQ}=\mathrm{AB}+\mathrm{BC}+\mathrm{CD}-$(Ｑが動いた長さ)$=6\times 3-x=18-x$(cm)だから，

$y=\dfrac{1}{2}\times 6\times(18-x)=-3x+54$　　したがって，グラフは右下がりの直線となる。

12≦x≦18

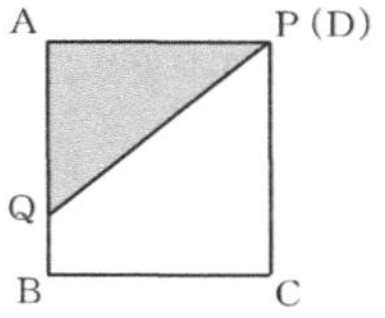

よって，正しいグラフは**ウ**である。

(2)　**【解き方】△ＲＱＤの辺のうちＲＤは固定されているので，底辺をＲＤと考えると，直角二等辺三角形の３辺の比が$1:1:\sqrt{2}$となることを利用して高さをxの式で表すことができる。△ＲＱＤの面積の式と，(1)で求めた△ＡＱＰの面積の式を連立させて，xの値を求める。**

△ＢＣＤは直角二等辺三角形だから，$\mathrm{BD}=\sqrt{2}\mathrm{BC}=6\sqrt{2}$(cm)で，ＲはＢＤの中点だから，

$\mathrm{RD}=\dfrac{1}{2}\mathrm{BD}=3\sqrt{2}$(cm)

$0<x\leqq 6$のとき，右の図①の太線の三角形は直角二等辺三角形だから，△ＲＱＤの高さは，

$\mathrm{DQ}\times\dfrac{1}{\sqrt{2}}=\dfrac{1}{\sqrt{2}}x$(cm)　　△ＲＱＤの面積を$y$cm²とすると，$y=\dfrac{1}{2}\times 3\sqrt{2}\times\dfrac{1}{\sqrt{2}}x=\dfrac{3}{2}x$

①$0<x\leqq 6$

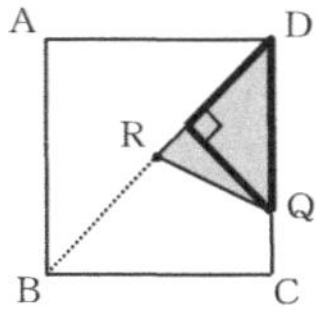

(1)で求めた$y=\dfrac{1}{2}x^2$と，$y=\dfrac{3}{2}x$を連立させてyを消去すると，$\dfrac{1}{2}x^2=\dfrac{3}{2}x$

これを解くと$x=0$，３となり，$0<x\leqq 6$より，$x=3$

$6\leqq x\leqq 12$のとき，$\triangle\mathrm{AQP}=18$cm²となる。△ＲＱＤの面積が最大となるのは，ＱがＣまたはＡと重なるときであり，このときの△ＲＱＤの面積は正方形ＡＢＣＤの面積の$\dfrac{1}{4}$だから，

$6\times 6\times\dfrac{1}{4}=9$(cm²)　　したがって，$\triangle\mathrm{RQD}=\triangle\mathrm{AQP}$となることはない。

$12\leqq x\leqq 18$のとき，図②の太線の三角形は直角二等辺三角形だから，△ＲＱＤの高さは，

$\mathrm{BQ}\times\dfrac{1}{\sqrt{2}}=\{(\text{Qが動いた長さ})-(\mathrm{BC}+\mathrm{CD})\}\times\dfrac{1}{\sqrt{2}}=\dfrac{x-12}{\sqrt{2}}$(cm)

△ＲＱＤの面積を$y$cm²とすると，$y=\dfrac{1}{2}\times 3\sqrt{2}\times\dfrac{x-12}{\sqrt{2}}=\dfrac{3}{2}x-18$

$y=-3x+54$と$y=\dfrac{3}{2}x-18$からyを消去して，$-3x+54=\dfrac{3}{2}x-18$

②$12\leqq x\leqq 18$

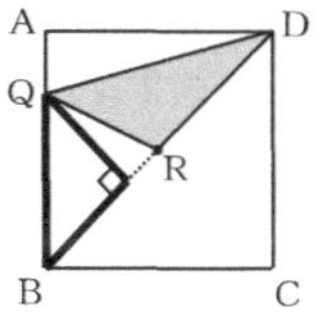

これを解くと$x=16$となり，$12\leqq x\leqq 18$を満たす。

以上より，求めるxの値は，$x=$**３，16**

５　(1)　ＢＥが直径だから$\angle\mathrm{BAE}=90^\circ$なので，△ＡＢＥは３辺の比が$1:2:\sqrt{3}$の直角三角形である。

よって，$\mathrm{BE}=2\mathrm{AE}=2\times 4=$**８**(cm)

(2)　**【解き方】ＥＦ＝ＢＥ－ＢＦだから，ＢＦの長さを求める。△ＡＢＦに着目する。**

△ＯＡＢは二等辺三角形だから，$\angle\mathrm{OAB}=\angle\mathrm{OBA}=30^\circ$

ＡＣが直径だから$\angle\mathrm{ADC}=90^\circ$なので，△ＡＣＤは直角二等辺三角形であり，$\angle\mathrm{CAD}=45^\circ$

$\angle\mathrm{BAF}=30^\circ+45^\circ=75^\circ$だから，△ＡＢＦの内角の和より，$\angle\mathrm{AFB}=180^\circ-30^\circ-75^\circ=75^\circ$

よって，△ＡＢＦは二等辺三角形だから，$\mathrm{BF}=\mathrm{AF}=\sqrt{3}\mathrm{AE}=4\sqrt{3}$(cm)　　$\mathrm{EF}=$**$(8-4\sqrt{3})$**cm

⑶　**【解き方】⑵でＥＦの長さを求めたのをヒントと考えて，ＥＦを１辺にもつ三角形で△ＯＢＧと相似または合同な三角形を探す。**

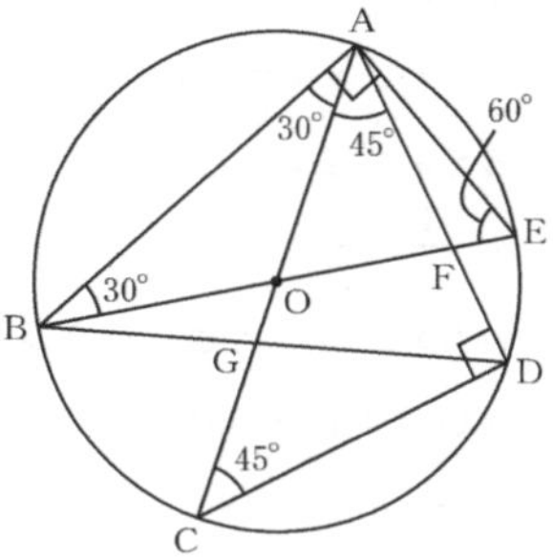

ここまでにわかった角度をかきこむと，右図のようになる。

△ＯＡＥは正三角形だから，∠ＡＯＥ＝60°なので，∠ＢＯＧ＝60°

円周角の定理より，∠ＤＡＥ＝∠ＤＢＥ　　また，ＡＥ＝ＢＯ＝４cm

以上より，△ＥＡＦ≡△ＯＢＧだから，△ＥＡＦの面積を求める。

△ＥＡＦと△ＡＢＥは，底辺をそれぞれＥＦ，ＢＥとしたときの高さが等しいから，面積比はＥＦ：ＢＥ＝$(8-4\sqrt{3})$：８となる。

△ＡＢＥ＝$\frac{1}{2}$×ＡＥ×ＡＢ＝$\frac{1}{2}\times 4\times 4\sqrt{3}=8\sqrt{3}$(cm²)だから，

△ＥＡＦ＝$8\sqrt{3}\times\frac{8-4\sqrt{3}}{8}=8\sqrt{3}-12$(cm²)　　よって，△ＯＢＧ＝△ＥＡＦ＝**$(8\sqrt{3}-12)$cm²**

6　⑴　ａ番目の図形において，タイルＡは縦にａ枚，横にａ枚並ぶから，タイルＡの枚数はa^2枚となる。

よって，５番目の図形のタイルＡの枚数は，5^2＝**25**(枚)

⑵　**【解き方】３番目の図形をもとに，タイルＢの枚数の規則性を考える。右図の直線にそって並ぶタイルＢの枚数と直線の本数に着目する。**

３番目の図形

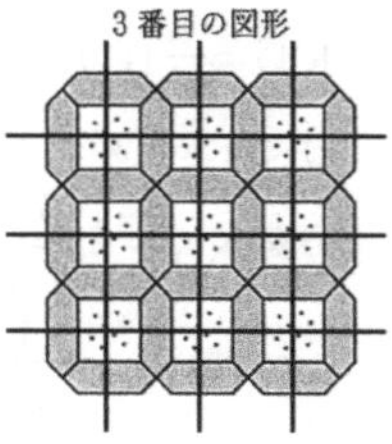

３番目の図形において，図の直線にそってタイルＢは４枚ずつ並ぶ。これは「３」番目の３より１大きい。また，直線の本数は縦に３本，横に３本であり，「３」番目の３と同じ数だけ縦と横に並んでいるとわかる。

したがって，ａ番目の図形において，直線にそって(ａ＋１)枚のタイルＢが並び，直線はａ＋ａ＝２ａ(本)引けるから，タイルＢの枚数は全部で，２ａ(ａ＋１)枚となる。

よって，12番目の図形では，２×12×(12＋１)＝**312**(枚)

⑶　**【解き方】ここまでの解説より，ｎ番目の図形ではタイルＡがn^2枚，タイルＢが２ｎ(ｎ＋１)枚並ぶ。**

ＡとＢの枚数の差が360枚でＢの方が多いから，$2n(n+1)-n^2=360$　　$2n^2+2n-n^2-360=0$

$n^2+2n-360=0$　　$(n+20)(n-18)=0$　　$n=-20,\ 18$　　$n>0$より，$n=$**18**

《2023　中期　理科　解説》

1　⑴　刺激に対して無意識に起こる反応を反射という。無意識に反応が起こっているエが正答となる。

⑵　Ａさんは計算する際の数に入れない。６人が反応するのに平均で$\frac{1.69+1.47+1.52}{3}$＝1.56(秒)かかる。よって，Ｘに入る１人あたりの時間は$\frac{1.56}{6}$＝0.26(秒)，Ｙに入る平均の速さは$\frac{1.5}{0.26}$＝5.76…→5.8m/ｓとなる。

⑶　耳では，うずまき管にある感覚細胞が振動を刺激の信号に変え，聴神経を通して脳に伝える。

2　⑴　Ａは塩化水素，Ｂは水素，Ｃは酸素，Ｄはアンモニア，Ｅは二酸化炭素である。Ｅを入れたペットボトルがへこんだのは，Ｅが水にとけてペットボトル内の空気の圧力が小さくなったからである。水に溶けるＡとＤを選ぶ。

⑵　空気より密度が大きい気体は下方置換法，空気より密度が小さい気体は上方置換法で集めることができるので，空気の密度はＤ(0.00071ｇ/cm³)よりも大きく，Ａ(0.00150ｇ/cm³)よりも小さい。また，二酸化窒素の密度は0.00187ｇ/cm³でＡよりも大きく水に溶けやすいので，下方置換法で集める。

3　⑴　ア×…砂岩をつくる粒は，丸みを帯びたものが多い。　イ×…斑れい岩とせん緑岩はどちらも火成岩である。エ×…堆積岩をつくる粒の大きさが２mm以上のものをれき岩という。

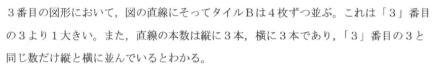

(2) 火山灰は流れる水のはたらきを受けずに堆積するので，凝灰岩にふくまれる粒は角がとがっている。また，石灰岩に塩酸をかけると二酸化炭素が発生する。

(3) サンヨウチュウ，フズリナは古生代，アンモナイトは中生代，デスモスチルスは新生代の示準化石である。

4 (1) 電圧は 100Vだから，〔消費電力(W)＝電圧(V)×電流(A)〕より，２つの電気器具をつないで同時に使用したときに，テーブルタップに流れる電流が 16Aになるのは，電子レンジ（$\frac{600}{100}$＝６(A)）とトースター（$\frac{1000}{100}$＝10(A)）をつないだときである。

(2) ＬＥＤ電球の消費電力は８Wだから，〔電力量(J)＝消費電力(W)×時間(s)〕より，１時間→60 分→3600 秒使用したときに消費する電力量は８×3600＝28800(J)→28.8kJ となる。また，テレビの消費電力は白熱電球とＬＥＤ電球の消費電力の差 60－８＝52(W)の$\frac{200}{52}$＝$\frac{50}{13}$(倍)だから，ＬＥＤ電球を 50 時間使用したときに削減できる電力量は，テレビを 50×$\frac{13}{50}$＝13(時間)使用したときに消費する電力量と等しい。

(3) 豆電球が直列つなぎの回路では，それぞれの豆電球にかかる電圧の和が電源電圧と等しいが，豆電球が並列つなぎの回路では，それぞれの豆電球にかかる電圧は電源電圧と等しい。よって，それぞれの豆電球にかかる電圧は，Aが 0.75V，Bが 1.5V，Cが 1.5V，Dが 3.0V，Eが 3.0V，Fが 1.5Vである。電圧が等しい豆電球は同じ明るさで点灯するので，Ⅱ図の豆電球と同じ明るさで点灯するのはB，C，Fである。

5 (1) タマネギの根の先端部分をうすい塩酸にひたすことで，細胞をばらばらにして観察しやすくする。なお，酢酸カーミン溶液や酢酸オルセイン溶液などの染色液で染まるのは核や染色体である。

(2) イ○…細胞分裂が行われるときに染色体が見られる。細胞分裂は根の先端付近で行われるので，染色体は根の先端付近で見られる。　ウ○…細胞分裂で核に染色体が現れる時期には，すでに染色体は複製されて数が２倍に増えている。　エ×…根の先端に近い部分では，細胞分裂が盛んに行われるので，根もとに近い部分と比べて小さいものが多い。

6 (1) ５mL→５cm³より，５％の硫酸亜鉛水溶液５mL の質量は 1.04×５＝5.20(g)である。よって，水の質量は 5.20×(１－0.05)＝4.94→4.9gとなる。

(2) 硫酸亜鉛水溶液中には亜鉛イオン〔Zn^{2+}〕と硫酸イオン〔SO_4^{2-}〕が存在している。ここにマグネシウム片を入れると，マグネシウムが電子を失ってマグネシウムイオン〔Mg^{2+}〕になって溶け出し，その電子を受け取った亜鉛イオンが亜鉛となって付着する。

(3) 硫酸銅水溶液中に亜鉛片を入れると，亜鉛がイオンになって溶け出し，赤色の物質(銅)が亜鉛片の金属表面に付着する。これは，亜鉛が電子を失って亜鉛イオン〔Zn^{2+}〕になり，かわりに銅イオン〔Cu^{2+}〕が電子を受け取って金属表面に付着したからである。このことから，銅よりも亜鉛の方がイオンになりやすいことがわかる。

7 (1) ⅰ群．寒冷前線では，激しい上昇気流によって積乱雲が生じる。なお，温暖前線では，おだやかな上昇気流によって乱層雲が生じる。　ⅱ群．上空にいくほど上にある空気が少なくなるので，気圧が低くなる。　ⅲ群．周囲の気圧が下がって空気が膨張すると温度が下がる。

(2) ⅰ群．グラフより，15℃での飽和水蒸気量は約 13g/m³だから，空気１m³中の水蒸気量は 13×0.4＝5.2(g/m³)である。よって，飽和水蒸気量が 5.2g/m³のときの気温が露点だから，グラフより約１℃と読み取れる。

ⅱ群．空気中の水蒸気量が増加するほど露点が高くなる。

8 (1) 人が荷物に力(作用)を加えるとき，荷物から人に同じ大きさで反対向きの力(反作用)がはたらくので，荷物は人が力を加えた向きに動き，人は自分が力を加えた向きと反対向きに動く。このように互いにおよぼし合う力を作用・反作用の力という。

(2) 重力は地球が物体を引く力，垂直抗力は床が物体を押す力である。図で重力は下向き，垂直抗力は上向きにはたらき，それらの大きさが等しいので，人や荷物は上下方向には動かない。この重力と垂直抗力のように，ある物体に対して大きさ等しく，向きが反対で一直線上にある２力はつり合っている。このように，つり合う２力は１つの物体にはたらき，(1)の作用・反作用の２力は２つの物体にはたらくことを覚えておこう。

《2023 中期 英語 解説》

1 【本文の要約】参照。

(1) 代名詞の指す内容は，前に述べられた内容や直前の名詞にあることが多い。ここでは，第２段落の内容から，ウ「紀実子が作るのを，紀実子の祖父が手伝ってくれた湯呑み茶碗」を指す。 ・help＋人＋動詞の原形「(人) が～するのを手伝う」

(2)② 過去の文だから，come の過去形 came が適当。 ⑥ 直前の be より受け身の文と判断する。break の過去分詞 broken が適当。

(3)(a)(b) 英文の内容：「陶磁器について知るために，紀実子はｉ図書館(＝a library)に行き，本を読んで１種類の陶磁器に関していくつかのことに気付いた。そして彼女は祖父の工房を訪れることを決めた。なぜならⅱイ最初の工程から（＝from the first process）陶磁器を作りたかったからである」

(4) 話の流れから，「粘土が準備できた，だから…」に続くのはア「何かを作るのにそれを使うことができる」が適当。イ「それを作るために工房を訪れるべきだ」，ウ「その作り方を教えよう」，エ「もう１度，山に行かなければならない」は不適当。

(5) 話の流れから，祖父は紀実子に木材を持ってきてほしいと言っている。I want you to bring the wood (to me.) の語順が適当。 ・want＋人＋to～「(人) に～してほしい」

(6) 質問「紀実子が初めて湯呑み茶碗を作ろうとした時，紀実子の祖父は何をしましたか？」…第２段落２～３行目より，イ「彼は彼女がそれの形を作ろうとした時，彼女を支援した」が適当。ア「彼は彼女に，自分のためにそれの形を作ってほしいと頼んだ」，ウ「彼は彼女に，将来，彼のような陶芸家になるように言った」，エ「彼は彼女を喜ばせようと自分の陶磁器を見せた」は不適当。

(7) ア「紀実子の友達が尋ねた質問は難しかったが，紀実子は×それら全部に答えることができた」 イ×「紀実子と彼女の友達の１人は紀実子の祖父を訪れて，粘土を取りに山へ行った」…本文にない内容。 ウ「紀実子は，×彼女が祖父と一緒に作った粘土をこね，何を作るか決めた」…皿を作ることを決めてから，粘土をこね始めた。エ○「紀実子の粘土の皿を１週間かけて乾燥させた後，彼女の祖父はそれを窯に入れ，そこで焼いた」…第５段落の内容と一致。

(8) 英文の内容：奈緒子「私は紀実子のスピーチで大切なことに気付きました」→ジョージ「それは何ですか？」→奈緒子「紀実子は彼女の祖父の陶磁器の作品が好きでした。だけど陶磁器に関する本を読んで祖父の工房で皿を作る前は，湯呑み茶碗の形を作るｉエ方法（＝way）を知っているにすぎませんでした」→ジョージ「彼女が陶磁器についてよくわかっていなかった，ということですか？」→奈緒子「はい，彼女はそう言いました。しかしながら，祖父の工房でのⅱ経験を通じて(＝through the experience)，陶磁器を作ることは大変だけど楽しいことを学び，それがわかって喜びました。その時から彼女は，陶磁器について学び続けています」→ジョージ「なるほど」→奈緒子「私は彼女がどのように感じているかわかります。私は自分自身で何かを学んだり，それについて多くのことを知ったりしたとき，嬉しくなってもっと知りたくなります」

【本文の要約】

私の祖父は陶芸家です。粘土から陶磁器の作品を作るのです。私は祖父の作る陶磁器が好きです。

ある日祖父の工房に行った時，私は祖父の陶磁器を見て，祖父のような作品を作りたいと思いました。祖父は私にこう尋ねました。「お前は湯呑み茶碗を作りたいかい？」私はこれを聞いて嬉しくなりました。私はまず粘土から湯呑み茶碗を作ろうとしました。しかし私自身ではうまく形を作ることができませんでした。祖父が手伝ってくれたので，私は形を作ることができました。それから祖父は私に，湯呑み茶碗を乾かしてから焼く予定だと言いました。1か月後，祖父は家まで私が作った湯呑み茶碗を持ってきて私に渡してくれました。私は①ウそれ（＝紀実子が作るのを祖父が手伝ってくれた湯呑み茶碗）を見て嬉しくなりました。その後，祖父の工房で何回か湯飲み茶碗を作りました。

友達が家に②来た（＝came）時，私は湯飲み茶碗を彼女に見せました。彼女は素敵だと言って，「どこで作ったの」と尋ねてきました。私は「祖父が陶芸家なので，祖父の工房で作ったのよ」と答えました。彼女は「粘土からこのような形を作るのは簡単？」と聞いたので，私は，「いいえ，難しかったよ」と答えました。「どれくらい焼いたの？」と聞かれたので，「よくわからない。祖父が焼いたから」と答えました。それから彼女は陶磁器についていくつか質問をしてきましたが，私は答えることができず，私は陶磁器について何も知らないということに気づきました。私はもっと勉強する必要があると思いました。

友達が帰宅した後，私は陶磁器について学ぶために図書館へ行きました。私は日本のある1種類の陶磁器に関する本を読みました。陶磁器に使われる粘土の作り方や，形を作った後，粘土を20時間窯で焼くこともわかりました。私はこれらのことを知らなかったので，最初の工程から陶磁器を作りたいと思いました。それで，そのために祖父の工房を訪れることを決め，祖父に電話で伝えました。祖父は私に，暇なときに工房に来なさいと言ってくれました。

数日後，私は祖父の工房に行きました。祖父は私を山に連れて行って，土を採取し，それから私たちは工房に戻りました。私たちは箱にその土と水を入れて，よく混ぜました。祖父は，「今からこれを乾かすんだ。土を粘土に変えるのに数日必要なんだよ」と言いました。私はその変化を確認するために，毎日，祖父の工房へ行きました。数日後，祖父は，「粘土ができたから，④ア作品を作るのに使えるよ」と言いました。私は皿を作ることに決め，粘土をこね始めました。形を作ろうとしましたが，私自身で作るのは簡単ではありませんでした。でも何度もやってみて，やっとできたのです。⑺祖父は「お前の粘土の皿から水分を取り出すために乾かすよ。今，窯で焼いたら⑤壊れて（＝broken）しまうからね」と言いました。1週間後，祖父は私の粘土の皿を窯に入れて，こう言いました。「これから10日間，この粘土の皿を窯で焼くよ。窯の中は高温だから危険なんだ。皿を焼くにはたくさんの木材が必要だから，その木材を持ってきてほしい」私は何回も木材を運びました。約10日後，祖父は窯から私の皿を取り出しました。祖父から私の皿を受け取った時，それを見つめながら，この皿を作るためにしてきたことを思い起こしました。皿を作ることは簡単ではありませんでしたが，自分自身の目で全工程を見ることができたので，素晴らしい時間を過ごせたと思いました。私はまた，祖父が素敵な陶磁器の作品を作るために実に多くのことを行っていることがわかり，祖父の仕事は本当に立派だと思いました。

陶磁器についての本を読んで自分の皿を作る前は，私は湯呑み茶碗の形の作り方だけしかわかっておらず，作ることを楽しんでいただけでした。私は陶磁器についてほとんどわかっていなかったのです。しかし，私は祖父の工房での経験を通して多くのことを学びました。そして陶磁器を作る工程は大変だけど楽しいということがわかりました。私はこのことを学べて良かったと思いました。それ以来，私は陶磁器についてさらに勉強を続けています。そして今では，将来自分自身で素敵な陶磁器を作りたいと思っています。

2 【本文の要約】参照。

(1)③　・too～「あまりにも～すぎる」

(2)　9月は「7番目の月」であった理由を話させてほしいという流れから，アが適当。

・let＋人＋動詞の原形「(人) が～することを許す」

(3)　まみが最初に買おうとしていた本は，ジーナの2番目の発言にある「アメリカのことがわかる本」よりアの "Lily"，ジーナの3番目の発言にあるウの "The Blue Sky"，まみの4回目の発言にあるイの "Our memory" の3冊。このうち，ジーナが読んだ本はウの "The Blue Sky" だけ。ジーナはそれを学校の図書室で見つけたと言っているから，まみが買う必要がない本はウが適当。

(4)　ア「まみは×スミス先生がリストをくれたので，英語の本を読み始めることにした」　イ○「"The Blue Sky" の作者は日本で人気があり，ジーナはそのことをまみと話す前から知っていた」…ジーナの4回目の発言と一致。ウ「スミス先生はコメントを通してまみに，× "The Past" には難しい単語があることを伝えている」　エ「×作者が撮ったたくさんの写真は "The White Sea" にある状況を人々が理解するのを助ける」

【本文の要約】

ジーナ：まみ，何を見ているの？

まみ　：英語の本のリストを見ているの。英語のスミス先生が，昨日私にこれをくれたの。先月，英語の本を読み始めたんだけど，先生にいい本を教えてくださいと頼んだのよ。リストのコメントはそれぞれの本に関する先生のコメントよ。私は明日買い物に行って，リストに載っている本を買おうと思うの。

ジーナ：見てもいい？あら，私はこの本を読むべきだと思うわ。私は読んだことがないけれど，コメントを見て。あなたはアメリカに興味があるわよね？これを読むと有名な場所がたくさんわかるわよ。

まみ　：まあ，いいわね。それを買うわ。

ジーナ：「The Blue Sky」はどう？小さい頃に初めて読んで，とてもおもしろかったの。それも買うべきね。

まみ　：じゃあ，①それも買うわ（＝I'll buy it, too.)。

ジーナ：その本の作者は日本の多くの人が好きらしいわよ。コメントを見て。同じ作者が「The White Sea」を書いている。私はその作者が好きだから，いつか読みたいと思うの。あなたは読んだことある？

まみ　：いいえ，でもこの話は私たちの英語の教科書にあるの。授業で読むだろうから，買うのをやめる。そうねえ，私は「Our Memory」を読みたい。でも難しいと思うの。あなたは読んだことある？

ジーナ：いいえ。でももし読みたいなら，読むべきね。わからなかったら私が手伝ってあげる。

まみ　：ありがとう。それも買うわ。

ジーナ：この本はどう？私は読んだことがないけれど，英語についてたくさん学べると思うの。

まみ　：前に読んだことがあるから，買わないわ。それには英単語に関する多くの興味深い事実が書いてあって，私は月の名前の起源について学んだわ。例えば，September は実は当時「7番目の月」だったんでしょ？

ジーナ：待って。現在では September は9番目の月でしょう？

まみ　：その通り。②ア私にその理由に関する歴史を話させて（＝Let me talk about the history to tell you the reason.)。人々が暦を使い始めた時，1年に月は10しかなくて，それで1年は3月から始まったの。September は，当時は本当に7番目の月だったの。いくつか説があるけれど，その本ではこの説を紹介していたわ。

ジーナ：なるほど。

まみ　：私は③あまりにも多くの本（＝too many books）を選んだわね。そんなにお金がないと思うの。

ジーナ：じゃあ，リストを見て。この本は買う必要ないと思う。学校の図書室で見つけたから。その本を最初に読んだ時から気に入っていたの。だからそこで見つけた時は嬉しかった。

まみ　：なるほど。じゃあ，明日はそれを買わないで，来週，図書館に行くことにする。いろいろありがとう。

3 (1) 「カナはなぜ嬉しいのですか？」…A「やあ，カナ。何を読んでいるの？」→B「こんにちは，ジェニー。メアリーからの手紙を読んでいるの。彼女は私の友達の１人で，私がアメリカにいた時に出会ったの。彼女が私に会いに来月日本に来るから嬉しいのよ」→A「それは良かったね。私も彼女に会いたい」→B「ＯＫ。彼女に伝えておくね」より，ア「メアリーが来月日本に来るから」が適当。

(2) 「ナンシーは今日この店で何を食べますか？」…A「ナンシー，今日はどのケーキを食べる？今月はこの店で，スペシャルチョコレートケーキかスペシャルストロベリーケーキを選べるよ」→B「実は先週，スペシャルチョコレートケーキを食べたの。おいしかったよ」→A「じゃあ，私はスペシャルチョコレートケーキと紅茶にする」→B「そう。私はまだ食べたことがないのを食べたいから，このスペシャルケーキとコーヒーにする」より，エ「スペシャルストロベリーケーキとコーヒー」が適当。

4 【放送文の要約】参照。

(1) 「サキはいつ大事なサッカーの試合がありますか？」…エマとサキ，それぞれ２回目の発言より，イ「今月の15日」が適当。

(2) 「サキの姉に関して１つ言えることは何ですか？」…サキの５回目の発言より，ウが適当。

【放送文の要約】

エマ：こんにちは，サキ。あなたはバレーボールをするのは好き？

サキ：うん，好きよ。どうして？

エマ：私は地域のバレーボールチームに入っているんだけれど，(1)イ今月の 14 日にちょっとしたトーナメントがあるの。でもメンバーの１人が来られなくって。私たちのチームに参加してくれないかな？

サキ：(1)イごめんね，参加できないよ。その日はサッカーの練習をしなければならないの。次の日に大事なサッカーの試合があるから。

エマ：そう。

サキ：姉がいるから，頼んでみるね。姉は高校生で，バレーボールをするのが好きだから。

エマ：ありがとう。お姉さんは学校のバレーボール部？

サキ：いいえ。でも中学の時，バレーボール部に入っていたよ。

エマ：今でもバレーボールをするの？

サキ：うん，時々，週末に友達とバレーボールをしているよ。(2)ウ友達と，よくバレーボールの試合をテレビで見ているよ。

エマ：バレーボールは上手？

サキ：うん。中学時代にちょっとしたトーナメントで最優秀選手に選ばれたの。

エマ：おお，お姉さんは私たちのチームを大いに助けてくれるね。

5 (1) A「ああ，いやだ。雨が降り出した！」→B「どうして，ケイト？」→A「今日は傘を持ってないの」より，次に続くのはイ「さあ，これをどうぞ。もう１本あるから」が適当。

(2) A「サラ，誕生日に両親から何をもらったの？」→B「ギターと他のものをもらったよ。とても嬉しかった」→A「ギター？すごいじゃない！私に何か弾いてくれない？」より，次に続くのはエ「だめ，実はあまりうまく弾けないの」が適当。

京都府公立高等学校【中期】

《2022 中期 国語 解答例》

一 (1)ア (2)ウ (3)エ (4)おかしけれ／イ (5)㊀A．心ひとつ C．心得ぬ人 ㊁ア

二 (1)ウ (2)Ⅰ．ウ Ⅱ．ケ (3)ア (4)Ⅰ．ア Ⅱ．キ (5)争 (6)イ (7)エ (8)ウ (9)むく (10)エ
(11)㊀共同体～りだす ㊁イ ㊂贈り贈られる関係 ㊃Ⅰ．ア Ⅱ．キ

《2022 中期 社会 解答例》

1 (1)ウ／パリ (2)ⅰ群…ア ⅱ群…ク (3)右グラフ (4)ウ，エ
(5)ⅰ群…エ ⅱ群…キ

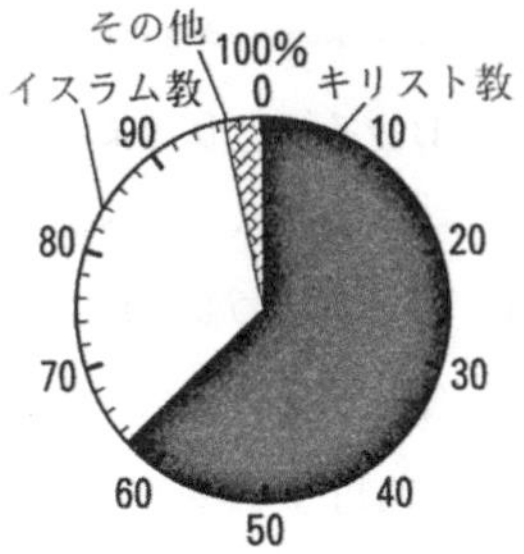

2 (1)成田国際空港…A 名古屋港…C (2)ア (3)供給量が左右される
(4)エ／しゃかいふくし (5)社会的責任／エ

3 (1)ⅰ群…ア ⅱ群…キ (2)イ (3)イ→エ→ウ→ア
(4)ⅰ群…ウ ⅱ群…カ／万葉集 (5)ⅰ群…ア ⅱ群…ク

4 (1)B，ア (2)ⅰ群…エ ⅱ群…ケ (3)イ，ウ，オ／共同参画社会 (4)福島／エ
(5)イ，オ

《2022 中期 数学 解答例》

1 (1)−39 (2)$\frac{11}{12}$ (3)$7+2\sqrt{10}$ (4)3 (5)$x=5$ $y=8$
(6)a＝−6 b＝0 (7)127 (8)620

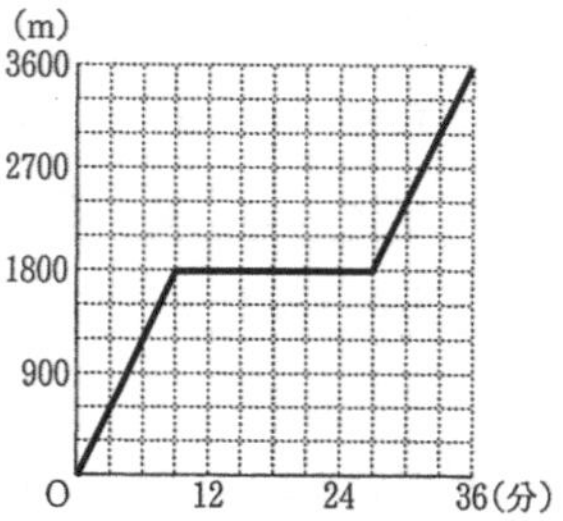

2 (1)$\frac{1}{12}$ (2)$\frac{2}{9}$

3 (1)オ (2)48

4 (1)右グラフ (2)28，48 (3)350

5 (1)$\frac{14}{3}$ (2)$\frac{10}{3}$ (3)5：63

6 (1)7段目の左端の正三角形の板に書かれている数…37 7段目の右端の正三角形の板に書かれている数…49
(2)32

《2022 中期 理科 解答例》

1 (1)ウ (2)ⅰ群…ア ⅱ群…キ (3)組織／イ

2 (1)エ (2)ⅰ群…ア ⅱ群…コ

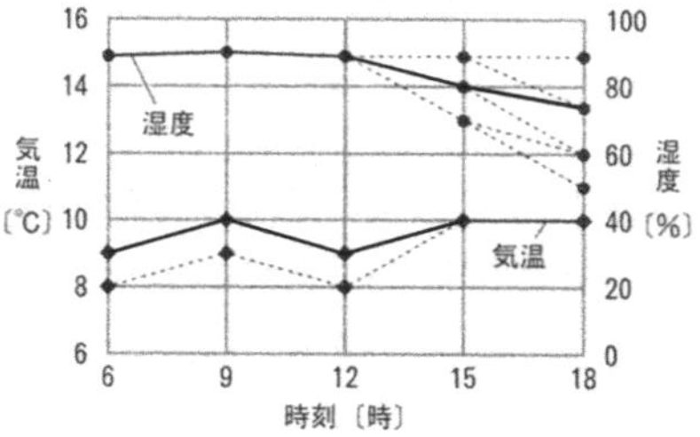

3 (1)B，C，G (2)ア，オ (3)エ，Y

4 (1)ⅰ群…ウ ⅱ群…キ (2)右グラフ

5 (1)イ A．ク B．カ C．キ (2)イ

6 (1)0.88 (2)ウ (3)イ，ウ

7 (1)A．ア B．イ，20 (2)オ (3)焦点より内側

8 (1)8.0 (2)X．イ Y．ウ

《2022　中期　英語　解答例》

1　⑴①met　⑥began　⑵オ→エ→カ→ウ→ア→イ　⑶エ　⑷ア　⑸(a)nervous　(b)ア　⑹ウ　⑺イ
⑻(a)エ　(b)make our future better

2　⑴イ　⑵ウ　⑶ア，エ　⑷ウ

3　⑴イ　⑵ウ

4　⑴エ　⑵イ

5　⑴エ　⑵ア

2022 解説 令和２年度 ▶ 京都府公立高等学校【中期】

←解答例は前ページにありますので，そちらをご覧ください。

《2022　中期　国語　解説》

一　(1)　「花車《きゃしゃ》」は風流なこと。「一興なり」はちょっとした面白みがあること。「こそ～なれ(已然形)」で係り結びになっている。

(2)　「花の水」をくませ、茶の湯に夢中になっていた「楽助《らくすけ》」と、客を招いた「亭主」は同じ人物。

(4)　古文の「わゐうゑを」は、「わいうえお」に直す。　　古文で言葉の先頭にない「はひふへほ」は、「わいうえお」に直すが、イは、「ひらめく」という語の先頭なので、現代仮名遣いと同じ書き表し方。

(5)㊀　亭主は茶の湯を好む風流人であったが、招かれた客たちは、茶の湯のしきたりや風流を「心得ぬ人」(理解していない人)であった。亭主と客との間に、思いの差があったので、「心ひとつ」にして、楽しむことができなかった。　　㊁　「朝顔の茶の湯」なのだから、朝顔の咲く早朝に来るべきなのに、客が昼前に来たので、亭主は腹を立て、既に明るいのに、まだ暗いかのように提灯《ちょうちん》をともしたり、朝顔の葉に似た芋の葉を、露ではなく土をつけて生けたりした。しかし、客はそれをおかしいとも思わず、「その通り」のものとして受け入れた。

【古文の内容】

野には菊・萩《はぎ》が咲いている秋の景色ほど、しみじみと趣深いことはない。風流を解する人にとっては歌が日本の風習である。何であっても、風流の道は心ひかれるものだ。

奈良の都のひがし町に、上品に暮らして、明けても暮れても茶の湯に夢中になり、興福寺《こうふくじ》の「花の井」の水をくませて使っている、有名な楽助(生活上の苦労がない人)がいた。

ある時この里の利口ぶって生意気な者たちが、朝顔が咲く時間に行われる茶の湯を望んだので、前もって日を約束し、(亭主は)さまざまなことに配慮して、その朝の四時頃から準備をし、この客を待っていたが、大体の(朝顔の茶の湯にふさわしい)時間というものがあるのに、(客たちは、早朝ではなく)昼前に来て、取り次ぎを求めた。

亭主は腹を立て、客を庭に入れてから、(辺りが暗いかのように)提灯をともして、迎えに出たが、客はまだ(亭主の皮肉が)理解できず、夜の歩き方をするのは、おもしろい。亭主は不愉快なので、花入れに土のついた芋の葉を生けて見せたが、そのまま見ている。なんにせよ風流が分からない人には、(亭主の方が)そのつもりで心得ていなければならない。亭主も客も、同じ心で茶の湯に深い愛着を持つ人でなくては、楽しみも欠けてしまうのだ。

二　(1)　贈り物を贈られること、それを受けとること、返礼すること、という三つの「義務」が「連鎖する」(鎖のようにつながる)ということなので、ウが適する。

(3)　［　　］だけでは「説明できない」と否定し、「かかわりあいを長期的に成り立たせる力が働いている」としているから、「かかわりあいを長期的に成り立たせる力」とは反対の内容が入ると推測できるので、アが適する。「長期的」と「近視眼的な」(近くのことしか見ていないこと)、「かかわりあい～成り立たせる」と「損得勘定」(損か、得かを考えること)が、それぞれ相反する内容。

(4)　イ．「指事文字」は、数量、位置などの抽象的なことがらを点や線を用いて表した文字。一、二、三、上、下など。カの「本」も、「木」に横棒をつけて「もと」という意味を表しているので、指事文字。　ウ．「会意文字」は、二つ以上の漢字を意味の上から組み合わせて作られた文字。クの「知」も会意文字。「矢」と「口」で、矢のようにまっすぐ物事の本質を言い当てることを表す。　エ.「形声文字」は、音を表す文字と意味を表す文字を組み合わせたもの。ケの「油」は、会意文字でもあり、形声文字でもある、会意兼形声文字。

(6)　「ますます(副詞)／増え(動詞)／て(助詞)／い(動詞)／ます(助動詞)」と分けられる。「い」は、「いる」の連用形。

(7)　貨幣経済以前の「原始的な分かちあい」は、「『温かみ』を感じさせる一方で、逃れることができない『しがらみ』の重さ」を感じさせた。よって貨幣経済は「しがらみ」を解消すると同時に、「温かみ」を奪ったということになる。次の段落で「貨幣経済は人間関係をドライに切り離します。しがらみを取り払おうとすると同時に、何か意味が生まれるはずだった相互のやりとりまで消し去ってしまいました」と説明されている。

(8)　傍線部hの「よく」とア、イ、エは、頻度が高いさま。ウは、程度が十分であるさま。

(10)　エについて、7・8段落は、両段落とも贈り贈られる関係が重要だという立場で述べているので、「これまでとは異なる立場で主張を述べている」が適さない。

(11)㊀　2段落で、お歳暮や年賀状の例を用いて、贈り物をしあう目的を述べている。　㊁・㊂　貨幣経済によって、心が安らぐような分かちあいや助けあいが減り、社会が分断されてきたが(5段落)、この分断を乗りこえ「新しい関係を生みだす原動力は～贈り贈られる関係～から生まれていると言えそうです」と8段落で述べている。

㊃Ⅱ　たとえば、「批評文を書くときの注意点」を行書で書くと、「**批評文を書くときの注意点**」となる。筆圧の変化は大きくなり、画は丸みをおびるので、キは適当でない。

《2022　中期　社会　解説》

1　(1)　ウ／パリ　　アはヨーロッパ州，イはアジア州，エは南アメリカ州の説明である。京都議定書では発展途上国に二酸化炭素の削減義務が課されなかったが，パリ協定ではすべての国に削減努力を求めたことに意義がある。

(2)　i群…ア　ii群…ク　　インド大反乱は1857年に起きた。イは20世紀(1917年)，ウは18世紀(1789年)，エは17世紀(1689年)。　エクアドルの輸出量の世界合計に占める割合は597÷2064×100＝28.9…(%)になる。

(3)　4629÷7375×100＝62.7…より，キリスト教徒の割合は約63%になる。

(4)　ウ，エ　　ワイマール憲法は第一次世界大戦後の1919年に制定され，初めて社会権が定められたことで知られる。第二次世界大戦において，日本・ドイツ・イタリアは，日独伊三国同盟を結んだ。アはアメリカとイギリス，イはフランスとロシア，オは日本。

(5)　i群…エ　ii群…キ　　国際連合の総会では，加盟国は平等に1か国1票の投票権をもつ。正倉院は東大寺にあることから聖武天皇と判断する。聖武天皇の治世に栄えた，奈良時代の国際色豊かな仏教文化を天平文化と呼ぶ。桓武天皇は平安時代初期，推古天皇は飛鳥時代前半，後三条天皇は平安時代中期(11世紀)の天皇である。

2　(1)　成田国際空港…A　名古屋港…C　　小型軽量で単価の高い商品や食品を海外から輸入するのに空港が使われ，自動車などの重量のある貨物は船舶で輸出されることから考える。成田国際空港は輸出入総額1位の貿易港である。また，中京工業地帯にある名古屋港は，自動車の輸出額が突出して多い港である。Bは東京港，Dは関西国際空港。

(2)　ア　　千島列島は，ポーツマス条約より前に，樺太千島交換条約によって日本領となっていた。また，ポーツマス条約では，南樺太が日本領となった。

(3)　太陽光発電は天候の悪い日や夜に発電できず，風力発電は風の弱い日に発電できない。以上のことから，自然条件に電力の「供給量が左右される」と考える。同じような意味で9字以内であればよい。

⑷　エ／しゃかいふくし　　生乳の生産量の地方別割合のグラフから，最も割合の多いXが北海道と判断する。そうすれば，大消費地から遠い北海道では牛乳よりも乳製品向けに処理される量が多いと考えられるので，Aが乳製品，Bが牛乳等になる。社会保障制度の４つの柱については，右の表を参照。

社会保険	社会福祉	公衆衛生	公的扶助
医療保険 年金保険 雇用保険 労災保険 介護保険など	児童福祉 母子福祉 身体障がい者福祉 高齢者福祉など	感染症予防 予防接種 廃棄物処理 下水道 公害対策など	生活保護 （生活・住宅・ 教育・医療 などの扶助）
加入者や国・事業主が社会保険料を積み立て，必要なときに給付を受ける	働くことが困難で社会的に弱い立場の人々に対して生活の保障や支援のサービスをする	国民の健康増進をはかり，感染症などの予防をめざす	収入が少なく，最低限度の生活を営めない人に，生活費などを給付する

⑸　社会的責任／エ　　大企業の割合はわずか１％程度だからアは誤り。企業間の健全な競争を促すために独占禁止法があるからイは誤り。今までが年功序列型の賃金制度で，新しい形態が成果主義だからウは誤り。

3　⑴　ⅰ群…ア　ⅱ群…キ　　イは鎌倉幕府滅亡後の14世紀前半，ウは鎌倉時代，エは飛鳥時代。北山文化は室町時代(足利義満の頃)，南蛮文化は戦国時代から安土桃山時代，東山文化は室町時代(足利義政の頃)。平安時代中期，遣唐使が停止されると，唐の文化を日本の風土や生活にあわせてつくりかえた国風文化が広まった。漢字をもとにしたかな文字(ひらがな・カタカナ)がつくられ，寝殿造の館では，十二単を着飾った女性や束帯を着た男性貴族が華やかな生活を送っていた。

⑵　イ　　強い日差しを避けるために，壁が白く塗られ小さな窓がつけられた家屋は地中海沿岸に広く見られる。

⑶　イ→エ→ウ→ア　　イ．鎌倉時代初頭，エ．鎌倉時代後半，ウ．室町時代の15世紀，ア．江戸時代

⑷　ⅰ群…ウ　ⅱ群…カ　／万葉集　　飛鳥時代，中大兄皇子が白村江の戦いで大敗した後に，唐と新羅の攻撃に備えて配備されたのが防人である。防人は，律令制度のもとで農民の負担として続けられた。万葉集には，防人の歌のほか，天皇から農民まで多くの人が詠んだ和歌が，約4500首おさめられている。

⑸　ⅰ群…ア　ⅱ群…ク　　20歳代の総人口は約1200万人，投票率は約35%だから，投票者数は1200×0.35＝420(万人)，60歳代の総人口は約1800万人，投票率は約70%だから，投票者数は1800×0.70＝1554(万人)
よって，420÷1554＝0.27より，約0.3倍が最も近い。衆議院議員の被選挙権は満25歳以上，参議院議員は満30歳以上で得られるからカは誤り。外国に居住している有権者が投票できる「在外投票制度」があるからキは誤り。「期日前投票制度」があるからケは誤り。

4　⑴　B，ア　　日英同盟は，ロシアの南下を防ぐために1902年に結ばれた。日米和親条約の締結は1854年，下関条約の締結は1895年，ロンドン海軍軍縮条約の締結は1930年，日ソ中立条約の締結は1941年，日韓基本条約の締結は1965年。岩倉使節団に同行し，アメリカに留学した津田梅子は，数回の渡米の後に，女子英学塾(現在の津田塾大学)を創設し，女性教育の発展に努めた。津田梅子の肖像画は2024年から発行される五千円紙幣に使われる。

⑵　ⅰ群…エ　ⅱ群…ケ　　1945年8月15日の昭和天皇によるラジオ放送を玉音放送と呼ぶ。朝鮮戦争は1950年から始まり1953年に停戦している。地方自治における直接請求権では，条例の制定・改廃と監査請求は有権者の50分の１以上の署名，議会の解散・議員首長の解職などは有権者の３分の１以上の署名を必要とする。

⑶　イ，ウ，オ／共同参画社会　　核家族世帯は，①夫婦のみ，②夫婦と未婚の子ども，③父親と未婚の子ども，④母親と未婚の子どもの４種類だけである。単独世帯や大家族は，その他の世帯に分類される。

⑷　福島／エ　　栃木県と宮城県の間にある県を考える。天童将棋駒は山形県，南部鉄器は岩手県の伝統的工芸品である。東北地方は，青森県・岩手県・秋田県・宮城県・山形県・福島県の６県だからアは誤り。源義経らが平氏を滅ぼした壇ノ浦は山口県にあるからイは誤り。五街道のすべてが通っているのは江戸(東京都)だからウは誤り。

(5) イ，オ　2015 年の所定内労働時間は 1995 年に比べて減少したが，所定外労働時間は増えているからアは誤り。2010 年の総実労働時間は 1995 年より 100 時間以上短いからウは誤り。所定内労働時間が 1700 時間未満の年は 2005 年以降であり，これらの年はいずれもパートタイム労働者の割合は 20%以上だからエは誤り。

《2022　中期　数学　解説》

1 (1) 与式$=-9-30=-39$

(2) 与式$=\dfrac{3(8a+9)-4(6a+4)}{12}=\dfrac{24a+27-24a-16}{12}=\dfrac{11}{12}$

(3) 与式$=(\sqrt{2})^2+2\times\sqrt{2}\times\sqrt{5}+(\sqrt{5})^2=2+2\sqrt{10}+5=7+2\sqrt{10}$

(4) 与式の両辺に 100 をかけて，$16x-8=40$　$16x=48$　$x=3$

(5) $7x-3y=11$…①，$3x-2y=-1$…②とする。

①×2－②×3でyを消去すると，$14x-9x=22+3$　$5x=25$　$x=5$

②に$x=5$を代入すると，$15-2y=-1$　$-2y=-16$　$y=8$

(6) **【解き方】$y=\frac{1}{4}x^2$のグラフは上に開いた放物線だから，xの絶対値が大きいほどyの値は大きくなる。したがって，yが最大値である$y=9$となるのは，$x=a$か$x=3$のときである。**

$y=\frac{1}{4}x^2$に$x=3$を代入すると，$y=\frac{1}{4}\times3^2=\frac{9}{4}$となるから，$y=9$となるのは$x=a$のときとわかる。

$y=\frac{1}{4}x^2$に$x=a$，$y=9$を代入すると，$9=\frac{1}{4}a^2$より，$a=\pm6$　$a\leqq3$だから，$a=-6$

xの変域が0を含むから，yの最小値は$y=0$なので，$b=0$

(7) 右図のように記号をおく。

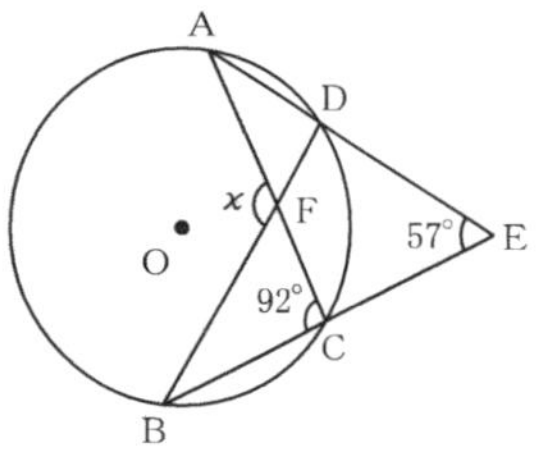

△ACEにおいて，三角形の外角の性質より，∠CAE$=92°-57°=35°$

円周角の定理より，∠CBD＝∠CAD$=35°$

△BCFにおいて，三角形の外角の性質より，

∠x＝∠BCF＋∠CBF$=92°+35°=127°$

(8) **【解き方】箱の中全体の白玉と黒玉の個数の比は，取り出した 40 個の玉における白玉と黒玉の個数の比である，$(40-3):3=37:3$とおよそ等しいものと推測できる。**

白玉の個数は黒玉の個数のおよそ$\frac{37}{3}$倍と推測できるから，$50\times\frac{37}{3}=616.66\cdots$より，およそ 620(個)と推測できる。

2 (1) **【解き方】さいころを2回投げる問題では，表にまとめて整理する。**

2回のさいころの目の出方は全部で$6\times6=36$(通り)ある。そのうち$\frac{a}{b}=2$となる出方は右表の○印の3通りだから，求める確率は，$\frac{3}{36}=\frac{1}{12}$

		b					
		1	2	3	4	5	6
a	1						
	2	○					
	3						
	4		○				
	5						
	6			○			

(2) **【解き方】1，2，4，5で割って小数点以下まで計算するとどのような数でも割り切れるから，$b=3$，6の場合について考える。**

$b=3$のとき，$\frac{a}{b}$が循環小数となるのは，$\frac{1}{3}=0.333\cdots$，$\frac{2}{3}=0.666\cdots$，$\frac{4}{3}=1.333\cdots$，$\frac{5}{3}=1.666\cdots$より，

$a=1$，2，4，5の場合だから，4通りある。

$b=6$のとき，$\frac{a}{b}$が循環小数となるのは，$\frac{1}{6}=0.1666\cdots$，$\frac{2}{6}=0.333\cdots$，$\frac{4}{6}=0.666\cdots$，$\frac{5}{6}=0.8333\cdots$より，

$a=1$，2，4，5の場合だから，4通りある。

よって，求める確率は，$\frac{4+4}{36}=\frac{2}{9}$

3 (1) 点Bと平面ADFCとの距離は，Bから平面ADFCに引いた垂線の長さと等しい。平面ADFCと平面ABCが垂直だから，Bから平面ADFCに引いた垂線は平面ABC上にある。よって，(オ)が正しい。

(2)　**【解き方】四角すいＢＣＨＤＩの底面を四角形ＣＨＤＩとしたときの高さは，(1)のＢＧの長さである。**

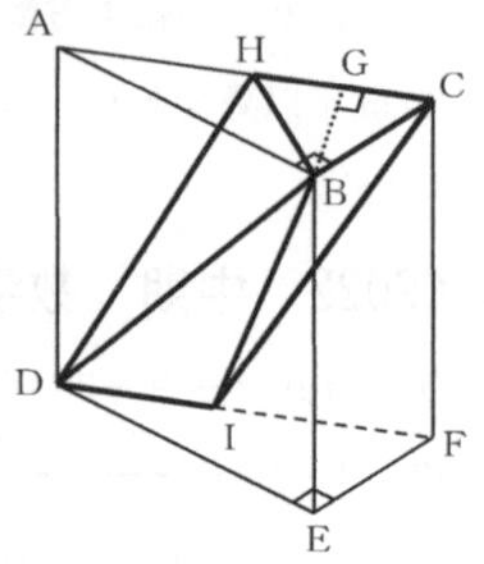

三平方の定理より，$\mathrm{AC}=\sqrt{\mathrm{AB}^2+\mathrm{BC}^2}=\sqrt{8^2+4^2}=4\sqrt{5}$(cm)

△ＡＢＣ∽△ＢＧＣだから，ＡＢ：ＢＧ＝ＡＣ：ＢＣより，

$8:\mathrm{BG}=4\sqrt{5}:4$　　$\mathrm{BG}=\dfrac{8\times4}{4\sqrt{5}}=\dfrac{8\sqrt{5}}{5}$(cm)

$\mathrm{AD}=\mathrm{AC}=4\sqrt{5}$cmであり，ＨＣ＝ＤＩ，ＨＣ//ＤＩより，四角形ＣＨＤＩは平行四辺形だから，面積は，$\mathrm{CH}\times\mathrm{AD}=\dfrac{9}{2}\times4\sqrt{5}=18\sqrt{5}$(cm²)

よって，四角すいＢＣＨＤＩの体積は，$\dfrac{1}{3}\times18\sqrt{5}\times\dfrac{8\sqrt{5}}{5}=48$(cm³)

4　(1)　**【解き方】大輝さんの移動時間の合計は36－18＝18(分)だから，大輝さんは1周するのに18÷2＝9(分)かかった。**

大輝さんは出発してから9分後に1800m進んでいて，出発してから9＋18＝27(分後)に2周目を走り始めた。

グラフは，点(0分，0m)，(9分，1800m)，(27分，1800m)，(36分，3600m)を順に直線で結べばよい。

(2)　**【解き方】大輝さんが2周目を走り始めた9時27分の時点からｔ分後に大輝さんがひなたさんに追いついたものとする。9時27分の時点で2人が何m離れているか求めてから，ｔの方程式を立てる。**

ひなたさんの速さは，$\dfrac{3600}{48}=75$(m/分)，大輝さんの速さは，$\dfrac{1800}{9}=200$(m/分)である。

9時27分までにひなたさんは75×27＝2025(m)進んでいたから，この時点で2人は2025－1800＝225(m)離れていた。このあとｔ分間で大輝さんはひなたさんより225m多く走ったから，200ｔ－75ｔ＝225より，$t=\dfrac{9}{5}=1\dfrac{4}{5}$

$1\dfrac{4}{5}$分＝1分$(\dfrac{4}{5}\times60)$秒＝1分48秒だから，求める時刻は，午前9時27分＋1分48秒＝午前9時28分48秒

(3)　**【解き方】大輝さんと京平さんがすれ違う時間と，ひなたさんと京平さんがすれ違う時間を，(2)のように方程式を立ててそれぞれ求めてもよいが，ここでは，3人のグラフをそれぞれ式で表して，連立方程式で解く。直線の式の求め方と交点の座標の求め方に慣れていれば，この方が簡単に求められるであろう。**

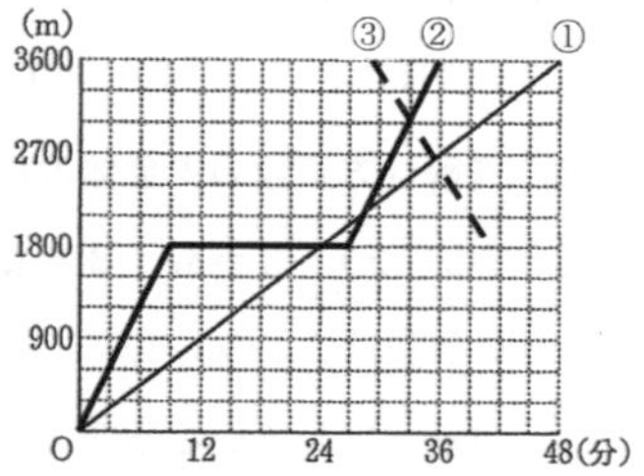

問題用紙のⅡ図に3人の移動の様子をかきこむと，右図のようになる。

グラフの横軸をx分，縦軸をymとする。ひなたさんのグラフを①，大輝さんのグラフのうち$27\leqq x\leqq36$の部分の直線を②，京平さんのグラフを③とする。グラフが交わるところがすれ違うところを表している。

直線の傾きの絶対値は速さと等しいから，①の式は，$y=75x$

②の式は$y=200x+b$と表せる。点(27，1800)を通るから，

$x=27$，$y=1800$を代入すると，$1800=200\times27+b$より，$b=-3600$　　②の式は，$y=200x-3600$

京平さんの速さは，$\dfrac{1800}{41-29}=150$(m/分)だから，③の式は$y=-150x+d$と表せる。点(41，1800)を通るから，

$x=41$，$y=1800$を代入すると，$1800=-150\times41+d$より，$d=7950$　　③の式は，$y=-150x+7950$

②と③の式からyを消去すると，$200x-3600=-150x+7950$より，$x=33$となる。

①と③の式からyを消去すると，$75x=-150x+7950$より，$x=\dfrac{106}{3}$となる。

よって，求める道のりは，$\dfrac{106}{3}-33=\dfrac{7}{3}$(分間)に京平さんが走った道のりだから，$150\times\dfrac{7}{3}=350$(m)

5　(1)　ＥＦ//ＢＣより，△ＡＥＦ∽△ＡＢＣで，相似比がＡＥ：ＡＢ＝(9－3)：9＝2：3だから，

$\mathrm{EF}=\dfrac{2}{3}\mathrm{BC}=\dfrac{2}{3}\times7=\dfrac{14}{3}$(cm)

⑵ **【解き方】平行線の錯角は等しいから，右のように作図できるので，**

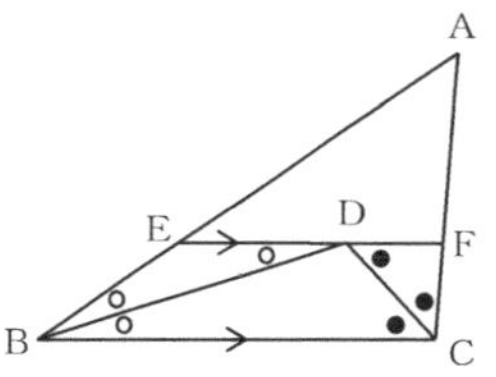

△ＥＢＤと△ＦＣＤは二等辺三角形である。

$DE=BE=3$ ㎝だから，$DF=EF-DE=\frac{14}{3}-3=\frac{5}{3}$(㎝)

$CF=DF=\frac{5}{3}$ ㎝だから，$AF:CF=AE:BE=6:3=2:1$ より，

$AF=2CF=2\times\frac{5}{3}=\frac{10}{3}$(㎝)

⑶ **【解き方】△ＣＦＤの面積をＳとし，高さが等しい三角形の面積比は底辺の長さの比に等しいことを利用して，△ＣＦＤ→△ＣＦＥ→△ＡＥＣ→△ＡＢＣの順に面積をＳの式で表していく。**

$\triangle CFD:\triangle CFE=DF:EF=\frac{5}{3}:\frac{14}{3}=5:14$ だから，$\triangle CFE=\frac{14}{5}\triangle CFD=\frac{14}{5}S$

$\triangle CFE:\triangle AEC=CF:AC=1:(2+1)=1:3$ だから，$\triangle AEC=3\triangle CFE=3\times\frac{14}{5}S=\frac{42}{5}S$

$\triangle AEC:\triangle ABC=AE:AB=2:3$ だから，$\triangle ABC=\frac{3}{2}\triangle AEC=\frac{3}{2}\times\frac{42}{5}S=\frac{63}{5}S$

よって，$\triangle CFD:\triangle ABC=S:\frac{63}{5}S=5:63$

6 ⑴ **【解き方】各段の右端の数に注目すると，$1=1^2$，$4=2^2$，$9=3^2$，$16=4^2$，…と，連続する平方数《へいほうすう》(自然数を２乗した数)になっていることがわかる。**

６段目の右端の数は $6^2=36$ だから，７段目の左端の数は $36+1=37$ である。

また，７段目の右端の数は $7^2=49$ である。

⑵ ⑴より，$(n-1)$ 段目の右端の数が $(n-1)^2$ だから，ｎ段目の左端の数は $(n-1)^2+1$ である。

また，ｎ段目の右端の数は n^2 だから，$(n-1)^2+1+n^2=1986$ より，$2n^2-2n-1984=0$

$n^2-n-992=0$　　$(n-32)(n+31)=0$　　$n=32,\ -31$　　$n>0$ より，$n=32$

《2022　中期　理科　解説》

1 ⑴ (ア)○…ホニュウ類，鳥類，ハ虫類，両生類，魚類の脊椎動物は，体の中に骨をもっている(背骨がある)。

(ウ)×…筋肉をつくる細胞は，酸素を使って栄養分を分解し，エネルギーをとり出していて(細胞呼吸という)，分解後には水と二酸化炭素が発生する。

⑵ 骨についている筋肉は，両端がけんになっていて，関節をへだてた２つの骨についている。また，Ａが縮むことで左うでが図の矢印の方向に曲がる。このとき，Ｂはゆるんでいる。

⑶ 形やはたらきが同じ細胞が集まって組織をつくり，いくつかの種類の組織が集まって特定のはたらきをもつ器官をつくっている。(ア)，(ウ)，(エ)は１つの細胞からできている単細胞生物である。

2 ⑴ もともと物質がもっているエネルギーを化学エネルギーという。この実験のように化学変化を利用して，物質がもっている化学エネルギーを電気エネルギーに変えてとり出す装置を電池(化学電池)という。

⑵ 亜鉛と銅とでは，亜鉛の方がイオンになりやすい。したがって，亜鉛板では亜鉛原子〔Zn〕が電子を放出して亜鉛イオン〔Zn^{2+}〕になり，銅板では銅イオン〔Cu^{2+}〕が電子を受け取り銅原子〔Cu〕になる。このとき，亜鉛板で放出された電子は導線を通り，銅板に流れこむ。電流が流れる向きは，電子が移動する向きと反対なので，銅板(＋極)から亜鉛板(－極)である。素焼きの容器は，それぞれの水溶液に含まれるイオンが通過できるので，電気的なかたよりをできにくくしている。

3 ⑴ 太陽からの距離が近いＣ(水星)，Ｇ(金星)，地球，Ｂ(火星)を地球型惑星と呼び，これら以外のＡ(木星)，Ｅ(土星)，Ｆ(天王星)，Ｄ(海王星)を木星型惑星と呼ぶ。

⑵ (ア)○…地球の衛星の数は１個で，太陽からの距離が地球よりも遠いＢ，Ａ，Ｅ，Ｆ，Ｄは衛星を２個以上も

つ。(イ)×…太陽からの距離が近い順にC→G→地球→B→A→E→F→Dであり，惑星の半径(赤道半径)が小さい順にC→B→G→地球→D→F→E→Aである。(ウ)×…半径(赤道半径)が地球よりも小さいB，C，Gだが，Bの公転周期は地球より長い。(エ)×…惑星の質量は小さい順にC→B→G→地球→F→D→E→Aであり，惑星の半径(赤道半径)が小さい順にC→B→G→地球→D→F→E→Aである。(オ)○…地球が太陽のまわりを100周する時間は100年で，Dが太陽のまわりを１周する時間(公転周期)は164.77年である。

(3) (ア)×…銀河系が地球をとり巻く天の川として見える。(イ)×…彗《すい》星は太陽のまわりを細長いだ円軌道で公転している。(ウ)×…小惑星の多くは火星と木星の間にある。

4 (2) 湿度が100%でなければ，乾球温度計の示す値(気温)は，湿球温度計が示す値より大きくなる(湿度が100%のとき，２つの値は等しくなる)。６時，９時，12時における湿球温度計の値がそれぞれ8.0℃，9.0℃，8.0℃だから，このときの乾球温度計の値はこれらより大きくなる。したがって，６時，９時，12時で，9.0℃，10.0℃，9.0℃と気温が変化する点線のグラフをなぞればよい。また，乾湿計用湿度表より，15時の乾球と湿球との目盛りの読みの差が10.0−8.5＝1.5(℃)だから湿度は80%，18時の乾球と湿球との目盛りの読みの差が10.0−8.0＝2.0(℃)だから湿度は74%である。

5 (1) コケ植物，シダ植物，被子植物のうち，維管束がないのは，コケ植物だけなので，パネル②が間違っているとわかる。維管束と根，茎，葉の区別がないBはコケ植物，種子をつくらないCはシダ植物，残りのAは被子植物である。

(2) 被子植物は胚珠が子房の中にあり，裸子植物は胚珠がむき出しになっている。

6 (1) 表より，酸化銅の粉末3.20ｇと炭素の粉末0.24ｇのとき，試験管内に残った固体の質量は2.56ｇだから，質量保存の法則より，発生した二酸化炭素の質量は，3.20＋0.24−2.56＝0.88(ｇ)である。

(2) 試験管内に残った固体の色がすべて赤色の(酸化銅と炭素がどちらも残らず反応した)ときと比べればよい。酸化銅の粉末3.20ｇと炭素の粉末0.24ｇだと，どちらも残ることなく反応したから，酸化銅の粉末3.20ｇと炭素の粉末0.36ｇのときに試験管に残った黒色の物質Xは炭素である。また，酸化銅の粉末1.60ｇと炭素の粉末0.12ｇだと，どちらも残ることなく反応したから，酸化銅の粉末2.40ｇと炭素の粉末0.12ｇのときに試験管に残った黒色の物質Yは酸化銅である。

(3) 試験管内に残る固体の質量が1.92ｇだから，試験管内に残る固体がすべて赤色(銅)の場合と試験管内に残る固体が赤色(銅)と黒色(酸化銅または炭素)の部分がある場合の２通り考えられることに注意する。(1)解説より，酸化銅の粉末3.20ｇと炭素の粉末0.24ｇが反応すると，銅2.56ｇができるから，反応する酸化銅と反応する炭素とできる銅の質量比は，40：３：32である。これらより，(ア)では炭素の粉末0.21ｇが酸化銅の粉末$0.21\times\frac{40}{3}=2.80$(ｇ)と反応して，銅$0.21\times\frac{32}{3}=2.24$(ｇ)ができるから，残る酸化銅は3.00−2.80＝0.20(ｇ)であり，残る固体は2.24＋0.20＝2.44(ｇ)である。同じように(イ)～(オ)についても求めると，右表のようになり，残る固体の質量が1.92ｇになるのは，(イ)と(ウ)である。

	(ア)	(イ)	(ウ)	(エ)	(オ)
反応した酸化銅の粉末の質量(ｇ)	2.80	2.40	2.00	2.10	2.00
反応した炭素の粉末の質量(ｇ)	0.21	0.18	0.15	0.1575	0.15
試験管内に残る銅の質量(ｇ)	2.24	1.92	1.60	1.68	1.60
試験管内に残る銅以外の物質とその質量(ｇ)	酸化銅 0.20	− 0	酸化銅 0.32	炭素 0.0225	− 0
試験管内に残る固体の質量(ｇ)	2.44	1.92	1.92	1.7025	1.60

7 (1) 右図参照。光源が焦点距離の２倍の位置にあるとき，光源から凸レンズまでの距離と凸レンズからスクリーンまでの距離は等しくなり，実像の大きさは光源と同じになる。また，光源が焦点と焦点距離の２倍の位置の間にあるとき，できる実

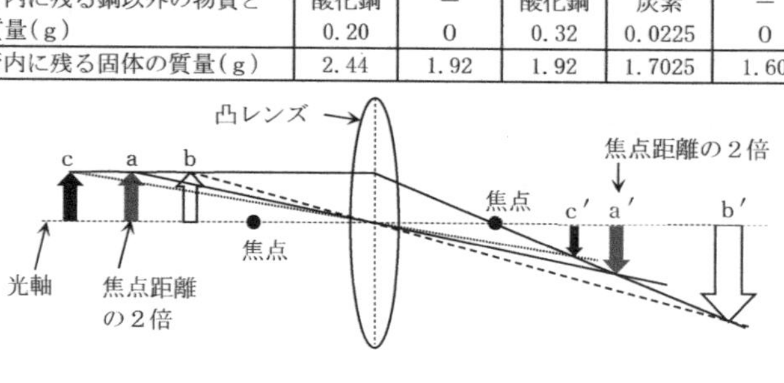

像は光源より大きくなり，光源が焦点距離の２倍より遠くにあるとき，できる実像は光源より小さくなる。

(2)　(オ)○…凸レンズの上半分を通っていた光が通らなくなるので，できる像は暗くなる(像が欠けることはない)。

8　(1)　物体を引き上げる力の大きさは，物体にはたらく重力(右図矢印ＡＣ)の斜面に平行な力(矢印ＡＢ)に等しい。△ＡＢＣは色付きの三角形と相似だから，ＡＢ：ＡＣ＝0.80：1.40である。物体にはたらく重力は，1400ｇ→14Ｎだから，斜面に平行な力は$0.8\times\frac{14}{1.40}=8.0$(Ｎ)である。なお，物体を同じ高さまで持ち上げたときの仕事の大きさは，斜面や滑車などを使っても変わらないことを利用すると，次のように求められる。14Ｎの物体を0.80ｍ持ち上げたから，〔仕事(Ｊ)＝力の大きさ(Ｎ)×力の向きに動いた距離(ｍ)〕より，誠さんがした仕事の大きさは14×0.80＝11.2(Ｊ)である。実際に誠さんが引いた距離は1.40ｍだから，物体を引き上げる力の大きさは，$\frac{11.2}{1.40}=8.0$(Ｎ)である。

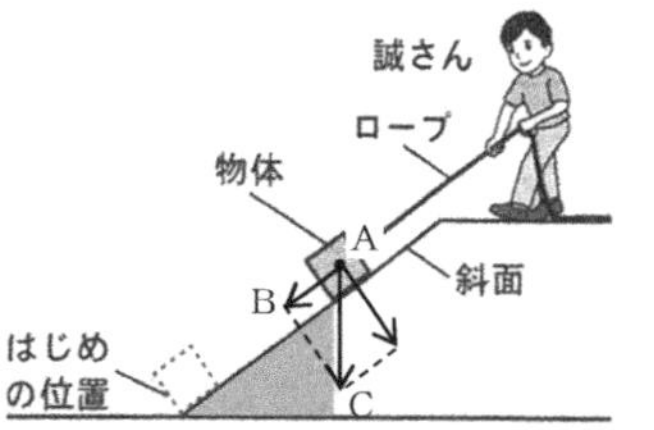

(2)　Ｘ．(1)解説より，実験Ⅰの仕事の大きさは11.2Ｊ，実験Ⅱの仕事の大きさは14×1.40＝19.6(Ｊ)である。

Ｙ．〔仕事率(Ｗ)＝$\frac{\text{仕事(J)}}{\text{仕事にかかった時間(s)}}$〕より，実験Ⅰの仕事率は$\frac{11.2}{4.0}=2.8$(Ｗ)，実験Ⅱの仕事率は$\frac{19.6}{7.0}=2.8$(Ｗ)である。

《2022　中期　英語　解説》

1　【本文の要約】参照。

(1)①　直前の have より現在完了の文と判断する。過去分詞の met が適当。　⑥　過去の文だから，過去形の began が適当。

(2)　We were surprised to hear that.：・be surprised to ～「～して驚く」

(3)　代名詞などの指示語の指す内容は，直前にあることが多い。ここでは，下線部③と同じ文の前半部分を指している。

(4)　わからない日本語があったときにする質問だから，ア「この日本語が何を意味するか教えてくれますか？」が適当。イ「この言葉が英語で何を意味するかあなたは知りたいですか？」，ウ「あなたの国では英語を学ぶ人々がたくさんいますか？」，エ「あなたは家で，どれくらいの頻度で日本語を話しますか？」は不適当。

(5)　「涼真は英語の授業でスピーチをしました。その話題は『あなたの人生で最も大切なものは何ですか？』でした。彼はスピーチをしているとき，ⅰ緊張しました(＝felt nervous)が一生懸命がんばりました。彼はクラスメートに友達が最も大切だと言い，その理由として，ⅱア彼らに自分の考えを伝えたり，彼らの考えを知ったりできるので，毎日友達と話をするのは彼にとって大切だと言いました」

(6)　質問「マウロは涼真の学校での最後の日にクラスメートに何を話しましたか？」…第７段落の最後の１文より，「彼は『ありがとう』と言ったあと，彼らにウ日本での日々は宝物だと言いました」が適当。ア「彼はもうすぐ自分の国に戻らなければならない」，イ「彼は英語の授業での涼真のスピーチを思い出した」，エ「彼の夢は次回，日本で友達に会うことだ」は不適当。

(7)　ア「涼真は先生から，マウロは日本に×１か月間滞在すると聞きました」　イ○「涼真はマウロに会う前にマウロが何語を話すのか知りませんでした」　ウ「涼真は，×マウロがいくつかの授業で，日本語で一生懸命勉強したとは思いませんでした」　エ「涼真は英語の授業で×最後にスピーチをした生徒でした」

(8)　裕次郎「涼真がマウロのスピーチから学んだことについて話そう」→ミラ「わかった。彼はそれを聞く前は，

ｉエ世界のみんなが教育を受けることができると思っていたわ。でも彼はそれが真実ではないとわかったの」→裕次郎「その通りだね。また，マウロはスピーチの中で，教育を通じて多くのことが得られると言ったよ」→ミラ「ええ，そして涼真はマウロのスピーチを聞いたあと，教育がいかに大切であるか考えたわね」→裕次郎「なるほど。涼真は僕らが教育を通してⅱ未来をよりよくする（＝make our future better）ことができることに気づき，スピーチを聞いてからは，一生懸命勉強し続けているよ」→ミラ「そうね。私も学校生活で最善を尽くして楽しむわ」

【本文の要約】

私は人生でたくさんの人に出会い，その中に決して忘れられない人がいます。彼は私のクラスメートのひとりでした。彼は私が中学生の時に私たちの学校に来ました。

ある朝，先生は私たちに言いました。「来週，外国からの新入生が来ます。家族がこの町に滞在するので，彼はこの学校に来ます。ここで２ヶ月間過ごします」私たちはそのことを聞いて驚きました。放課後，友達と新入生の話をしました。友達のひとりが私に尋ねました。「彼は何語を話すのかな？」(7)イ私は彼に言いました。「英語？日本語？よくわからないけど，新入生に会うのが待ちきれないよ」

その日が来ました。彼は私たちの教室に入ってきて，私たちは彼を歓迎しました。彼の名前はマウロでした。彼は英語で自己紹介しました。彼は私たちのためにゆっくりと英語を話し，私たちは彼が言ったことを理解することができました。その後，彼は日本語でも自己紹介をしました。(3)エ彼の日本語は流暢ではありませんでしたが，彼は一生懸命日本語を話そうとしました。そして私はその自己紹介の方法が気に入りました。だから，彼と仲良くやっていけると思いました。

彼は教室で私の隣に座りました。彼はすべての授業で日本語で一生懸命勉強しました。私は彼に尋ねました。「日本語で勉強するのが大変だと感じることはある？」彼は微笑んで私に言いました。「そんなことないよ。すべての授業が興味深いよ」彼がどれほど一生懸命勉強しているかわかり，私は彼を尊敬しました。彼は理解できない日本語の単語があると，いつも周りの人に質問していました。彼はよく日本語で私たちと話そうとし，彼の日本語は上手になっていきました。

ある日，英語の授業ですべての生徒がスピーチをしました。テーマは「あなたの人生で最も大切なことは何ですか？」でした。話し手は教室の前に移動しました。自分たちの順番が回ってくると，それぞれがスピーチをしました。ついに，たくさんの話し手がスピーチをしたあと，私の番が来ました。私はスピーチを始めました。「友達は私の人生で最も大切だと思います。私には３つの理由があります。１つ目に，友達は私が悲しいときに元気づけてくれます。２つ目に，彼らは私が抱えている問題を解決するのに力を貸してくれます。３つ目に，(5)ⅱお互いに意見交換できるので，私にとって毎日彼らと話すことが大切です」スピーチの最中はとても(5)ｉ緊張（＝nervous）しましたが，頑張りました。

まもなく，マウロの番が来ました。私たちのクラスで最後のスピーチになりました。彼は前に出てスピーチを始めました。彼は「教育は私の人生で最も大切です。私の国では，勉強したいのにできない子どもがいます。教育は私たちに多くのことを与えてくれると思います。例えば，教育を通じて新しい知識を身に付ければ，幅広い見方と多くの考え方を持ち，その知識で問題を解決することができます。また，多くの技術を身に付け，将来仕事の選択肢をたくさん持つことができます。ですから，将来の可能性を広げることができます」と言いました。彼のスピーチを聞いたあと，なぜ彼がすべての授業で一生懸命日本語で勉強したのかがわかりました。(8)ｉ世界中の誰もが教育を受ける機会があると思っていましたが，それは間違いでした。家に帰ったあと，私は彼のスピーチについて母と話しました。私は言いました。「初めて，どんなに教育が大切か考えたよ。今後はもっと一生懸命がんばるよ。教育は僕たちの(8)ⅱ未来をより良くする（＝make our future better）のに役立つんだね」私は教育を受けられることは当然のことだと思っていましたが，それは特別なもので，私の将来にとって必要なものだと理解しました。

2か月が過ぎ，彼にとって私たちの学校での最終日がやって来ました。彼は翌日，自分の国に戻らなければなりませんでした。私たちはとても悲しくて，私たちがどう感じているかを彼に話しました。私は彼に言いました。「すばらしい時間をありがとう。英語の授業での君のスピーチを決して忘れないよ。次回は君の国で会いたいな」彼は私たちに言いました。「すてきな言葉をかけてくれてありがとう。(6)ウ日本で楽しい時間を過ごしたよ。それは僕の宝物だよ」

今では，私はすべての授業で一生懸命勉強し，学校生活で最善を尽くして楽しんでいます。なぜなら，彼が重要なことを教えてくれたからです。教育には，私たちの将来の可能性を広げる力があると思います。

2　【本文の要約】参照。

(1)　ローザから扇子のイベントの提案を受けたマユの返答が入る部分。直後の発言から扇子のイベントに行きたいと考えられるので，イ「それはエマにとってよい思い出になるわね」が適当。

(2)　ローザの3回目の発言より，ユズ寺には美しい池があり，ローザの4回目の発言より，ハス寺の近くにはおいしいアイスクリーム店があることがわかる。ウが適当。

(3)　マユの4回目の発言より，ア「ユズ寺」が適当。また，風鈴のイベントがあるウメ寺を訪れるつもりだったが，ローザの6回目の発言より，イベントが終了してしまうことがわかったので，マユの最後の発言より，扇子のイベントがあるエ「キク寺」に行くことにした。

(4)　ア「エマは×11 月に来日し，マユは街のいくつかのお寺に彼女を連れて行きます」…特集記事のウメ寺の風鈴のイベントが9月で終わるという説明より，エマは 10 月に来日すると考えられる。　イ「マユはウメ寺を訪れたとき，ローザの風鈴に×イルカの絵を描きました」　ウ〇「ローザがユズ寺で撮った写真がきっかけとなり，妹はいつかそのお寺に行きたいと思っています」　エ「キク寺の近くのお店を訪れる人は，イベントで×扇子に絵を描くのを楽しむことができます」

【本文の要約】

マユ　：こんにちは，ローザ。オーストラリアの友達のひとりのエマが来月日本に来る予定なの。一緒に1日過ごすわ。私は彼女を街のいくつかのお寺に連れて行きたいわ。あなたと私はこの夏休みに街のいくつかのお寺を訪れたわよね。私たちがどのお寺を訪れるべきか教えてくれない。

ローザ：わかったわ。それじゃあ，ウメ寺に行ってみるべきだと思うわ。お寺の美しい庭園と風鈴のイベントをとても楽しめたわ。イベントではお互いの風鈴に絵を描いたわね。

マユ　：あなたが私のために描いてくれたイルカの絵を気に入っているわ。よくそれを眺めているの。

ローザ：私もあなたがくれた風鈴を気に入っているわ。猫の絵が好きなの。

マユ　：エマは絵を描くのが好きだから，そのお寺に行ってイベントを楽しもうかな。ユズ寺はどうかしら？

ローザ：(2)ⅰウ美しい池を楽しんでたくさん写真を撮ったわ。(4)ウ私はそれらを私の国の妹に送って，彼女もそのお寺が気に入ったわ。彼女はいつも，この街を訪れる機会があればそのお寺を訪れると言っているわ。この雑誌の特集記事にも同じことが書かれているわ。

マユ　：そうね。(3)ア私もあの池が気に入ったんだったわ。だからこのお寺も訪れようかな。

ローザ：ハス寺はどう？お寺の大きな木は素敵だったわ。それに，(2)ⅱウお寺の近くの有名店で食べたさくら風味のアイスクリームがおいしかったわね。

マユ　：この特集記事にはアイスクリーム店の名前が書いてあるわ。またアイスクリームを食べたいけど，駅からお寺までたくさん歩かなければならないわ。このお寺に行くとしたらとても疲れそうだし，他のお寺を訪れる時間もなくなるわ。エマは他のお寺に連れて行こうかしら。

ローザ：そうね。それと，あなたのお母さんと一緒に車で訪れたお寺も気に入ったわ。この特集記事にはそのお寺は載っていないけど，そのお寺からこの街の夜景を楽しんだわね。私は決して忘れないわ。また，お寺の近くの有名な喫茶店で日本茶を飲んだでしょ。それはとてもおいしかったわね。

マユ　：それはフジ寺ね。当日は両親が一緒ではないし，電車やバスで行くには時間がかかるわ。エマはその日に２つか３つのお寺に行きたがっているから，そこに行くべきではないわね。

ローザ：待って，この特集記事には，風鈴のイベントが今月で終了するって書いてあるわ。このお寺はどう？ このお寺の近くで扇子のイベントを楽しむことができるわ。お気に入りの動物の絵が描かれた扇子を買うことができるの。

マユ　：ィそれはエマにとってよい思い出になるわね。⑶エそれじゃあ，そのお寺に行くことにして，ウメ寺はやめるわ。

ローザ：楽しい１日になるといいわね。

３　⑴　「マナはこの前の土曜日に何をしましたか？」…Ａ「こんにちは，アミ。先週末何をしたの？」→Ｂ「土曜日に祖父を訪ねて，一緒にケーキを作ったよ。日曜日は，家でテレビを見たわ。素敵な週末を過ごしたよ。マナ，あなたはどう？」→Ａ「土曜日に友達とテニスをして，日曜日は宿題をしたよ」→Ｂ「あなたもよい週末を過ごしたわね！」より，イ「彼女は友達とテニスをしました」が適当。

⑵　「写真の中で一番年下なのは誰ですか？」…Ａ「こんにちは，リサ。兄弟や姉妹はいる？」→Ｂ「ええ，いるわ。この写真を見て。写真には４人が写っているわ。男の子たちは私の兄弟のダイスケとショウタよ。女の子は妹のクミ，そしてこれが私よ。ダイスケは４人の中で一番年上よ。私はショウタより年下なの」→Ａ「なるほど。あなたはクミさんよりも年上？」→Ｂ「ええ，そうよ」より，ウ「クミ」が適当。

４　【放送文の要約】参照。

⑴　「エマは今どこにいますか？」…エマの母の２回目の発言より，エが適当。

⑵　「なぜジェーンとエマはアンの誕生日パーティーの日程を変更しなければならないのですか？」…ジェーンの３回目の発言より，イが適当。

【放送文の要約】

母　　　：もしもし。

ジェーン：もしもし，ジェーンです。エマをお願いします。

母　　　：こんにちは，ジェーン。ごめんなさい。⑴エ私が夕食の食材を買ってくるように言ったので，彼女は今スーパーマーケットにいるの。明日の学校の友達の誕生日パーティーについての話だったかしら？

ジェーン：ええ，パーティーについての重要なメッセージがあります。彼女に伝えていただけませんか？

母　　　：わかったわ。それは何？

ジェーン：エマと私は，明日，あるレストランでアンの誕生日パーティーをする計画を立てていました。明日は彼女の誕生日ですから。私たちはすでに彼女のためにプレゼントを買いました。でも，⑵ィアンは体調が悪くて，今日これから病院に行きます。ですから，明日パーティーを開くのは難しいです。日程を変更する必要があります。来週の日曜日が一番いいと思います。私はその日は空いていますが，エマにどう思うか聞いてみたいです。

母　　　：わかったわ。彼女にそれを伝えておくわ。そうだった！来週の日曜日に家族で別の計画を立てていることを思い出したわ。その日，おじさんとおばさんが家に来るの。

ジェーン：そうですか。

母　　　：彼女が帰宅したらあなたに電話するように伝えるわね。

ジェーン：ありがとうございます。

5 (1) A「こんにちは，私たちの店にようこそ。何をお探しですか？」→B「時計を探しています。ここには素敵なものがたくさんあります」→A「こちらの時計はいかがですか？とても人気があります」より，次に続くのはエ「それが気に入りましたが，少し高いですね」が適当。

(2) A「こんにちは，トモミ。あなたに言いたいことがあるの」→B「うれしそうね，ケイコ。何があったか教えて」→A「数時間前にミナト駅でお気に入りの歌手を見たの」より，次に続くのはア「あなたはとてもついているわね」が適当。

■ ご使用にあたってのお願い・ご注意

（1）問題文等の非掲載

著作権上の都合により，問題文や図表などの一部を掲載できない場合があります。

誠に申し訳ございませんが，ご了承くださいますようお願いいたします。

（2）過去問における時事性

過去問題集は，学習指導要領の改訂や社会状況の変化，新たな発見などにより，現在とは異なる表記や解説になっている場合があります。過去問の特性上，出題当時のままで出版していますので，あらかじめご了承ください。

（3）配点

学校等から配点が公表されている場合は，記載しています。公表されていない場合は，記載していません。

独自の予想配点は，出題者の意図と異なる場合があり，お客様が学習するうえで誤った判断をしてしまう恐れがあるため記載していません。

（4）無断複製等の禁止

購入された個人のお客様が，ご家庭でご自身またはご家族の学習のためにコピーをすることは可能ですが，それ以外の目的でコピー，スキャン，転載（ブログ，ＳＮＳなどでの公開を含みます）などをすることは法律により禁止されています。学校や学習塾などで，児童生徒のためにコピーをして使用することも法律により禁止されています。

ご不明な点や，違法な疑いのある行為を確認された場合は，弊社までご連絡ください。

（5）けがに注意

この問題集は針を外して使用します。針を外すときは，けがをしないように注意してください。また，表紙カバーや問題用紙の端で手指を傷つけないように十分注意してください。

（6）正誤

制作には万全を期しておりますが，万が一誤りなどがございましたら，弊社までご連絡ください。

なお，誤りが判明した場合は，弊社ウェブサイトの「ご購入者様のページ」に掲載しておりますので，そちらもご確認ください。

■ お問い合わせ

解答例，解説，印刷，製本など，問題集発行におけるすべての責任は弊社にあります。

ご不明な点がございましたら，弊社ウェブサイトの「お問い合わせ」フォームよりご連絡ください。迅速に対応いたしますが，営業日の都合で回答に数日を要する場合があります。

ご入力いただいたメールアドレス宛に自動返信メールをお送りしています。自動返信メールが届かない場合は，「よくある質問」の「メールの問い合わせに対し返信がありません。」の項目をご確認ください。

また弊社営業日（平日）は，午前９時から午後５時まで，電話でのお問い合わせも受け付けています。

2025 春

株式会社教英出版
〒422-8054　静岡県静岡市駿河区南安倍３丁目 12-28
TEL　054-288-2131　　FAX　054-288-2133
URL　https://kyoei-syuppan.net/
MAIL siteform@kyoei-syuppan.net

教英出版　2025年春受験用　高校入試問題集

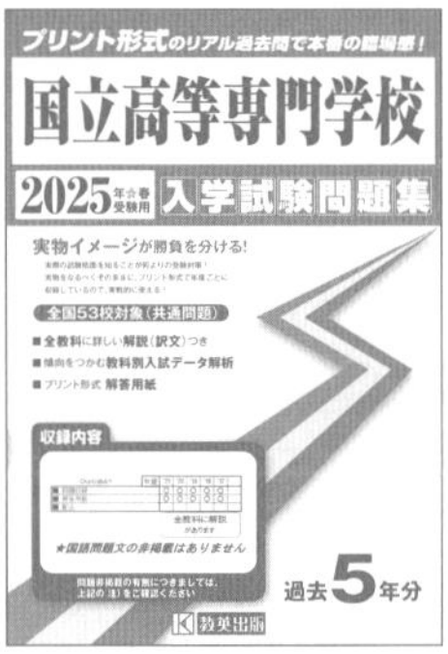

公立高等学校問題集

北海道公立高等学校
青森県公立高等学校
宮城県公立高等学校
秋田県公立高等学校
山形県公立高等学校
福島県公立高等学校
茨城県公立高等学校
埼玉県公立高等学校
千葉県公立高等学校
東京都立高等学校
神奈川県公立高等学校
新潟県公立高等学校
富山県公立高等学校
石川県公立高等学校
長野県公立高等学校
岐阜県公立高等学校
静岡県公立高等学校
愛知県公立高等学校
三重県公立高等学校(前期選抜)
三重県公立高等学校(後期選抜)
京都府公立高等学校(前期選抜)
京都府公立高等学校(中期選抜)
大阪府公立高等学校
兵庫県公立高等学校
島根県公立高等学校
岡山県公立高等学校
広島県公立高等学校
山口県公立高等学校
香川県公立高等学校
愛媛県公立高等学校
福岡県公立高等学校
佐賀県公立高等学校
長崎県公立高等学校
熊本県公立高等学校
大分県公立高等学校
宮崎県公立高等学校
鹿児島県公立高等学校
沖縄県公立高等学校

公立高 教科別8年分問題集

(2024年～2017年)

北海道(国·社·数·理·英)
宮城県(国·社·数·理·英)
山形県(国·社·数·理·英)
新潟県(国·社·数·理·英)
富山県(国·社·数·理·英)
長野県(国·社·数·理·英)
岐阜県(国·社·数·理·英)
静岡県(国·社·数·理·英)
愛知県(国·社·数·理·英)
兵庫県(国·社·数·理·英)
岡山県(国·社·数·理·英)
広島県(国·社·数·理·英)
山口県(国·社·数·理·英)
福岡県(国·社·数·理·英)

国立高等専門学校 最新5年分問題集

(2024年～2020年·全国共通)

対象の高等専門学校

釧路工業·旭川工業·
苫小牧工業·函館工業·
八戸工業·一関工業·仙台·
秋田工業·鶴岡工業·福島工業·
茨城工業·小山工業·群馬工業·
木更津工業·東京工業·
長岡工業·富山·石川工業·
福井工業·長野工業·岐阜工業·
沼津工業·豊田工業·鈴鹿工業·
鳥羽商船·舞鶴工業·
大阪府立大学工業·明石工業·
神戸市立工業·奈良工業·
和歌山工業·米子工業·
松江工業·津山工業·呉工業·
広島商船·徳山工業·宇部工業·
大島商船·阿南工業·香川·
新居浜工業·弓削商船·
高知工業·北九州工業·
久留米工業·有明工業·
佐世保工業·熊本·大分工業·
都城工業·鹿児島工業·
沖縄工業

高専 教科別10年分問題集

もっと過去問シリーズ

教科別

数学·理科·英語

(2019年～2010年)

学校別問題集

北海道

①札幌北斗高等学校
②北星学園大学附属高等学校
③東海大学付属札幌高等学校
④立命館慶祥高等学校
⑤北海高等学校
⑥北見藤高等学校
⑦札幌光星高等学校
⑧函館ラ・サール高等学校
⑨札幌大谷高等学校
⑩北海道科学大学高等学校
⑪遺愛女子高等学校
⑫札幌龍谷学園高等学校
⑬札幌日本大学高等学校
⑭札幌第一高等学校
⑮旭川実業高等学校
⑯北海学園札幌高等学校

青森県

①八戸工業大学第二高等学校

宮城県

①聖和学園高等学校(A日程)
②聖和学園高等学校(B日程)
③東北学院高等学校(A日程)
④東北学院高等学校(B日程)
⑤仙台大学附属明成高等学校
⑥仙台城南高等学校
⑦東北学院榴ケ岡高等学校
⑧古川学園高等学校
⑨仙台育英学園高等学校(A日程)
⑩仙台育英学園高等学校(B日程)
⑪聖ウルスラ学院英智高等学校
⑫宮城学院高等学校
⑬東北生活文化大学高等学校
⑭東北高等学校
⑮常盤木学園高等学校
⑯仙台白百合学園高等学校
⑰尚絅学院高等学校(A日程)
⑱尚絅学院高等学校(B日程)

山形県

①日本大学山形高等学校
②惺山高等学校
③東北文教大学山形城北高等学校
④東海大学山形高等学校
⑤山形学院高等学校

福島県

①日本大学東北高等学校

新潟県

①中越高等学校
②新潟第一高等学校
③東京学館新潟高等学校
④日本文理高等学校
⑤新潟青陵高等学校
⑥帝京長岡高等学校
⑦北越高等学校
⑧新潟明訓高等学校

富山県

①高岡第一高等学校
②富山第一高等学校

石川県

①金沢高等学校
②金沢学院大学附属高等学校
③遊学館高等学校
④星稜高等学校
⑤鵬学園高等学校

山梨県

①駿台甲府高等学校
②山梨学院高等学校(特進)
③山梨学院高等学校(進学)
④山梨英和高等学校

岐阜県

①鶯谷高等学校
②富田高等学校
③岐阜東高等学校
④岐阜聖徳学園高等学校
⑤大垣日本大学高等学校
⑥美濃加茂高等学校
⑦済美高等学校

静岡県

①御殿場西高等学校
②知徳高等学校
③日本大学三島高等学校
④沼津中央高等学校
⑤飛龍高等学校
⑥桐陽高等学校
⑦加藤学園高等学校
⑧加藤学園暁秀高等学校
⑨誠恵高等学校
⑩星陵高等学校
⑪静岡県富士見高等学校
⑫清水国際高等学校
⑬静岡サレジオ高等学校
⑭東海大学付属静岡翔洋高等学校
⑮静岡大成高等学校
⑯静岡英和女学院高等学校
⑰城南静岡高等学校
⑱静岡女子高等学校
⑲常葉大学附属常葉高等学校
　常葉大学附属橘高等学校
　常葉大学附属菊川高等学校
⑳静岡北高等学校
㉑静岡学園高等学校
㉒焼津高等学校
㉓藤枝明誠高等学校
㉔静清高等学校
㉕磐田東高等学校
㉖浜松学院高等学校
㉗浜松修学舎高等学校
㉘浜松開誠館高等学校
㉙浜松学芸高等学校
㉚浜松聖星高等学校
㉛浜松日体高等学校
㉜聖隷クリストファー高等学校
㉝浜松啓陽高等学校
㉞オイスカ浜松国際高等学校

愛知県

①[国立]愛知教育大学附属高等学校
②愛知高等学校
③名古屋経済大学市邨高等学校
④名古屋経済大学高蔵高等学校
⑤名古屋大谷高等学校
⑥享栄高等学校
⑦椙山女学園高等学校
⑧大同大学大同高等学校
⑨日本福祉大学付属高等学校
⑩中京大学附属中京高等学校
⑪至学館高等学校
⑫東海高等学校
⑬名古屋たちばな高等学校
⑭東邦高等学校
⑮名古屋高等学校
⑯名古屋工業高等学校
⑰名古屋葵大学高等学校
(名古屋女子大学高等学校)
⑱中部大学第一高等学校
⑲桜花学園高等学校
⑳愛知工業大学名電高等学校
㉑愛知みずほ大学瑞穂高等学校
㉒名城大学附属高等学校
㉓修文学院高等学校
㉔愛知啓成高等学校
㉕聖カピタニオ女子高等学校
㉖滝高等学校
㉗中部大学春日丘高等学校
㉘清林館高等学校
㉙愛知黎明高等学校
㉚岡崎城西高等学校
㉛人間環境大学附属岡崎高等学校
㉜桜丘高等学校

㉝光ヶ丘女子高等学校
㉞藤ノ花女子高等学校
㉟栄徳高等学校
㊱同朋高等学校
㊲星城高等学校
㊳安城学園高等学校
㊴愛知産業大学三河高等学校
㊵大成高等学校
㊶豊田大谷高等学校
㊷東海学園高等学校
㊸名古屋国際高等学校
㊹啓明学館高等学校
㊺聖霊高等学校
㊻誠信高等学校
㊼誉高等学校
㊽杜若高等学校
㊾菊華高等学校
㊿豊川高等学校

三重県

①暁高等学校(3年制)
②暁高等学校(6年制)
③海星高等学校
④四日市メリノール学院高等学校
⑤鈴鹿高等学校
⑥高田高等学校
⑦三重高等学校
⑧皇學館高等学校
⑨伊勢学園高等学校
⑩津田学園高等学校

滋賀県

①近江高等学校

大阪府

①上宮高等学校
②大阪高等学校
③興國高等学校
④清風高等学校
⑤早稲田大阪高等学校
(早稲田摂陵高等学校)
⑥大商学園高等学校
⑦浪速高等学校
⑧大阪夕陽丘学園高等学校
⑨大阪成蹊女子高等学校
⑩四天王寺高等学校
⑪梅花高等学校
⑫追手門学院高等学校
⑬大阪学院大学高等学校
⑭大阪学芸高等学校
⑮常翔学園高等学校
⑯大阪桐蔭高等学校
⑰関西大倉高等学校
⑱近畿大学附属高等学校
⑲金光大阪高等学校
⑳星翔高等学校
㉑阪南大学高等学校
㉒箕面自由学園高等学校
㉓桃山学院高等学校
㉔関西大学北陽高等学校

兵庫県

①雲雀丘学園高等学校
②園田学園高等学校
③関西学院高等部
④灘高等学校
⑤神戸龍谷高等学校
⑥神戸第一高等学校
⑦神港学園高等学校
⑧神戸学院大学附属高等学校
⑨神戸弘陵学園高等学校
⑩彩星工科高等学校
⑪神戸野田高等学校
⑫滝川高等学校
⑬須磨学園高等学校
⑭神戸星城高等学校
⑮啓明学院高等学校
⑯神戸国際大学附属高等学校
⑰滝川第二高等学校
⑱三田松聖高等学校
⑲姫路女学院高等学校
⑳東洋大学附属姫路高等学校
㉑日ノ本学園高等学校
㉒市川高等学校
㉓近畿大学附属豊岡高等学校
㉔夙川高等学校
㉕仁川学院高等学校
㉖育英高等学校

奈良県

①西大和学園高等学校

岡山県

①[県立]岡山朝日高等学校
②清心女子高等学校
③就実高等学校
(特別進学コース〈ハイグレード・アドバンス〉)
④就実高等学校
(特別進学チャレンジコース・総合進学コース)
⑤岡山白陵高等学校
⑥山陽学園高等学校
⑦関西高等学校
⑧おかやま山陽高等学校
⑨岡山商科大学附属高等学校
⑩倉敷高等学校
⑪岡山学芸館高等学校(1期1日目)
⑫岡山学芸館高等学校(1期2日目)
⑬倉敷翠松高等学校
⑭岡山理科大学附属高等学校
⑮創志学園高等学校
⑯明誠学院高等学校
⑰岡山龍谷高等学校

広島県

①[国立]広島大学附属高等学校
②[国立]広島大学附属福山高等学校
③修道高等学校
④崇徳高等学校
⑤広島修道大学ひろしま協創高等学校
⑥比治山女子高等学校
⑦呉港高等学校
⑧清水ヶ丘高等学校
⑨盈進高等学校
⑩尾道高等学校
⑪如水館高等学校
⑫広島新庄高等学校
⑬広島文教大学附属高等学校
⑭銀河学院高等学校
⑮安田女子高等学校
⑯山陽高等学校
⑰広島工業大学高等学校
⑱広陵高等学校
⑲近畿大学附属広島高等学校福山校
⑳武田高等学校
㉑広島県瀬戸内高等学校(特別進学)
㉒広島県瀬戸内高等学校(一般)
㉓広島国際学院高等学校
㉔近畿大学附属広島高等学校東広島校
㉕広島桜が丘高等学校

山口県

①高水高等学校
②野田学園高等学校
③宇部フロンティア大学付属香川高等学校
(普通科〈特進・進学コース〉)
④宇部フロンティア大学付属香川高等学校
(生活デザイン・食物調理・保育科)
⑤宇部鴻城高等学校

徳島県

①徳島文理高等学校

香川県

①香川誠陵高等学校
②大手前高松高等学校

愛媛県

①愛光高等学校
②済美高等学校
③FC今治高等学校
④新田高等学校
⑤聖カタリナ学園高等学校

福岡県

①福岡大学附属若葉高等学校
②精華女子高等学校（専願試験）
③精華女子高等学校（前期試験）
④西南学院高等学校
⑤筑紫女学園高等学校
⑥中村学園女子高等学校（専願入試）
⑦中村学園女子高等学校（前期入試）
⑧博多女子高等学校
⑨博多高等学校
⑩東福岡高等学校
⑪福岡大学附属大濠高等学校
⑫自由ケ丘高等学校
⑬常磐高等学校
⑭東筑紫学園高等学校
⑮敬愛高等学校
⑯久留米大学附設高等学校
⑰久留米信愛高等学校
⑱福岡海星女子学院高等学校
⑲誠修高等学校
⑳筑陽学園高等学校（専願入試）
㉑筑陽学園高等学校（前期入試）
㉒真颯館高等学校
㉓筑紫台高等学校
㉔純真高等学校
㉕福岡舞鶴高等学校
㉖折尾愛真高等学校
㉗九州国際大学付属高等学校
㉘祐誠高等学校
㉙西日本短期大学附属高等学校
㉚東海大学付属福岡高等学校
㉛慶成高等学校
㉜高稜高等学校
㉝中村学園三陽高等学校
㉞柳川高等学校
㉟沖学園高等学校
㊱福岡常葉高等学校
㊲九州産業大学付属九州高等学校
㊳近畿大学附属福岡高等学校
㊴大牟田高等学校
㊵久留米学園高等学校
㊶福岡工業大学附属城東高等学校（専願入試）
㊷福岡工業大学附属城東高等学校（前期入試）
㊸八女学院高等学校
㊹星琳高等学校
㊺九州産業大学付属九州産業高等学校
㊻福岡雙葉高等学校

佐賀県

①龍谷高等学校
②佐賀学園高等学校
③佐賀女子短期大学付属佐賀女子高等学校
④弘学館高等学校
⑤東明館高等学校
⑥佐賀清和高等学校
⑦早稲田佐賀高等学校

長崎県

①海星高等学校（奨学生試験）
②海星高等学校（一般入試）
③活水高等学校
④純心女子高等学校
⑤長崎南山高等学校
⑥長崎日本大学高等学校（特別入試）
⑦長崎日本大学高等学校（一次入試）
⑧青雲高等学校
⑨向陽高等学校
⑩創成館高等学校
⑪鎮西学院高等学校

熊本県

①真和高等学校
②九州学院高等学校（奨学生・専願生）
③九州学院高等学校（一般生）
④ルーテル学院高等学校（専願入試・奨学入試）
⑤ルーテル学院高等学校（一般入試）
⑥熊本信愛女学院高等学校
⑦熊本学園大学付属高等学校（奨学生試験・専願生試験）
⑧熊本学園大学付属高等学校（一般生試験）
⑨熊本中央高等学校
⑩尚絅高等学校
⑪文徳高等学校
⑫熊本マリスト学園高等学校
⑬慶誠高等学校

大分県

①大分高等学校

宮崎県

①鵬翔高等学校
②宮崎日本大学高等学校
③宮崎学園高等学校
④日向学院高等学校
⑤宮崎第一高等学校（文理科）
⑥宮崎第一高等学校（普通科・国際マルチメディア科・電気科）

鹿児島県

①鹿児島高等学校
②鹿児島実業高等学校
③樟南高等学校
④れいめい高等学校
⑤ラ・サール高等学校

新刊
もっと過去問シリーズ

愛知県

愛知高等学校
7年分（数学・英語）
中京大学附属中京高等学校
7年分（数学・英語）
東海高等学校
7年分（数学・英語）
名古屋高等学校
7年分（数学・英語）
愛知工業大学名電高等学校
7年分（数学・英語）
名城大学附属高等学校
7年分（数学・英語）
滝高等学校
7年分（数学・英語）

※もっと過去問シリーズは入学試験の実施教科に関わらず、数学と英語のみの収録となります。

教英出版
〒422-8054
静岡県静岡市駿河区南安倍3丁目12−28
TEL 054-288-2131
FAX 054-288-2133
詳しくは教英出版で検索
教英出版　検索
URL https://kyoei-syuppan.net/

令和六年度　京都府公立高等学校入学者選抜

中期選抜学力検査

検査1

国語

（40分）

解答上の注意

1　「始め」の指示があるまで、問題を見てはいけません。
2　問題は、この冊子の中の**1～4ページ**にあります。
3　答案用紙には、**受付番号**を記入しなさい。氏名を書いてはいけません。
4　答案用紙の**答の欄**に答えを記入しなさい。採点欄に記入してはいけません。
5　答えを記入するときは、それぞれの問題に示してある**【答の番号】**と、答案用紙の**【答の番号】**とが一致するように注意しなさい。
6　答えを記号で選ぶときは、答案用紙の**答の欄**の当てはまる記号を○で囲みなさい。答えを訂正するときは、もとの○をきれいに消すか、それに╳をつけなさい。
7　答えを記述するときは、丁寧に書きなさい。
8　**字数制限がある場合は、句読点や符号なども一字に数えなさい。**
9　答えの書き方について、次の**解答例**を見て間違いのないようにしなさい。

解答例

一　火曜日の翌日は何曜日か、**漢字一字**で書け。……………**答の番号【1】**

二　次の問い（1）・（2）に答えよ。

（1）北と反対の方角として最も適当なものを、次の**（ア）～（ウ）**から一つ選べ。……………**答の番号【2】**

（ア）東　**（イ）**西　**（ウ）**南

（2）次の**（ア）～（オ）**のうち、奇数を**すべて選べ**。……………**答の番号【3】**

（ア）1　**（イ）**2　**（ウ）**3
（エ）4　**（オ）**5

問題番号		答の番号	答の欄	採点欄
一		【1】	水　曜日	【1】
二	（1）	【2】	ア　イ　㋒	【2】
	（2）	【3】	㋐　イ　㋒　エ　㋔	【3】

検査
1
受付番号
123456
得点

このページに問題は印刷されていません

一　次の文章は、「古今著聞集」の一節である。**注**を参考にしてこれを読み、問い（1）～（4）に答えよ。（12点）

*九条《くでう》の大相国*浅位の時、なにとなく*后町《きさきまち》の井を、立ちよりて底をのぞき給《たま》ひけるほどに、*丞相《しやうじやう》の相見えける。うれしく*おぼして帰り給ひて、鏡をとりて見給ひければ、その相なし。a いかなる事にかとおぼつかなくて、また*大内に参りて、かの井をのぞき給ふに、さきのごとくこの相見えけり。その後しづかに案じ給ふに、[A] 見るにはその相なし。[B] 見るにはその相あり。この事、*大臣《おとど》にならんずる事遠かるべし。*つひにはむなしからじ、と思ひ給ひけり。はたしてはるかに程へてなり給ひにけり。この大臣は、*ゆゆしき*相人にて b おはしましけり。*宇治《うち》の大臣も、*わざと相せられさせ給ひけるとかや。

（「新潮日本古典集成」による）

注

*九条の大相国…藤原《ふじわらの》伊通《これみち》。
*浅位の時…位の低かった頃。
*后町の井…内裏にある、皇后の宮殿へ渡る通路のかたわらにある井戸。
*丞相の相…大臣の人相。
*おぼして…お思いになって。
*大内…内裏。
*大臣にならんずる事…大臣になるということ。
*つひにはむなしからじ…いずれは必ず大臣になれるのであろう。
*ゆゆしき…すばらしい。
*相人…人相を見てその人の将来の運勢を占う人。
*宇治の大臣…藤原《ふじわらの》頼長《よりなが》。
*わざと…特に依頼して。

（1）本文中の a いかなる事にかとおぼつかなくて の解釈として最も適当なものを、次の（ア）～（エ）から一つ選べ。……答の番号【1】

（ア）大臣の人相がもう一度見えたとはどういうことかと不審に思って
（イ）うれしくなると大臣の人相が見えるとはどういうことかと不審に思って
（ウ）大臣の人相が一度も見えたことがないとはどういうことかと不審に思って
（エ）見えたはずの大臣の人相が見えなくなったとはどういうことかと不審に思って

（2）本文中の [A]・[B] に入る表現の組み合わせとして最も適当なものを、次の（ア）～（エ）から一つ選べ。……答の番号【2】

（ア）A　井にて近く　　B　鏡にて遠く
（イ）A　井にて遠く　　B　鏡にて近く
（ウ）A　鏡にて近く　　B　井にて遠く
（エ）A　鏡にて遠く　　B　井にて近く

（3）本文中の b おはしましけり をすべて**現代仮名遣い**に直して、**平仮名**で書け。
また、次の（ア）～（エ）のうち、波線部（〰〰）が現代仮名遣いで書いた場合と同じ書き表し方であるものを一つ選べ。……答の番号【3】

（ア）舟ども行きちがひて
（イ）なほ聞こえけり
（ウ）我をば見知りたりや
（エ）隠しすゑたりける

（4）次の会話文は、未波さんと幸治さんが本文を学習した後、本文について話し合ったものの一部である。これを読み、後の問い㈠～㈢に答えよ。

未波　本文にある「大相国」や「丞相」という言葉は唐名といって、日本の役職を中国風に言い換えた名称のようだよ。
幸治　それぞれ「太政大臣《だいじょうだいじん》」と「大臣」の唐名なんだね。当時の日本の貴族は、中国の古典を教養として学んでいたんだよね。本文に登場する九条の大相国と宇治の大臣も学んでいたようだよ。
未波　そうだね。私たちが使っている教科書に、「韓非子《かんびし》」の一節として、「之《これ》を誉《ほ》めて曰《い》はく、『吾《わ》が盾の堅きこと、能《よ》く陥《とほ》すもの莫《な》きなり。』と。」が載っていたね。現代の私たちも、古代中国の高名な思想家の言葉や故事成語からさまざまなことを学んでいるよね。
幸治　そうだね。ところで、本文から、九条の大相国はどのような人物だったことが読み取れるかな。
未波　本文から、九条の大相国は、[X] だったことが読み取れるね。
幸治　うん。九条の大相国の予想通り、「[Y]」大臣になったことから、筆者が九条の大相国を「ゆゆしき相人」だと表現しているのも納得だね。

㈠　会話文中の「之を誉めて曰はく、『吾が盾の堅きこと、能く陥すもの莫きなり。』と。」は、漢文では「誉之曰吾盾之堅莫能陥也」のように記す。これに句読点、返り点、送り仮名などをつけたものとして最も適当なものを、次の（ア）～（エ）から一つ選べ。……答の番号【4】

（ア）誉《メテ》レ之《ヲ》曰《ハク》、「吾《ガ》盾之《の》堅《キコト》、莫《キ》レ能《ク》レ陥《スモノ》也《なりト》。」
（イ）誉《メテ》レ之《ヲ》曰《ハク》、「吾《ガ》盾之《の》堅《キコト》、莫《キ》二能《ク》陥《スモノ》一也《なりト》。」
（ウ）誉《メテ》二之《ヲ》曰《ハク》一、「吾《ガ》盾之《の》堅《キコト》、莫《キ》レ能《ク》レ陥《スモノ》也《なりト》。」
（エ）誉《メテ》二之《ヲ》曰《ハク》一、「吾《ガ》盾之《の》堅《キコト》、莫《キ》二能《ク》陥《スモノ》一也《なりト》。」

㈡　会話文中の [X] に入る最も適当な表現を、次の（ア）～（エ）から一つ選べ。……答の番号【5】

（ア）宇治の大臣にまでわざわざ自分の人相を見てもらう、探究心の強い人物
（イ）位の低かった頃をなつかしんで井戸に立ちよる、思い出を大切にする人物
（ウ）大臣の人相が見えることをいくつかの井戸に確認しに行く、慎重な人物
（エ）大臣の人相が見える条件を冷静に考えて物事を見通す、分析力のある人物

㈢　会話文中の [Y] に入る最も適当な表現を、本文中から**七字**で抜き出して書け。……答の番号【6】

【裏へつづく】

二　次の文章を読み、問い(1)～(11)に答えよ。(28点)

お詫び

著作権上の都合により、文章は掲載しておりません。
ご不便をおかけし、誠に申し訳ございません。

教英出版

お詫び

著作権上の都合により、文章は掲載しておりません。
ご不便をおかけし、誠に申し訳ございません。

教英出版

（宮内《みやうち》勝《まさる》「音楽の美の戦いと音楽世界」による）

注

＊ヴィヴィッド…いきいきしたさま。
＊現象する…ものごとがある形をとって現れる。
＊豊穣さ…ものごとが豊かなこと。　＊映発…光や色彩が映り合うこと。
＊定式化…一定の方式で表すこと。　＊回帰…ひと回りして元に戻ること。

（１）本文中の a それが感覚的にどのようかをあらためて体験する とは、どのようなことを指しているのか、最も適当なものを、次の（ア）～（エ）から一つ選べ。……答の番号【７】

（ア）自分の茶碗がどういった色や模様であるかをあらためて見ること。
（イ）使っている茶碗が誰のものであるかをあらためて知ること。
（ウ）自分の茶碗の細部がどうなっているかをあらためて言語化すること。
（エ）茶碗がいつも通りの状態であることをあらためて実感すること。

（２）本文中の b それに深くかかわるのが を単語に分け、次の〈例〉にならって自立語と付属語に分類して示したものとして最も適当なものを、後の（ア）～（エ）から一つ選べ。……答の番号【８】

〈例〉日は昇る　・・・　（答）自立語＋付属語＋自立語

（ア）自立語＋自立語＋自立語＋付属語＋付属語
（イ）自立語＋付属語＋自立語＋自立語＋付属語
（ウ）自立語＋付属語＋自立語＋自立語＋付属語＋付属語
（エ）付属語＋付属語＋自立語＋自立語＋付属語＋付属語

（３）次の文章は、本文中の c 頭上 の「上」という漢字の成り立ちに関して述べたものである。文章中の X ・ Y に入る最も適当な語を、X は後のⅠ群（ア）～（エ）から、Y はⅡ群（カ）～（ケ）から、それぞれ一つずつ選べ。……答の番号【９】

> 形のない事柄を、記号やその組み合わせで表すことによって作られた漢字は X 文字に分類される。「上」という漢字は、「 Y 」と同じく、一般的にこの X 文字に分類される。

Ⅰ群　（ア）象形　（イ）指事　（ウ）会意　（エ）形声
Ⅱ群　（カ）本　（キ）林　（ク）馬　（ケ）詞

（４）本文中の d ハイ色 の片仮名の部分を**漢字**に直し、**楷書**で書け。……答の番号【10】

（５）本文からは次の一文が抜けている。この一文は本文中の〈１〉～〈４〉のどこに入るか、最も適当な箇所を示す番号を一つ選べ。……答の番号【11】

> それだからこそ、意味にとらえられている。

（６）本文中の e 澄んだ の漢字の部分の読みを**平仮名**で書け。……答の番号【12】

（７）本文中の f そのような平板な認識 についての説明として最も適当なものを、次の（ア）～（エ）から一つ選べ。……答の番号【13】

（ア）美しいと感じたあらゆるものを、意味によって同一的なものとして認識すること。
（イ）その都度感覚にたいして多様な現れ方をするものごとを、意味によって同一的なものとして認識すること。
（ウ）慣れ親しんだものを、言葉では表現しきれないほど美しいものだと認識すること。
（エ）感覚を魅了するものごとを、言葉では表現しきれないほど美しいものだと認識すること。

（８）本文中の g 先立つ の活用形として最も適当なものを、次の**Ⅰ群**（ア）～（エ）から一つ選べ。また、波線部（〰）が g 先立つ と同じ活用形であるものを、後の**Ⅱ群**（カ）～（ケ）から一つ選べ。……答の番号【14】

Ⅰ群　（ア）未然形　（イ）連用形　（ウ）終止形　（エ）連体形

Ⅱ群
（カ）入学してから一年が過ぎた。
（キ）冬場は湯がすぐに冷める。
（ク）朝食の前に花に水をやろう。
（ケ）大切なのは挑戦をすることだ。

（９）本文中の h いざなう の意味として最も適当なものを、次の**Ⅰ群**（ア）～（エ）から一つ選べ。また、本文中の i 安易な の意味として最も適当なものを、後の**Ⅱ群**（カ）～（ケ）から一つ選べ。……答の番号【15】

Ⅰ群　（ア）導く　（イ）流れ出る　（ウ）変える　（エ）現れる
Ⅱ群　（カ）押しつけがましい　（キ）深く考えない　（ク）感情的な　（ケ）迅速な

【裏へつづく】

(10) 本文における段落どうしの関係を説明した文として**適当でないもの**を、次の(ア)～(エ)から一つ選べ。……**答の番号**【16】

(ア) [2]段落では、[1]段落で示した内容について、具体例を挙げて要因を考察している。

(イ) [4]段落では、[3]段落で述べた主張の根拠を示した後、これまでの論をまとめている。

(ウ) [5]段落では、[4]段落で述べた内容について、比喩を用いながら説明を補足している。

(エ) [7]段落では、[6]段落で提起した問題について、考察を述べ、論を展開している。

(11) 敬一さんと由香さんのクラスでは、本文を学習した後、各班で本文に関連する新聞を編集することになった。次の会話文は、敬一さんと由香さんが話し合ったものの一部である。これを読み、後の問い㈠～㈣に答えよ。

敬一 [2]段落に「言語の能力によって人間ははじめて人間になりえたとさえいえるだろう」とあるけれど、言語が私たちにもたらしたものは大きいんだね。

由香 うん。言語によって意味の支配が生じるんだよね。

敬一 そうして生じた意味の支配は [A] と本文で述べられているね。この一連の流れによって日常性は支えられているんだね。

由香 そうだね。筆者は日常世界を意味の衣に覆われた世界とし、意味の衣に覆われる以前の先意味的世界と区別しているよ。意味の衣に覆われた世界では、[B] と本文から読み取れるね。

敬一 意味の衣に世界が覆われたため、私たちは美を喪失したけれど、それがかえって [C] 強い思いをこらえられなくなることへとつながっていくんだね。本文をよく理解できたし、つぎは新聞のテーマについて話し合おうか。

㈠ 会話文中の [A] に入る最も適当な表現を、本文中から**十二字**で抜き出し、**初めと終わりの三字**を書け。……**答の番号**【17】

㈡ 会話文中の [B] に入る最も適当な表現を、下段の(ア)～(エ)から一つ選べ。……**答の番号**【18】

(ア) さまざまなものが意味的に認識され、多様な感覚の体験に意識を向ける必要がない

(イ) いつもの通りという自明性が支配していて、惰性に陥っていた感覚がざわめく

(ウ) 意味的理解を打ち破った美しいものによって、私たちは満足をあたえられる

(エ) 意味的同一化以前の感覚的情感的な現れがさまざまに生じ、認識されたものが他者へ効率的に伝達される

㈢ 会話文中の [C] に入る最も適当な表現を、本文中から**十二字**で抜き出し、**初めと終わりの三字**を書け。……**答の番号**【19】

㈣ 新聞を編集するときの一般的な注意点について説明した次の文章中の [X] ～ [Z] に入る語の組み合わせとして最も適当なものを、後の**Ⅰ群**(ア)～(カ)から一つ選べ。また、敬一さんは、新聞のテーマについて話し合った際、メモを行書で書いた。後の**図**は、敬一さんが書いたメモの一部である。**図**中の 視点 の「視」を楷書にしたときの総画数として最も適当なものを、後の**Ⅱ群**(サ)～(セ)から一つ選べ。……**答の番号**【20】

新聞を編集するときは、伝える内容に適した文章の種類を選択することが大切である。実際に起こった出来事を伝えるときは [X] で、見聞きしたことや体験を通して自分が感じたことを伝えるときは [Y] で、自分の考えを適切な根拠で支えて伝えるときは [Z] で表現するとよい。

Ⅰ群

(ア)	X 意見文	Y 随筆	Z 報道文
(イ)	X 意見文	Y 報道文	Z 随筆
(ウ)	X 随筆	Y 意見文	Z 報道文
(エ)	X 随筆	Y 報道文	Z 意見文
(オ)	X 報道文	Y 意見文	Z 随筆
(カ)	X 報道文	Y 随筆	Z 意見文

図

Ⅱ群

(サ) 九画 (シ) 十画 (ス) 十一画 (セ) 十二画

令和6年度　京都府公立高等学校入学者選抜

中期選抜学力検査

検査2　社　会

（40分）

解答上の注意

1　「始め」の指示があるまで，問題を見てはいけません。
2　問題は，この冊子の中の**1～4ページ**にあります。
3　答案用紙には，**受付番号**を記入しなさい。氏名を書いてはいけません。
4　答案用紙の**答の欄**に答えを記入しなさい。採点欄に記入してはいけません。
5　答えを記入するときは，それぞれの問題に示してある**【答の番号】**と，答案用紙の**【答の番号】**とが一致するように注意しなさい。
6　答えを記号で選ぶときは，答案用紙の**答の欄**の当てはまる記号を○で囲みなさい。答えを訂正するときは，もとの○をきれいに消すか，それに╳をつけなさい。
7　答えを記述するときは，丁寧に書きなさい。
8　**字数制限がある場合は，句読点や符号なども1字に数えなさい。**
9　答えの書き方について，次の**解答例**を見て間違いのないようにしなさい。

解答例

1　火曜日の翌日は何曜日か，**漢字1字**で書け。
……………………………**答の番号【1】**

2　次の **(ア)～(ウ)** の数を値の小さいものから順に並べかえ，**記号**で書け。　………………**答の番号【2】**
(ア)　7　　**(イ)**　5　　**(ウ)**　3

3　次の問い **(1)・(2)** に答えよ。
(1)　「京」の総画数として最も適当なものを，次の **(ア)～(ウ)** から1つ選べ。　……**答の番号【3】**
(ア)　7画　　**(イ)**　8画　　**(ウ)**　9画
(2)　次の **(ア)～(オ)** のうち，奇数を**すべて**選べ。
……………………………**答の番号【4】**
(ア)　1　　**(イ)**　2　　**(ウ)**　3
(エ)　4　　**(オ)**　5

問題番号		答の番号	答の欄	採点欄
1		【1】	水　曜日	【1】
2		【2】	(ウ)→(イ)→(ア)	【2】
3	(1)	【3】	ア　㋑　ウ	【3】
	(2)	【4】	㋐　イ　㋒　エ　㋔	【4】

検査	受付番号						得点
2	1	2	3	4	5	6	

このページに問題は印刷されていません

中期選抜学力検査

検査５－１　英　語

問題１・問題２

（筆記）

1 次の英文は，高校生の卓矢（Takuya）が行ったスピーチである。これを読んで，問い（1）～（8）に答えよ。
（20点）

One day in June, a student from America came to my junior high school. His name was *Lucas, and he came to Japan with his family. When he introduced himself in my class, he said, “I want to have a great time in this class. I like Japan. Especially, I like Japanese temples. Please tell me if you are interested in them.” I also like them, so ①I wanted to talk with him.

After Lucas introduced himself, he sat next to me. When I saw him, he looked nervous because he sometimes couldn’t understand Japanese. I *was not confident in speaking English, but I tried to support him in English. When I helped him, he said, “Thank you for helping me.” We soon became friends. After we finished eating lunch, everyone ②(stand) up from their chairs. He asked me what we were going to do. I told him that we were going to clean our classroom. He said, “Really? I didn’t know that students clean their classrooms *by themselves in Japan. Students don’t have to clean their classrooms at my school in America.” When I heard that, I was surprised because I thought [③] by themselves at school.

④On his first Saturday in Japan, Lucas and I went to the temple in my town by bus. He said, “I’m excited to ride a Japanese bus.” Then, we got to the temple and saw statues. When I watched TV before, I found that many people visit the temple to see the statues, so I was happy to see them. We had a great time together. When we were going back home, he told me an interesting thing about buses. He said, “In my *hometown, people can travel with their bikes by bus.” I asked, “You mean you can put bikes inside, right?” He answered, “No. You can put bikes outside.” I couldn’t imagine that. Then, he showed me a picture of the bus on his phone. I said, “How interesting! I want to ride a bus like that in America.” I became interested in American buses and wanted to know more about the *differences between Japanese and American *vehicles.

The next day, I went to the library and *borrowed a book about American vehicles. After I ⑤(enjoy) reading the book at home, my sister asked what it was. I showed her the American buses in the book. Then, I told her that Lucas talked to me about them. She said, “When I was in America, I talked with students from different countries. I found many differences between Japan and other countries, and that was interesting to me. If you talk with Lucas more, you can learn many things. I think *conversations with people from other countries help you understand about their countries *deeply. I’m sure talking with Lucas will be a great *opportunity for *both of you.” Then, I wanted to talk with him more.

The next day, I talked to Lucas about the conversation with my sister. He said, “I can understand what she said. When I talk with you, I can learn about Japan, and that makes me become more interested in your country.” I said, “I also want to know more about your country. I have found that talking with people from other countries is a great opportunity to learn about their countries. I’m happy to spend a good time with you.”

One day in September, Lucas left Japan. When we said “goodbye” to each other at the *airport, he told me about some of his memories in Japan. He said it was exciting to talk with me. Also, he said he was happy to visit ⑥[（ア）for /（イ）the temple /（ウ）famous /（エ）which /（オ）statues /（カ）was] with me.

Through the conversations with Lucas, I found differences between Japan and America, and that made me interested in America. Before I met him, I didn’t know a lot about America, but now I *feel close to that country. *Even if you are not confident in speaking foreign languages, I want you to create an opportunity to talk with people from other countries. If you do so, I’m sure you can learn a lot of things you didn’t know about those countries before.

（注）Lucas　ルーカス(男性の名)　　be confident in ～ing　～することに自信がある
by themselves　彼ら自身で　　hometown　故郷　　difference　違い
vehicle　乗り物　　borrow ～　～を借りる　　conversation　会話
deeply　深く　　opportunity　機会　　both of ～　～の両方
airport　空港　　feel close to ～　～に親しみを感じる
even if ～　たとえ～だとしても

（1） 下線部①の理由として最も適当なものを，次の（ア）～（エ）から1つ選べ。　……………………答の番号【1】

（ア） ルーカスが，クラスメイトと楽しく過ごしたいと話していたから。
（イ） ルーカスが，自己紹介で彼の家族について話していたから。
（ウ） 卓矢は日本の寺が好きで，ルーカスもそれが好きだと話していたから。
（エ） 卓矢の席の隣が，ルーカスの席だということがわかったから。

（2） 下線部②(stand)・⑤(enjoy)を，文意から考えて，それぞれ正しい形にかえて1語で書け。　…答の番号【2】

中期選抜学力検査

検査５−２　英　語

問題３・問題４・問題５

（リスニング）

このページに問題は印刷されていません

ina： Oh, now I understand which song you mean. It is used in a famous movie, so I think many elementary school students know it.
nn： Many people in America like the song too, and it is one of my favorite songs.
ina： I see. Let's talk about our plan with the other members tomorrow.
nn： Sure.

Question（1）： Who will Rina and Ann visit after school today?

Question（2）： Which song do Rina and Ann want to sing at the elementary school?

もう一度放送します。

〈会話・質問〉

これで，問題**4**を終わります。

次に，問題**5**の説明をします。
問題**5**は**（1）・（2）**の2つがあります。それぞれ短い会話を放送します。それぞれの会話の，最後の応答の部分にたるところで，次のチャイム音を鳴らします。**〈チャイム音〉**このチャイム音のところに入る表現は，問題用紙に書てあります。最も適当なものを，**（ア）・（イ）・（ウ）・（エ）**から1つずつ選びなさい。

問題用紙の例題を見なさい。例題をやってみましょう。

（例題） A： Hi, I'm Hana.
B： Hi, I'm Jane.
A： Nice to meet you.
B： **〈チャイム音〉**

正しい答えは**（イ）**の Nice to meet you, too. となります。ただし，これから行う問題の会話の部分は印刷されていません。

それでは，問題**5**を始めます。会話は2回放送します。

（1） A： Sophia, I'll clean the house, but I need your help. Can you come here?
B： Sorry, I can't, Mom. I have to do my homework now.
A： All right. What time will you finish it?
B： **〈チャイム音〉**

もう一度放送します。

〈会話〉

（2） A： Excuse me. Do you know this town well?
B： Yes, I have lived here for many years.
A： Could you tell me the way to Kaede Museum?
B： **〈チャイム音〉**

もう一度放送します。

〈会話〉

これで，問題**5**を終わります。

検査1　国語答案用紙

問題番号		答の番号	答の欄	採点欄
一	（1）	【1】	ア　イ　ウ　エ	【1】 2点
一	（2）	【2】	ア　イ　ウ　エ	【2】 2点
一	（3）	【3】	（記述欄） / ア　イ　ウ　エ	【3】 1点 / 1点
一	（4）㊀	【4】	ア　イ　ウ　エ	【4】 2点
一	（4）㊁	【5】	ア　イ　ウ　エ	【5】 2点
一	（4）㊂	【6】	（記述欄）	【6】 2点
	（1）	【7】	ア　イ　ウ　エ	【7】 2点
	（2）	【8】	ア　イ　ウ　エ	【8】 2点
	（3）	【9】	Ⅰ　ア　イ　ウ　エ / Ⅱ　カ　キ　ク　ケ	【9】 完答2点
	4）	0】		0】 点

	（5）	【10】	ア　イ　ウ　エ　オ		【10】	完答 ２点	
3	（1）	【11】	ア　イ　ウ　エ　オ　カ		【11】	２点	
	（2）	【12】	i群　ア　イ　ウ　エ	ii群　カ　キ　ク　ケ	【12】	１点	１点
	（3）	【13】	（　）→（　）→（　）→（　）		【13】	完答 ２点	
	（4）	【14】	i群　ア　イ　ウ　エ	ii群　カ　キ　ク　ケ	【14】	１点	１点
	（5）	【15】		ア　イ　ウ　エ	【15】	１点	１点
4	（1）	【16】	ア　イ　ウ　エ	栽培	【16】	１点	１点
	（2）	【17】	（　）→（　）→（　）→（　）		【17】	完答 ２点	
	（3）	【18】	課税	ア　イ　ウ	【18】	１点	１点
	（4）	【19】	ア　イ　ウ　エ　オ		【19】	完答 ２点	
	（5）	【20】	ア　イ　ウ　エ		【20】	２点	

検査	受付番号						得点		
2									

※40点満点

2	(1)	【9】	人	ア　イ　ウ　エ	【9】	1点	1点
	(2)	【10】	ア　イ　ウ　エ　オ		【10】	完答 2点	
3	(1)	【11】	m	$y=$	【11】	1点	2点
	(2)	【12】	m		【12】	2点	
4	(1)	【13】	半径　cm	AE ＝　cm	【13】	1点	1点
	(2)	【14】	cm		【14】	2点	
5	(1)	【15】	cm^2		【15】	1点	
	(2)	【16】	cm		【16】	2点	
	(3)	【17】	cm^2		【17】	3点	
6	(1)	【18】	本		【18】	1点	
	(2)	【19】	本		【19】	2点	
	(3)	【20】	$n=$		【20】	2点	

検査	受付番号		得点
3			

※40点満点

6	(2)	【14】	X　　　　cm	Y　　　　cm	【14】	1点	1点
	(3)	【15】	ア　　イ　　ウ　　エ		【15】	2点	
7	(1)	【16】	ア　　イ　　ウ　　エ		【16】	2点	
	(2)	【17】	A　B　C　D	ア　イ　ウ　エ	【17】	1点	1点
	(3)	【18】	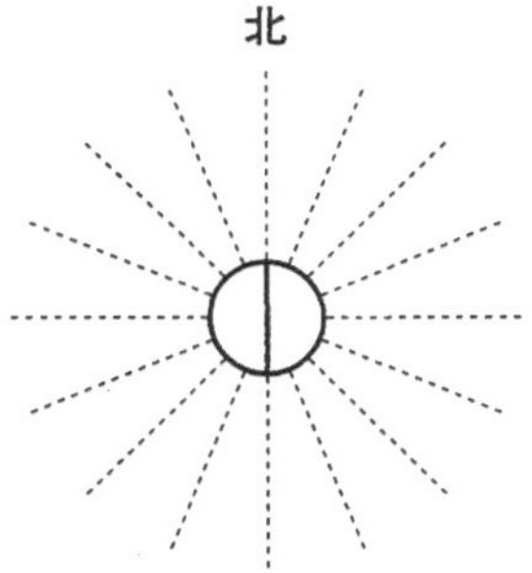		【18】	2点	
	(4)	【19】		ア　イ　ウ　エ	【19】	1点	2点
	(5)	【20】	P　　Q　　R		【20】	1点	

検査	受付番号		得点	
4				

※40点満点

2	（3）	【13】	ア　　イ　　ウ　　エ　　オ	【13】	2点
	（4）	【14】	ア　　イ　　ウ　　エ	【14】	2点

検査 5－1	受付番号		得点

※リスニングと合わせて40点満点

検査５−２　英語（リスニング）答案用紙

問題番号		答の番号	答の欄				採点欄	
3	（１）	【15】	ア	イ	ウ	エ	【15】	２点
	（２）	【16】	ア	イ	ウ	エ	【16】	２点
4	（１）	【17】	ア	イ	ウ	エ	【17】	２点
	（２）	【18】	ア	イ	ウ	エ	【18】	２点
5	（１）	【19】	ア	イ	ウ	エ	【19】	２点
	（２）	【20】	ア	イ	ウ	エ	【20】	２点

検査	受付番号						得点	
５−２								

※筆記と合わせて40点満点

検査５−１　英語（筆記）答案用紙

問題番号			答の番号	答の欄	採点欄		
1	（1）		【1】	ア　イ　ウ　エ	【1】	２点	
	（2）		【2】	②　　⑤	【2】	１点	１点
	（3）		【3】	ア　イ　ウ　エ	【3】	２点	
	（4）	（a）	【4】		【4】	２点	
		（b）	【5】	ア　イ　ウ　エ	【5】	２点	
	（5）		【6】	（　）→（　）→（　）→（　）→（　）→（　）	【6】	完答 ２点	
	（6）		【7】	ア　イ　ウ　エ	【7】	２点	
	（7）		【8】	ア　イ　ウ　エ	【8】	２点	
	（8）	（a）	【9】	ア　イ　ウ　エ	【9】	２点	
		（b）	【10】		【10】	２点	
					【11】		

【解答用

検査４　理科答案用紙

問題番号		答の番号	答の欄			採点欄		
1	(1)	【1】	ア　イ　ウ　エ			【1】	完答 1点	
	(2)	【2】		ア　イ　ウ　エ　オ　カ		【2】	1点	2点
	(3)	【3】	ア　イ　ウ　エ			【3】	2点	
2	(1)	【4】	6			【4】	2点	
	(2)	【5】	g/cm^3			【5】	2点	
3	(1)	【6】	A　ア　イ　ウ　エ	B　ア　イ　ウ　エ	カ　キ	【6】	完答 2点	
	(2)	【7】	i群　ア　イ	ii群　カ　キ　ク		【7】	完答 2点	
4	(1)	【8】	ア　イ　ウ　エ			【8】	2点	
	(2)	【9】	i群　ア　イ	ii群　カ　キ　ク		【9】	完答 2点	
	(3)	【10】	ア　イ　ウ	反応		【10】	1点	1点
5	(1)	【11】	ア　イ　ウ　エ			【11】	2点	
						【12】		

【解答用

検査３　数学答案用紙

問題番号		答の番号	答の欄	採点欄		
1	（1）	【1】		【1】	2点	
	（2）	【2】		【2】	2点	
	（3）	【3】		【3】	2点	
	（4）	【4】		【4】	2点	
	（5）	【5】	$x =$	【5】	完答 2点	
	（6）	【6】	$y =$	【6】	2点	
	（7）	【7】	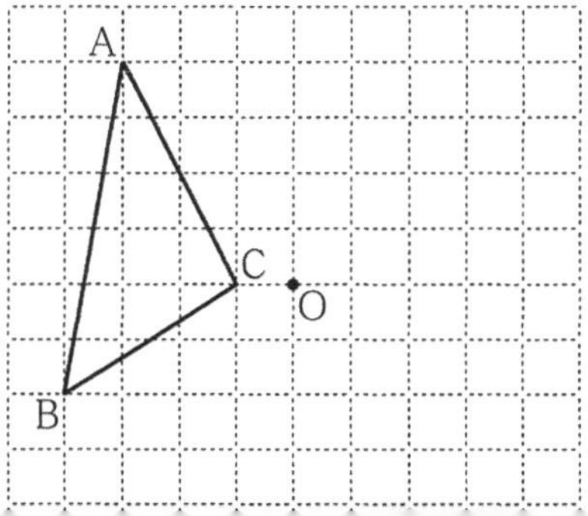	【7】	2点	

【解答

検査２　社会答案用紙

問題番号		答の番号	答の欄		採点欄		
1	（1）	【1】	ア　イ　ウ　エ　オ　カ		【1】	2点	
	（2）	【2】	ア　イ　ウ　エ		【2】	1点	1点
	（3）	【3】	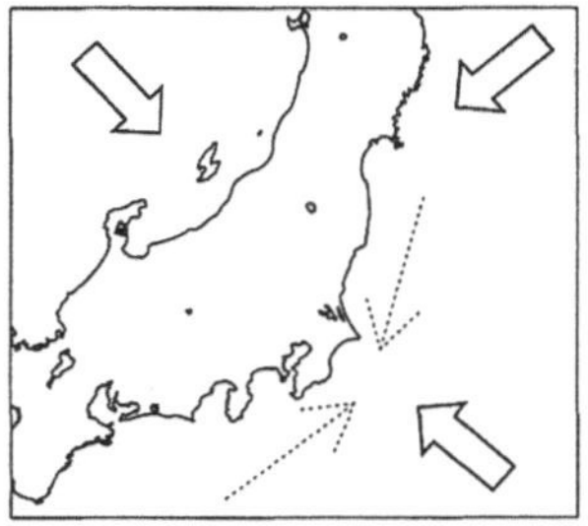		【3】	完答 2点	
	（4）	【4】	（　　）→（　　）→（　　）	カ　キ　ク　ケ	【4】	完答 1点	1点
	（5）	【5】	i群　ア　イ　ウ　エ　オ	ii群　カ　キ　ク　ケ	【5】	1点	1点
2	（1）	【6】	ア　イ　ウ　エ　オ		【6】	完答 2点	
	（2）	【7】	橋がかかっている地域　ア　イ　ウ	県境がある地域　ア　イ　ウ	【7】	完答 1点	1点
	（3）	【8】	ア　イ　ウ　エ	権	【8】	1点	1点

【解答用

二

設問	番号	解答欄	配点
(6)	【12】	（　　）んだ	2点
(7)	【13】	ア　イ　ウ　エ	2点
(8)	【14】	Ⅰ　ア　イ　ウ　エ Ⅱ　カ　キ　ク　ケ	完答 2点
(9)	【15】	Ⅰ　ア　イ　ウ　エ Ⅱ　カ　キ　ク　ケ	1点 1点
(10)	【16】	ア　イ　ウ　エ	2点
(11) ㊀	【17】	□□□ ～ □□□	2点
(11) ㊁	【18】	ア　イ　ウ　エ	2点
(11) ㊂	【19】	□□□ ～ □□□	2点
(11) ㊃	【20】	Ⅰ　ア　イ　ウ　エ　オ　カ Ⅱ　サ　シ　ス　セ	1点 1点

検査
1
受付番号
得点

※40点満点

※教英出版注
音声は，解答集の書籍ＩＤ番号を教英出版ウェブサイトで入力して聴くことができます。

令和６年度　検査５−２　英語（リスニング）問題３・問題４・問題５　放送台本

これから，問題**３**・**４**・**５**を放送によって行います。問題用紙を開いて１ページを見なさい。答案用紙を表に向けなさい。

それでは，問題**３**の説明をします。
問題**３**は（**１**）・（**２**）の２つがあります。それぞれ短い会話を放送します。次に，Question と言ってから英語で質問をします。それぞれの質問に対する答えは，問題用紙に書いてあります。最も適当なものを，**（ア）**・**（イ）**・**（ウ）**・**（エ）**から１つずつ選びなさい。会話と質問は２回放送します。

それでは，問題**３**を始めます。

（**１**）　A：　Mom, can you help me use this computer?
B：　Sure, Kate. But can you wait a minute? I want to take this table to my room.
A：　OK. I'll help you, so let's do that first.
B：　Thank you. I want to put it by the window.

Question：　What will Kate do first?

もう一度放送します。

〈会話・質問〉

（**２**）　A：　Hi, Olivia. You look tired.
B：　Hi, Nancy. I practiced tennis for two hours. It was really hard.
A：　I see. You are going to join the tennis match next weekend, right? I want to see your match.
B：　Yes. I have never joined a tennis match before, so I'm really excited. I hope I will win the match next weekend.

Question：　Why is Olivia excited?

もう一度放送します。

〈会話・質問〉

これで，問題**３**を終わります。

次に，問題**４**の説明をします。
これから，リナとアンの会話を放送します。つづいて，英語で２つの質問をします。それぞれの質問に対する答えは，問題用紙に日本語で書いてあります。最も適当なものを，**（ア）**・**（イ）**・**（ウ）**・**（エ）**から１つずつ選びなさい。会話と質問は２回放送します。

それでは，問題**４**を始めます。

Rina：　Ann, have you already heard that our English club will visit Satsuki Elementary School? We will do some activities and enjoy using English with the elementary school students.
Ann：　Hi, Rina. I think our teacher Mr. White said that we will visit Futaba Elementary School.
Rina：　Really? We will meet him after school today, so let's ask him later.
Ann：　OK. Well, he also said that he wants us to make a plan for that day.
Rina：　Yes, I'm thinking about it now. I want to introduce an English song and sing it together.
Ann：　I agree. I want to introduce the song "Flowers."
Rina：　Is that the song we sometimes sing at our club?
Ann：　No. I mean the song Mr. White introduced at our club about two months ago.

※教英出版注
音声は，解答集の書籍ＩＤ番号を教英出版ウェブサイトで入力して聴くことができます。

【リスニングの問題について】
放送中にメモをとってもよい。

3 それぞれの質問に対する答えとして最も適当なものを，次の（ア）～（エ）から１つずつ選べ。（４点）

（１）（ア） She will help her mother use the computer.
（イ） She will carry the table with her mother.
（ウ） She will use the computer without the help of her mother.
（エ） She will tell her mother where to take the table.
…………答の番号【15】

（２）（ア） Because she won her tennis match.
（イ） Because it was hard for her to practice tennis.
（ウ） Because she will see Nancy's tennis match next weekend.
（エ） Because it will be her first time to join a tennis match.
…………答の番号【16】

4 それぞれの質問に対する答えとして最も適当なものを，次の（ア）～（エ）から１つずつ選べ。（４点）

（１）（ア） サツキ小学校の小学生　（イ） フタバ小学校の小学生
（ウ） ホワイト先生　（エ） 英語クラブの他のメンバー
…………答の番号【17】

（２）（ア） 英語クラブでときどき歌う歌　（イ） ホワイト先生が先月紹介した歌
（ウ） 有名な映画で使われている歌　（エ） アメリカではあまり知られていない歌
…………答の番号【18】

5 それぞれの会話のチャイム音のところに入る表現として最も適当なものを，下の（ア）～（エ）から１つずつ選べ。（４点）

（例題） A： Hi, I'm Hana.
B： Hi, I'm Jane.
A： Nice to meet you.
B： **〈チャイム音〉**

（ア） I'm Yamada Hana.　（イ） Nice to meet you, too.
（ウ） Hello, Jane.　（エ） Goodbye, everyone.

（解答例）

ア	(イ)	ウ	エ

（１）（ア） I can finish it before lunch.　（イ） It's my favorite watch.
（ウ） I have already finished it.　（エ） It's three p.m. now.
…………答の番号【19】

（２）（ア） Sure, I'll call you again when I arrive there.
（イ） Sure, I'll show you a map I have in my bag.
（ウ） Sorry, I didn't get a ticket on the Internet last night.
（エ） Sorry, I didn't know where to meet you yesterday.
…………答の番号【20】

【英語（リスニング）おわり】

(3) [③] に入る表現として最も適当なものを，次の（ア）～（エ）から1つ選べ。 ……答の番号【3】

（ア） students in America also clean their classrooms
（イ） students in America also don't have to clean their classrooms
（ウ） students in Japan also clean their classrooms
（エ） students in Japan also don't have to clean their classrooms

(4) 次の英文は，下線部④について説明したものである。これを読んで，下の問い（a）・（b）に答えよ。

> Lucas went to the temple with Takuya. After visiting the temple, Lucas talked about the buses in his hometown. When people ride buses there, people can [i]. However, Takuya couldn't imagine the bus. Then, Lucas showed Takuya a picture of it. Takuya was surprised to see it and wanted to [ii].

（a） 本文の内容から考えて，[i] に入る表現として最も適当な部分を，本文中から**3**語で抜き出して書け。 ……答の番号【4】

（b） 本文の内容から考えて，[ii] に入る表現として最も適当なものを，次の（ア）～（エ）から1つ選べ。 ……答の番号【5】

（ア） see a lot of buses in Japan　　（イ） use the American buses Lucas talked about
（ウ） ride buses with Lucas again　　（エ） take pictures of American buses with his phone

(5) 下線部⑥の［　　］内の（ア）～（カ）を，文意が通じるように正しく並べかえ，記号で書け。 ……答の番号【6】

(6) 本文の内容から考えて，次の〈質問〉に対して下の〈答え〉が成り立つように，[　　] に入る最も適当なものを，下の（ア）～（エ）から1つ選べ。 ……答の番号【7】

〈質問〉 What did Takuya tell his sister after he showed her a book about American vehicles?
〈答え〉 He told her that [　　].

（ア） he met Lucas before Lucas came to Japan
（イ） he rode a Japanese bus when he went to the temple in his town
（ウ） he had an interesting experience in America
（エ） he got some information about American buses from Lucas

(7) 本文の内容と一致する英文として最も適当なものを，次の（ア）～（エ）から1つ選べ。 ……答の番号【8】

（ア） Lucas came to Japan and studied in Takuya's class for a few days.
（イ） Takuya wanted to know about American vehicles after he went to the library.
（ウ） Lucas realized that learning about his own country made him interested in Japan.
（エ） Lucas told Takuya how Lucas felt about his life in Japan at the airport.

(8) 次の英文は，このスピーチを聞いた高校生の良太（Ryota）とALTのライアン先生（Mr. Ryan）が交わしている会話の一部である。これを読んで，下の問い（a）・（b）に答えよ。

> Ryota　　: Takuya's speech was very interesting to me.
> Mr. Ryan: I see. What did he talk about?
> Ryota　　: Takuya and Lucas had a lot of conversations. Takuya said that he was [i] to have a good time with Lucas.
> Mr. Ryan: That's true. I know that we will become interested in foreign countries when we meet foreign people.
> Ryota　　: Also, Takuya said that it is great to [ii]. By doing so, we can learn something new about other countries.
> Mr. Ryan: I see. You found a good point.

（a） 本文の内容から考えて，[i] に入る最も適当な語を，次の（ア）～（エ）から1つ選べ。 ……答の番号【9】

（ア） careful　　（イ） glad　　（ウ） kind　　（エ） nervous

（b） 本文の内容から考えて，[ii] に入る表現として最も適当な部分を，本文中から**6**語で抜き出して書け。 ……答の番号【10】

【裏へつづく】

2 次の英文は，高校生のあや（Aya）と留学生のリズ（Liz）がレストランで交わしている会話である。下のメニューを参考にして英文を読み，下の問い（1）～（4）に答えよ。（8点）

Liz : Thank you for taking me to this restaurant.

Aya: You're welcome. This restaurant has a menu written in English, and many people who speak English enjoy eating here. The cake *set is very popular, so let's *order it.

Liz : Sure, do you know how [①] it is?

Aya: Let's check the menu. Set A is 600 yen, and Set B is 650 yen. When I came here with my brother last month, I ordered Set A, and I'll order it again. Which set will you order, Set A or Set B?

Liz : Let me think. Oh, look at the picture on the menu. The ice cream looks delicious. I'd like to try it, so I'll order Set B.

Aya: Well, how about cake? When we order the cake set, we can choose one kind of cake on the menu. Have you already decided which kind of cake you'll eat?

Liz : Yes, I'll have the special cake.

Aya: I want to eat the special cake, too. I chose it last month, and the banana cake was delicious. I want to eat it again.

Liz : Wait, Aya. You can't enjoy it now. From this month, we'll have *pumpkin cake if we choose the special cake. I want to try the pumpkin cake, but how about you?

Aya: Oh, let me think. I'll choose another kind of cake instead.

Liz : Well, I think you should try the apple cake. The menu says your favorite writer Aoi likes it very [②]. I think you want to enjoy eating the same thing.

Aya: I like Aoi, but I ate a piece of apple this morning. I'll choose another kind of cake.

Liz : How about this cake? I think you will enjoy the shape of the chocolate on the cake.

Aya: That's nice. I'll order the cake this time. I'll take a picture of the animal on it with my camera.

Liz : I see. Well, my friend Kaho will come to my house later today, and I want her to enjoy this restaurant's cake. Can I [③]?

Aya: No, you can't. We can eat the cake only in this restaurant. But we can buy the cookies or the ice cream.

Liz : I see. I'll buy the cookies for Kaho when we leave this restaurant. I hope she will enjoy them. Will you also buy something later?

Aya: Well, we can buy the cookies or the ice cream through the Internet, too. After I get home, I'll ask my brother which he wants to eat, and order through the Internet.

メニュー

<cake set>

○ Set A（¥600）…… a piece of cake and cookies

○ Set B（¥650）…… a piece of cake and ice cream

<cake>

○ apple cake ………… The popular Japanese writer Aoi loves this cake. She introduced it in her book before. A piece of apple is on this cake. The shape of the apple is a rabbit.

○ chocolate cake …… A piece of chocolate is on this cake, and the shape of the chocolate is a flower.

○ strawberry cake … A piece of chocolate is on this cake, and the shape of the chocolate is a cat.

○ special cake ……… In spring and summer (March-August), you can enjoy the special banana cake. In fall and winter (September-February), you can enjoy the special pumpkin cake.

（注） set　セット，ひとまとまりのもの　　order（～）（～を）注文する　　pumpkin　カボチャ

（1） [①]・[②] に共通して入る最も適当な**1**語を書け。 ……………………………………**答の番号【11】**

（2） [③] に入る表現として最も適当なものを，次の（ア）～（エ）から1つ選べ。 ……**答の番号【12】**

（ア） buy the cake to enjoy it at home　　（イ） take her to this restaurant to eat it together

（ウ） get a menu written in Japanese　　（エ） use my camera to take pictures of the cake

（3） 本文と**メニュー**の内容から考えて，あやが今回注文することにしたケーキとして最も適当なものを，次の（ア）～（オ）から1つ選べ。 ……………………………………**答の番号【13】**

（ア） apple cake　　（イ） chocolate cake　　（ウ） strawberry cake

（エ） special banana cake　　（オ） special pumpkin cake

（4） 本文の内容と一致する英文として最も適当なものを，次の（ア）～（エ）から1つ選べ。 ……**答の番号【14】**

（ア） Aya visited the restaurant last month with her brother, and the season was fall then.

（イ） Liz wants Kaho to enjoy the cookies Liz will buy at the restaurant later.

（ウ） After Aya gets home, she will ask her brother which cake he wants to eat.

（エ） One kind of cake on the menu was introduced in a book written by Liz's favorite writer.

令和６年度　京都府公立高等学校入学者選抜

中期選抜学力検査

検査３　数　学

（40分）

解答上の注意

1　「始め」の指示があるまで，問題を見てはいけません。
2　問題は，この冊子の中の**１～４ページ**にあります。
3　答案用紙には，**受付番号**を記入しなさい。氏名を書いてはいけません。
4　答案用紙の**答の欄**に答えを記入しなさい。採点欄に記入してはいけません。
5　答えを記入するときは，それぞれの問題に示してある**【答の番号】**と，答案用紙の**【答の番号】**とが一致するように注意しなさい。
6　答えを記号で選ぶときは，答案用紙の**答の欄**の当てはまる記号を○で囲みなさい。答えを訂正するときは，もとの○をきれいに消すか，それに╳をつけなさい。
7　答えを記述するときは，丁寧に書きなさい。
8　**円周率はπとしなさい。**
9　**答えの分数が約分できるときは，約分しなさい。**
10　**答えが$\sqrt{\ }$を含む数になるときは，$\sqrt{\ }$の中の数を最も小さい正の整数にしなさい。**
11　**答えの分母が$\sqrt{\ }$を含む数になるときは，分母を有理化しなさい。**
12　答えの書き方について，次の**解答例**を見て間違いのないようにしなさい。

解答例

1　１＋２＋３を計算せよ。　…………**答の番号【１】**

2　１辺が３cmの正方形の周の長さを求めよ。
…………………………………**答の番号【２】**

3　次の問い（１）・（２）に答えよ。

（１）　１けたの正の整数のうち，３の倍数を求めよ。
…………………………**答の番号【３】**

（２）　次の（ア）～（ウ）のうち，最も値の大きいものを，１つ選べ。　……………………**答の番号【４】**
（ア）　２　　（イ）　３　　（ウ）　４

問題番号		答の番号	答の欄	採点欄
1		【１】	6	【１】
2		【２】	12 cm	【２】
3	（１）	【３】	3, 6, 9	【３】
	（２）	【４】	ア　イ　(ウ)	【４】

検査	受付番号						得点
3	1	2	3	4	5	6	

このページに問題は印刷されていません

1 右の**資料**Ⅰは，近代に旅行業を始めたイギリスの実業家トマス・クックが1872年から1873年にかけて旅行客と世界各地をめぐったときの，おおよそのルートと経由した主な都市を，世界地図の一部に示したものである。これを見て，次の問い（1）～（5）に答えよ。(10点)

資料Ⅰ

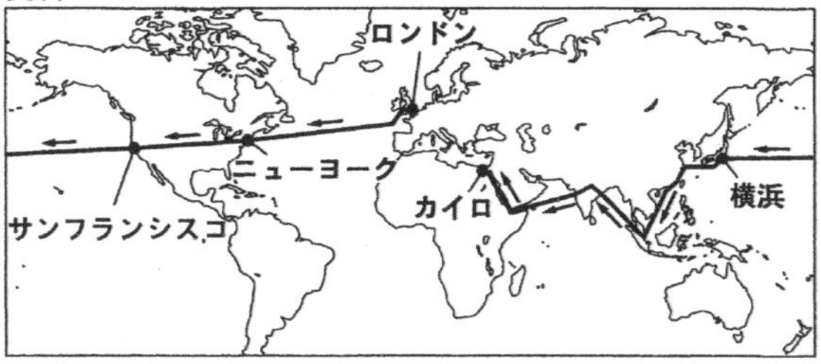

（1） トマス・クックは，**資料**Ⅰ中で示したように，ロンドンを出発してニューヨークにわたった。こうした大陸間の移動が盛んになった背景の一つに，列強の積極的な海外進出があった。次の文章は，トマス・クックが旅行した1870年代頃における列強の海外進出とその影響について書かれたものの一部である。文章中の［A］・［B］に入るものの組み合わせとして最も適当なものを，下の（ア）～（カ）から1つ選べ。
……答の番号【1】

> 1870年代に資本主義が急速に発達してくると，列強が市場を求めて海外に植民地をつくる［A］主義の動きが激しくなり始めた。列強がアジアにも進出する中で，日本も海外への進出を試み，朝鮮と日朝修好条規を結んだ。この条約では，［B］が領事裁判権を持つと定められた。

（ア） A 社会 B 朝鮮のみ　　（イ） A 社会 B 日本のみ
（ウ） A 社会 B 朝鮮と日本の双方　　（エ） A 帝国 B 朝鮮のみ
（オ） A 帝国 B 日本のみ　　（カ） A 帝国 B 朝鮮と日本の双方

（2） トマス・クックは，アメリカ大陸を横断して**資料**Ⅰ中のサンフランシスコで船に乗り，太平洋を通って日本に向かった。太平洋について述べた文として最も適当なものを，次の（ア）～（エ）から1つ選べ。また，トマス・クックが日本に向かったとき，日本では明治政府がさまざまな改革を進めていた。明治政府が行った，地券を発行して土地の所有者に現金で税を納めさせる改革を何というか，**ひらがな6字**で書け。………答の番号【2】

（ア） 大西洋より面積が小さい。　　（イ） インダス川が流れ込む海洋である。
（ウ） 日《ひ》付《づけ》変更線が通っている。　　（エ） 面している国の一つにガーナがある。

（3） トマス・クックは**資料**Ⅰ中の横浜に，冬に到着した。右の**資料**Ⅱは，日本地図の一部に，現在の関東地方の冬の気候に影響を与えるもののうち，内陸部が乾燥する要因となる季節風の向きと，海沿いの地域が比較的暖かくなる要因となる黒潮の向きを，それぞれ模式的に表そうとしているものである。答案用紙の図中の白い矢印（⇨）のうち，関東地方の内陸部が冬に乾燥する要因となる季節風の向きを表すものを**黒く塗り**（➡），答案用紙の図中の点線の矢印（┈>）のうち，関東地方の海沿いの地域が冬に比較的暖かくなる要因となる黒潮の向きを表すものを**実線でなぞり**（⟶），図を完成させよ。………………………………答の番号【3】

資料Ⅱ

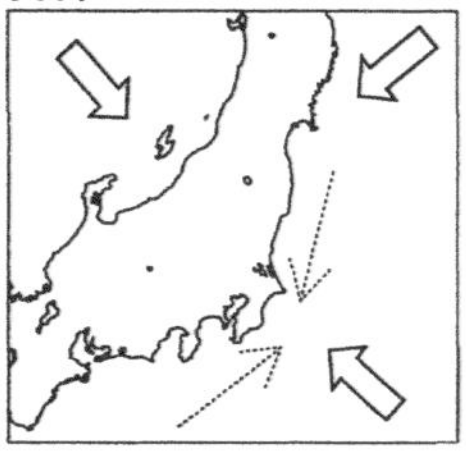

（4） トマス・クックはアジア各地をめぐった後，エジプトに到着し，**資料**Ⅰ中のカイロで旅行客と別れた。右の**資料**Ⅲ中の（ア）～（ウ）はそれぞれ，**資料**Ⅰ中で示したロンドン，ニューヨーク，カイロのいずれかの都市の，現在の雨温図である。**資料**Ⅲ中の（ア）～（ウ）の雨温図を，トマス・クックが旅行したルートに沿って，ロンドン，ニューヨーク，カイロの順に並べかえ，**記号**で書け。また，エジプトは，初めて国際連合の平和維持活動が行われた場所の一つである。国際連合の平和維持活動について書かれた右の文中の［A］・［B］に入るものの組み合わせとして最も適当なものを，次の（カ）～（ケ）から1つ選べ。
…………………………………………………………答の番号【4】

資料Ⅲ

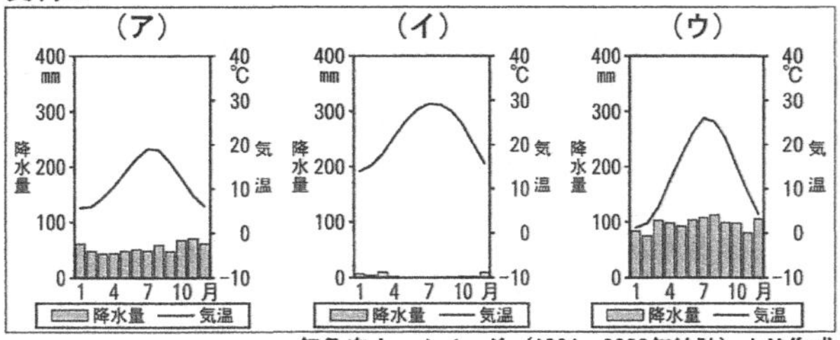

気象庁ホームページ（1991～2020年統計）より作成

> 平和維持活動の略称は［A］であり，日本は［B］に，平和維持活動のために自衛隊を海外へ派遣するようになった。

（カ） A NGO B 1980年代　　（キ） A NGO B 1990年代
（ク） A PKO B 1980年代　　（ケ） A PKO B 1990年代

（5） トマス・クックの事業を継承した株式会社は，1929年に**資料**Ⅰ中で示したいずれかの都市の株式市場で株価が大暴落したことをきっかけに始まった世界的な不況の影響を受けた。その都市はどこか，最も適当なものを，次の**ⅰ群**（ア）～（オ）から1つ選べ。また，株式会社や株主について述べた文として最も適当なものを，下の**ⅱ群**（カ）～（ケ）から1つ選べ。……………………………………………………答の番号【5】

ⅰ群 （ア） ロンドン　（イ） ニューヨーク　（ウ） サンフランシスコ　（エ） 横浜　（オ） カイロ

ⅱ群 （カ） 株式会社は，公企業に分類される。
（キ） 株式会社は，株式を購入した株主から配当を受け取る。
（ク） 株主は，株主総会に出席して経営方針の決定に関わることができる。
（ケ） 株主は，株式会社が倒産すると出資（投資）額を失い，さらに倒産に関わる費用も負担する。

【裏へつづく】

2　右の**資料Ⅰ**は，礼奈さんが，自分の住んでいる徳島県の課題について考察してまとめたものの一部である。これを見て，次の問い（**1**）～（**5**）に答えよ。(10点)

資料Ⅰ

―発見した課題―
①徳島県内における経済の落ち込み

―課題の背景―
②交通網の発達により，大阪市などの大都市へ買い物に行く人が増えた
進学や就職をきっかけに，多くの人が県内から東京都や大阪府などの県外に出る

―課題の解決に向けて―
県内の経済活動を盛んにするために，徳島県の魅力を発信し，県外から観光に来る人や移住する人を増やす

徳島県の魅力の例
・人口10万人あたりの③医師の数が全国１位
・④銅鐸《どうたく》の出土数が全国３位
・世界最大規模の⑤渦潮が見られる

（**1**）　礼奈さんは，下線部①徳島県内における経済について調べる中で，小売業の売場面積に注目した。右の**資料Ⅱ**は，1991年から2016年にかけての，徳島県と全国における小売業の売場面積の推移をそれぞれまとめたものである。**資料Ⅱ**から読み取れることとして適当なものを，次の（**ア**）～（**オ**）から**すべて選べ**。　……**答の番号【6】**

資料Ⅱ

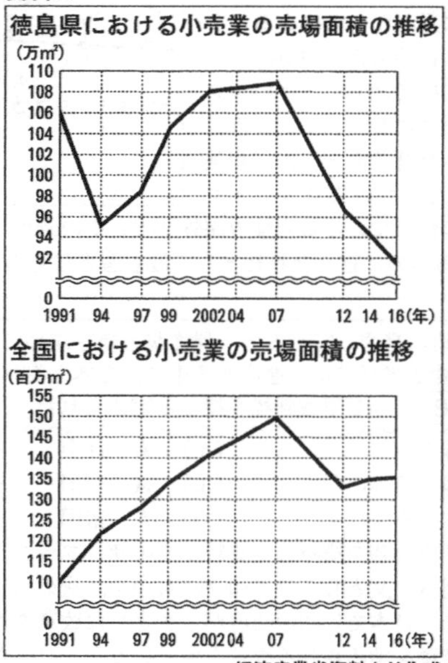

経済産業省資料より作成

（**ア**）　徳島県における小売業の売場面積は，1991年から2007年にかけて，常に100万m²以上である。
（**イ**）　2004年の徳島県における小売業の売場面積と2014年の徳島県における小売業の売場面積の差は，10万m²以上である。
（**ウ**）　1994年の全国における小売業の売場面積は，1991年の全国における小売業の売場面積と比べて増加している。
（**エ**）　徳島県における小売業の売場面積と全国における小売業の売場面積はいずれも，1997年，2002年，2007年のうち，2007年が最も大きい。
（**オ**）　徳島県における小売業の売場面積と全国における小売業の売場面積はいずれも，2016年の方が2012年よりも小さい。

（**2**）　礼奈さんは，下線部②交通網の発達に興味を持ち，徳島県と周辺の都道府県を結ぶ交通網について調べた。右の**資料Ⅲ**は，徳島県とその周辺の都道府県の一部を表した略地図である。**資料Ⅲ**中の◯で囲まれた（**ア**）～（**ウ**）の地域のうち，現在，高速道路が通る橋がかかっている地域として適当なものを**すべて選べ**。また，**資料Ⅲ**中の◯で囲まれた（**ア**）～（**ウ**）の地域のうち，徳島県と兵庫県の県境がある地域として最も適当なものを１つ選べ。　…**答の番号【7】**

資料Ⅲ

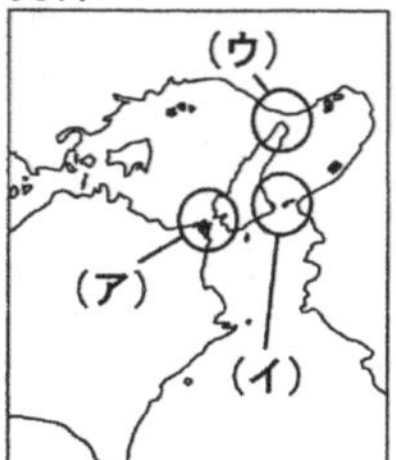

（**3**）　礼奈さんは，下線部③医師の確保について，徳島県議会において議論されていたことを知り，地方議会の仕事に興味を持った。地方議会が行う仕事として最も適当なものを，次の（**ア**）～（**エ**）から１つ選べ。また，礼奈さんは，厚生労働省が医師確保対策を進めていることを知った。内閣のもとで，厚生労働省などの各省庁が分担して国の仕事をする権力は，三権分立の考え方のうち何権にあたるか，**漢字２字**で書け。　………**答の番号【8】**

（**ア**）　条約を締結する。　（**イ**）　条例を制定する。　（**ウ**）　政令を制定する。　（**エ**）　裁判官を任命する。

（**4**）　礼奈さんは，下線部④銅鐸の出土数が上位の５つの都道府県を調べ，右の**資料Ⅳ**を作成した。また，次の文章は，礼奈さんが**資料Ⅳ**を参考にして，銅鐸についてまとめたものの一部である。文章中の［ A ］・［ B ］に入るものの組み合わせとして最も適当なものを，下の**ⅰ群**（**ア**）～（**エ**）から１つ選べ。また，文章中の［ C ］に入る銅鐸の出土数として最も適当なものを，下の**ⅱ群**（**カ**）～（**コ**）から１つ選べ。　………**答の番号【9】**

資料Ⅳ

	出土数（単位：点）
兵庫県	56
島根県	54
徳島県	42
滋賀県	41
和歌山県	41

兵庫県教育委員会資料（平成15年度）より作成

> 銅鐸は，日本で［ A ］に，主に［ B ］として使われた青銅器の一つであるが，出土する地域には偏りが見られる。**資料Ⅳ**中の５つの県のうち，７地方区分における近畿地方の県だけで［ C ］点の銅鐸が出土している。

ⅰ群　（**ア**）　A　縄文時代　B　武器や工具　（**イ**）　A　縄文時代　B　祭りの道具
（**ウ**）　A　弥生時代　B　武器や工具　（**エ**）　A　弥生時代　B　祭りの道具

ⅱ群　（**カ**）　82　（**キ**）　97　（**ク**）　110　（**ケ**）　138　（**コ**）　192

（**5**）　礼奈さんは，下線部⑤渦潮が右の**資料Ⅴ**のように，江戸時代に浮世絵《うきよえ》で描かれていたことを知り，江戸時代の文化に興味を持った。江戸時代の文化について述べた文として適当なものを，次の（**ア**）～（**オ**）から**２つ選べ**。　……………………………………**答の番号【10】**

資料Ⅴ

（**ア**）　京都の北山《きたやま》に金閣《きんかく》が建てられた。
（**イ**）　近松門左衛門《ちかまつもんざえもん》が人形浄瑠璃《じょうるり》の台本を書いた。
（**ウ**）　太陽暦が採用され，１日が24時間，１週間が７日に定められた。
（**エ**）　狩野永徳《かのうえいとく》によって，華やかな色彩の絵がふすまや屏風《びょうぶ》に描かれた。
（**オ**）　仏教などが伝わる前の日本人のものの考え方を明らかにしようとする国学が大成された。

右の**資料Ⅰ**は，正広さんが，フビライ・ハンの生涯における主なできごとについて調べて作成した略年表である。これを見て，次の問い(1)～(5)に答えよ。(10点)

資料Ⅰ

年	主なできごと
1215	①遊牧民の勢力を統一したチンギス・ハンの孫として生まれる
1254	チベットを征服する
1260	モンゴル帝国の皇帝として即位する 朝鮮半島の [X] を従える ②通貨の発行により経済統一を進める
1264	都を移す
1271	支配した中国北部地域に中国風の国名をつける
1272	都の名前を③大都《だいと》と改称する
1274	日本への1度目の遠征を行う
1276	中国の [Y] をほろぼす
1281	日本への2度目の遠征を行う
1287	東南アジア方面への遠征を行う
1294	日本への3度目の遠征を計画している途中で生涯を終える

(1) **資料Ⅰ**中の [X]・[Y] に入る語句の組み合わせとして最も適当なものを，次の **(ア)～(カ)** から1つ選べ。 …**答の番号【11】**

(ア) X 百済《くだら》 Y 元《げん》　**(イ)** X 百済 Y 宋《そう》
(ウ) X 百済《ペクチェ》 Y 明《みん》　**(エ)** X 高麗《こうらい》 Y 元
(オ) X 高麗 Y 宋　**(カ)** X 高麗《コリョ》 Y 明

(2) 正広さんは，下線部①遊牧民について，現在もモンゴルで右の**写真**のようなゲルと呼ばれる住居に暮らして遊牧をしている人がいることを知った。遊牧について述べた文として最も適当なものを，次の**ⅰ群 (ア)～(エ)** から1つ選べ。また，正広さんは，戦乱の続いた春秋・戦国時代の末にも遊牧民が中国に進出していたことを知った。この頃に中国を統一し，遊牧民の侵入を防ぐために万里の長城を築いた人物として最も適当なものを，下の**ⅱ群 (カ)～(ケ)** から1つ選べ。 ……………………**答の番号【12】**

写真

ⅰ群
(ア) 草や水を求めて移動しながら，家畜を飼育している。
(イ) 牧草などの飼料を栽培し，乳牛の飼育を行っている。
(ウ) 土地の養分のバランスを保つために，年ごとに異なる作物を育てている。
(エ) 数年ごとに移動しながら，森林などを燃やした灰を肥料として利用し，作物を育てている。

ⅱ群 **(カ)** 袁世凱《えんせいがい》　**(キ)** 孔子《こうし》　**(ク)** 始皇帝《しこうてい》　**(ケ)** 溥儀《ふぎ》

(3) 正広さんは，下線部②通貨の発行が，現在の日本では日本銀行によって行われていることを知り，日本銀行について調べた。右の**資料Ⅱ**は，日本銀行が行う金融政策を，正広さんが模式的に表したものである。また，次の文章は，正広さんが**資料Ⅱ**を参考にして，不景気のときの金融政策についてまとめたものであり，文章中の [　　] に，下の **(ア)～(シ)** の語句から**4つ**選び，それらを並べかえてできた表現を入れると文章が完成する。[　　] に適切な表現が入るように，**(ア)～(シ)** の語句から**4つ**選び，それらを並べかえ，**記号**で書け。なお，[　　] に入る適切な表現は複数あるが，答案用紙には一通りだけ書くこと。 ………………………………**答の番号【13】**

資料Ⅱ

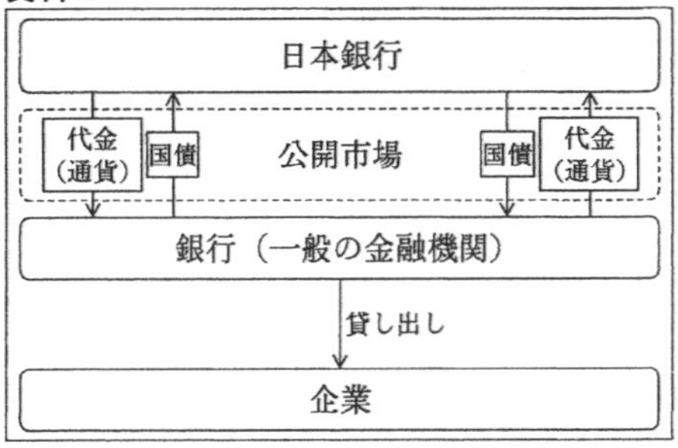

> 不景気のときは，日本銀行が [　　]，企業にとってお金が借りやすい状況になる。このため，企業の生産活動が活発になり，景気の安定化がはかられると考えられる。

(ア) 企業は　**(イ)** 企業から　**(ウ)** 公開市場で
(エ) 公開市場に　**(オ)** 支払いを受けた　**(カ)** 貸し出しを受けた
(キ) 国債を売ることで　**(ク)** 国債を買うことで　**(ケ)** 保有する資金の量が増えて
(コ) 保有する資金の量が減って　**(サ)** 銀行（一般の金融機関）は　**(シ)** 銀行（一般の金融機関）から

(4) 正広さんは，下線部③大都が現在の中国における首都の北京《ペキン》であり，北京では経済が発展してきたことを知った。右の文は，正広さんが，現在の中国における経済発展についてまとめたものの一部である。文中の [　　] に入るものとして最も適当なものを，次の**ⅰ群 (ア)～(エ)** から1つ選べ。また，正広さんは，日本において中国の都を手本に平城京がつくられたことを知った。平城京について述べた文として最も適当なものを，下の**ⅱ群 (カ)～(ケ)** から1つ選べ。 …**答の番号【14】**

> 中国では経済が発展していく中で，沿岸部と内陸部の格差が拡大し，深《シェン》圳《チェン》のような [　　] へと出かせぎに行く人が多くなっていった。

ⅰ群 **(ア)** 沿岸部の都市　**(イ)** 沿岸部の農村　**(ウ)** 内陸部の都市　**(エ)** 内陸部の農村
ⅱ群 **(カ)** 金剛峯寺《こんごうぶじ》が建てられた。　**(キ)** 日本で初めての本格的な都であった。
(ク) 住人は約100万人であった。　**(ケ)** 市が設けられて各地の産物が売買された。

(5) 右の文章は，正広さんが，フビライ・ハンの生きていた時代についてまとめたものの一部である。**資料Ⅰ**を参考にして，文章中の [A] に入る**数字**を書け。また，文章中の [B]・[C] に入るものの組み合わせとして最も適当なものを，次の **(ア)～(エ)** から1つ選べ。 ……………………………**答の番号【15】**

> フビライ・ハンが生きていたのは [A] 世紀にあたる。この世紀にモンゴル帝国はアジアから [B] まで領土を広げ，支配した。モンゴル帝国のもとでは，地域間の文化の交流が [C]。

(ア) B 北アフリカ C 閉ざされた　**(イ)** B 北アフリカ C 盛んに行われた
(ウ) B 東ヨーロッパ C 閉ざされた　**(エ)** B 東ヨーロッパ C 盛んに行われた

【裏へつづく】

4　右の会話は，社会科の授業で「起業プランを発表しよう」というテーマのペアワークに取り組んでいる際に，健さんと剛さんが交わしたものの一部である。これを見て，次の問い（１）～（５）に答えよ。(10点)

健　地元の①農作物のおいしさを知ってもらうために，レストランを開くという起業プランを発表するのはどうかな。

剛　いいね。今は国の②経済政策の一つとして，起業を支援する制度があるらしいよ。

健　それを利用できないかな。起業後はさまざまな③税金を納める必要があるみたいだね。起業すると多額のお金を扱うから，リスクもあるね。

剛　だからこそ，支援のしくみがあるんだね。起業することは，④日本国憲法が保障する経済活動の自由にあてはまり，中学生でも起業ができるんだって。できる限り現実的なプランを発表しよう。

（１）　健さんは，下線部①農作物の価格の変動について調べた。右の**資料Ⅰ**は，自由な競争が行われている市場において，ある農作物の価格と需要・供給の関係を模式的に表したものである。**資料Ⅰ**について説明した次の文中の A ・ B に入るものの組み合わせとして最も適当なものを，下の**（ア）～（エ）**から１つ選べ。また，農作物の栽培について，例えば，夏が旬の農作物を，時期を早めて冬から春のうちに出荷できるように栽培することがある。このような，出荷時期を早める工夫をした栽培方法を何栽培というか，**ひらがな４字**で書け。　…**答の番号【16】**

資料Ⅰ

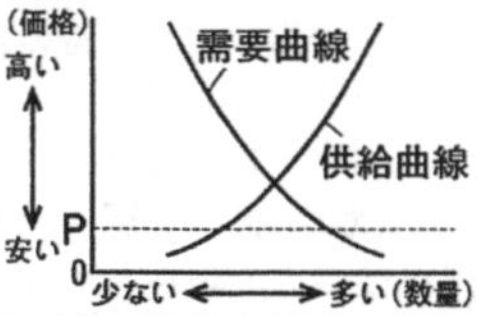

> 需要・供給の関係から，価格がPのとき，この農作物は希少性が高く，価格が A いき，市場における B が増えていくと考えられる。

（ア）　A　上がって　　B　供給量　　**（イ）**　A　上がって　　B　需要量
（ウ）　A　下がって　　B　供給量　　**（エ）**　A　下がって　　B　需要量

（２）　剛さんは，下線部②経済政策について，これまで日本でさまざまな経済政策が行われてきたことに興味を持った。次の**（ア）～（エ）**は，日本で行われた経済政策について述べた文である。**（ア）～（エ）**を古いものから順に並べかえ，**記号**で書け。　……………………………………**答の番号【17】**

（ア）　御家人を救うために，幕府が永仁《えいにん》の徳政令を出した。
（イ）　財政を立て直すために，田沼意次《たぬまおきつぐ》が銅や俵物の輸出を盛んにした。
（ウ）　大名や豪商に海外への渡航を許す朱印状を幕府が与え，朱印船貿易が行われた。
（エ）　商工業者に自由な活動を行わせるために，織田信長《おだのぶなが》が安土《あづち》において市場での税を免除した。

（３）　健さんは，下線部③税金のうち，所得税について調べた。現在の日本では，所得税は，所得が高い人ほど，所得に占める税金の割合（税率）が高くなる。このようなしくみで課税されることを何課税というか，**ひらがな４字**で書け。また，税金は貿易における輸入品にも課せられるが，ＥＵ（ヨーロッパ連合）は，加盟国間の貿易において輸入品に課せられる税金をなくし，経済活動を活発にしている。右の**資料Ⅱ**は，2019年におけるＥＵ，日本，アメリカの国内総生産を示したものであり，**（ア）～（ウ）**はそれぞれ，ＥＵ，日本，アメリカのいずれかである。このうち，ＥＵにあたるものを，**（ア）～（ウ）**から１つ選べ。ただし，ＥＵの国内総生産は，2019年時点の，イギリスを除く加盟国の合計を示したものである。　…**答の番号【18】**

資料Ⅱ
国内総生産（2019年）

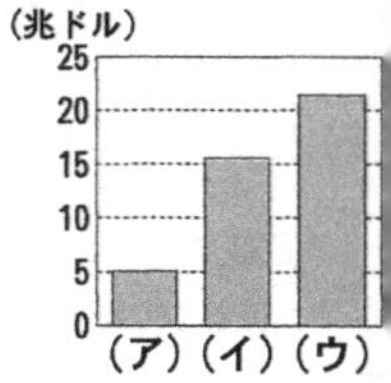

「世界国勢図会2021/22」より作成

（４）　剛さんは，下線部④日本国憲法について調べた。日本国憲法について述べた文として適当なものを，次の**（ア）～（オ）**から**２つ**選べ。　……………………………**答の番号【19】**

（ア）　君主権の強いドイツの憲法をもとにつくられた。
（イ）　裁判を受ける権利を含む社会権を保障している。
（ウ）　国民は自由や権利を公共の福祉のために利用する責任があると定められている。
（エ）　日本政府が作成した案が，議会での審議を経ずに日本国憲法として公布された。
（オ）　法の下の平等を定めており，日本国憲法の制定にともない，民法が改正されて新たな家族制度ができた。

（５）　健さんと剛さんは，起業について調べ，右の**資料Ⅲ**を作成した。**資料Ⅲ**は，起業と起業意識に関する2022年度の調査結果をまとめたものであり，**資料Ⅲ**中の「起業家」は起業した人を指し，「起業関心層」，「起業無関心層」は，起業していない人のうち，起業に関心がある人とない人をそれぞれ指している。**資料Ⅲ**から読み取れることとして最も適当なものを，次の**（ア）～（エ）**から１つ選べ。　……**答の番号【20】**

資料Ⅲ

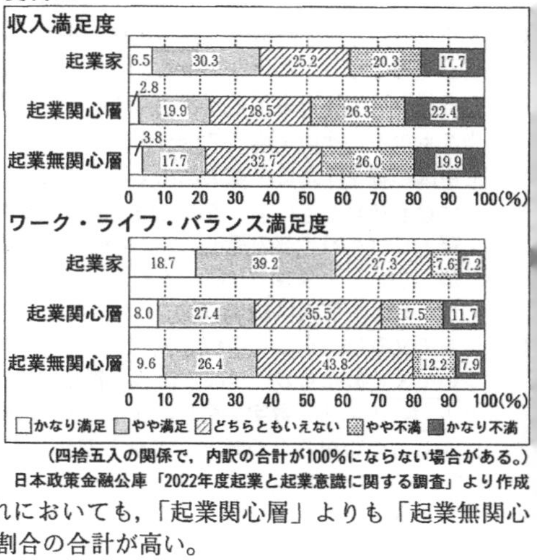

（四捨五入の関係で，内訳の合計が100％にならない場合がある。）
日本政策金融公庫「2022年度起業と起業意識に関する調査」より作成

（ア）　収入満足度において，「起業家」は，「やや不満」，「かなり不満」と回答した人の割合の合計が30％以下である。
（イ）　ワーク・ライフ・バランス満足度において，「起業関心層」は，「かなり満足」，「やや満足」と回答した人の割合の合計よりも，「やや不満」，「かなり不満」と回答した人の割合の合計の方が高い。
（ウ）　「起業家」は，収入満足度よりもワーク・ライフ・バランス満足度の方が，「かなり満足」，「やや満足」と回答した人の割合の合計が高い。
（エ）　収入満足度とワーク・ライフ・バランス満足度のいずれにおいても，「起業関心層」よりも「起業無関心層」の方が，「かなり満足」，「やや満足」と回答した人の割合の合計が高い。

令和６年度　京都府公立高等学校入学者選抜

中期選抜学力検査

検査４　理　　科

（40分）

解答上の注意

1　「始め」の指示があるまで，問題を見てはいけません。
2　問題は，この冊子の中の**１～４ページ**にあります。
3　答案用紙には，**受付番号**を記入しなさい。氏名を書いてはいけません。
4　答案用紙の**答の欄**に答えを記入しなさい。採点欄に記入してはいけません。
5　答えを記入するときは，それぞれの問題に示してある**【答の番号】**と，答案用紙の**【答の番号】**とが一致するように注意しなさい。
6　答えを記号で選ぶときは，答案用紙の**答の欄**の当てはまる記号を○で囲みなさい。答えを訂正するときは，もとの○をきれいに消すか，それに╳をつけなさい。
7　答えを記述するときは，丁寧に書きなさい。
8　**字数制限がある場合は，句読点や符号なども１字に数えなさい。**
9　答えの書き方について，次の**解答例**を見て間違いのないようにしなさい。

解答例

1　火曜日の翌日は何曜日か，**漢字１字**で書け。
……………………………**答の番号【１】**

2　次の（**ア**）～（**ウ**）の数を値の小さいものから順に並べかえ，**記号**で書け。　…………………**答の番号【２】**
（**ア**）　7　　（**イ**）　5　　（**ウ**）　3

3　次の問い（**１**）・（**２**）に答えよ。
（**１**）　「京」の総画数として最も適当なものを，次の（**ア**）～（**ウ**）から１つ選べ。　……**答の番号【３】**
（**ア**）　７画　　（**イ**）　８画　　（**ウ**）　９画
（**２**）　次の（**ア**）～（**オ**）のうち，奇数を**すべて**選べ。
…………………………**答の番号【４】**
（**ア**）　1　　（**イ**）　2　　（**ウ**）　3
（**エ**）　4　　（**オ**）　5

問題番号		答の番号	答　の　欄	採点欄
1		【１】	水　曜日	【1】
2		【２】	(ウ)→(イ)→(ア)	【2】
3	（１）	【３】	ア　㋑　ウ	【3】
	（２）	【４】	㋐ イ ㋒ エ ㋔	【4】

検査	受付番号	得点
4	1 2 3 4 5 6	

このページに問題は印刷されていません

1 次の**ノート**は，舞さんが呼吸に関してまとめたものの一部である。これについて，下の問い（**1**）～（**3**）に答えよ。（6点）

> **ノート**
>
> 生物の体は①細胞でできており，細胞は生きていくために必要なエネルギーを細胞呼吸（細胞の呼吸）によって得ている。ヒトの場合，細胞呼吸（細胞の呼吸）でできた二酸化炭素は，血液にとけこんで肺まで運ばれ，気管支の先端のうすい膜でできた［　　　］という袋の中に出され，②息をはくときに体外に排出される。

（**1**） 下線部①細胞について，次の（**ア**）～（**エ**）のうち，植物の細胞と動物の細胞に共通して見られるものとして適当なものを**すべて選べ**。……………………………………………………………………**答の番号【1】**

（**ア**） 核　（**イ**） 葉緑体　（**ウ**） 細胞膜　（**エ**） 細胞壁

（**2**） **ノート**中の［　　　］に入る最も適当な語句を，**ひらがな4字**で書け。また，下線部②息について，右の表は舞さんが，ヒトの吸う息とはく息にふくまれる気体の体積の割合をまとめたものであり，**A**～**C**はそれぞれ，二酸化炭素，酸素，窒素のいずれかである。表中の**A**～**C**にあたるものの組み合わせとして最も適当なものを，次の（**ア**）～（**カ**）から1つ選べ。……………………………**答の番号【2】**

	吸う息	はく息
A	78.34 %	74.31 %
B	20.80 %	15.23 %
C	0.04 %	4.24 %
その他	0.82 %	6.22 %

（**ア**） **A** 二酸化炭素　**B** 酸素　**C** 窒素
（**イ**） **A** 二酸化炭素　**B** 窒素　**C** 酸素
（**ウ**） **A** 酸素　**B** 二酸化炭素　**C** 窒素
（**エ**） **A** 酸素　**B** 窒素　**C** 二酸化炭素
（**オ**） **A** 窒素　**B** 二酸化炭素　**C** 酸素
（**カ**） **A** 窒素　**B** 酸素　**C** 二酸化炭素

（**3**） 右の文は，ヒトが息を吸うしくみについて舞さんがまとめたものである。文中の［　**X**　］・［　**Y**　］に入る表現の組み合わせとして最も適当なものを，次の（**ア**）～（**エ**）から1つ選べ。……………………………**答の番号【3】**

> 横隔膜が［　**X**　］とともに，胸の筋肉のはたらきでろっ骨が［　**Y**　］ことで，肺が広がって息が吸いこまれる。

（**ア**） **X** 上がる　**Y** 上がる　（**イ**） **X** 上がる　**Y** 下がる
（**ウ**） **X** 下がる　**Y** 上がる　（**エ**） **X** 下がる　**Y** 下がる

2 右の表は，太郎さんが，水とエタノールの密度をまとめたものである。また，太郎さんは，水とエタノールの混合物を用いて，次の**〈実験〉**を行った。これについて，下の問い（**1**）・（**2**）に答えよ。ただし，体積と質量の測定は，室温，物質の温度ともに20℃の状態で行ったものとする。（4点）

	密度〔g/cm^3〕20℃のときの値
水	1.00
エタノール	0.79

> **〈実験〉**
>
> **操作①**　水とエタノールの混合物30 cm^3を枝つきフラスコに入れる。
>
> **操作②**　試験管を3本用意する。右の図のような装置で，水とエタノールの混合物を弱火で加熱し，ガラス管から出てくる気体を氷水で冷やし，液体にして1本目の試験管に集める。
>
> **操作③**　液体が約3 cm^3たまったら，次の試験管にとりかえる。この操作を3本目の試験管に液体がたまるまで続け，液体を集めた順に試験管**A**，**B**，**C**とする。
>
> **操作④**　メスシリンダーを電子てんびんにのせ，表示の数字を0にする。
>
> **操作⑤**　**操作④**のメスシリンダーに，試験管**A**に集めた液体を2.0 cm^3入れ，質量を測定する。
>
> 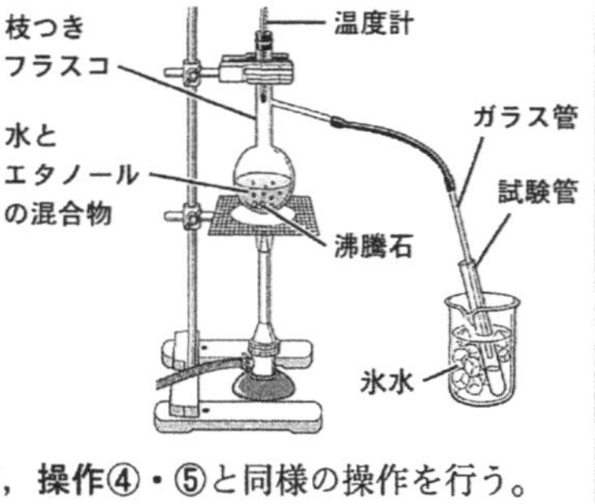
>
>
> **操作⑥**　試験管**B**・**C**についても，それぞれ別のメスシリンダーを用いて，**操作④**・**⑤**と同様の操作を行う。
>
> **【結果】**　**操作④**～**⑥**の結果，集めた液体2.0 cm^3の質量は，試験管**A**では1.62 g，試験管**B**では1.68 g，試験管**C**では1.86 gであった。

（**1**） 次の文は，太郎さんが**〈実験〉**の試験管**A**と試験管**C**について書いたものである。表を参考にして，文中の［　　　］に入る適当な表現を，**6字以内**で書け。……………………………**答の番号【4】**

> 集めた液体2.0 cm^3の質量が，試験管**C**より試験管**A**の方が小さいのは，試験管**A**の液体は試験管**C**の液体と比べてエタノールの［　　　］ためであると考えられる。

下書き用　□□□□□□（6）

（**2**） 次の文章は，太郎さんが，水とエタノールの混合物の密度についてまとめたものである。表を参考にして，文章中の［　**X**　］に共通して入る密度は何 g/cm^3 か，小数第3位を四捨五入し，**小数第2位まで**求めよ。……………………………**答の番号【5】**

> 水17.0 cm^3とエタノール3.0 cm^3を混合した液体の体積が，20.0 cm^3であるとすると，混合物の密度は［　**X**　］であると考えられる。実際には，水とエタノールを混合すると混合物の体積は，混合前のそれぞれの体積の合計より小さくなる。このため，実際の混合物の密度は［　**X**　］より大きいと考えられる。

【裏へつづく】

3　脊椎動物は，魚類，鳥類，は虫類，哺乳類，両生類の５つのグループに分類することができる。次の表は，優さんが脊椎動物の５つのグループについて，子の生まれ方と，体の表面のようすをまとめたものであり，**A**～**D**はそれぞれ，鳥類，は虫類，哺乳類，両生類のいずれかである。これについて，下の問い（１）・（２）に答えよ。（４点）

	魚類	A	B	C	D
子の生まれ方	卵生	胎生	卵生	卵生	卵生
体の表面のようす	うろこでおおわれている。	体毛（やわらかい毛）でおおわれている。	湿った皮ふでおおわれている。	うろこでおおわれている。	羽毛でおおわれている。

（１）　表中の**A**・**B**にあたるものとして最も適当なものを，次の**ⅰ群（ア）**～**（エ）**からそれぞれ１つずつ選べ。また，表中の**C**にあたるものの特徴について述べた文として最も適当なものを，下の**ⅱ群（カ）**・**（キ）**から１つ選べ。
……………………………………………………………………………………………………**答の番号【６】**

ⅰ群　**（ア）**　鳥類　　**（イ）**　は虫類　　**（ウ）**　哺乳類　　**（エ）**　両生類

ⅱ群　**（カ）**　一生を通して肺で呼吸する。

（キ）　子はえらと皮ふで呼吸し，親（おとな）は肺と皮ふで呼吸する。

（２）　優さんは，動物の体が生活に応じたつくりになっていることを知り，草食動物の体のつくりについて調べた。草食動物であるシマウマの目のつき方や歯の特徴に関して述べた文として最も適当なものを，目のつき方の特徴については次の**ⅰ群（ア）**・**（イ）**から，歯の特徴については下の**ⅱ群（カ）**～**（ク）**からそれぞれ１つずつ選べ。
……………………………………………………………………………………………………**答の番号【７】**

ⅰ群　**（ア）**　目が顔の側面についており，広い範囲を見はるのに適している。

（イ）　目が顔の正面についており，他の動物との距離をはかるのに適している。

ⅱ群　**（カ）**　臼歯と犬歯が発達している。

（キ）　犬歯と門歯が発達している。

（ク）　門歯と臼歯が発達している。

4　次の**ノート**は，鉄と硫黄を用いて行った実験についてまとめたものの一部である。これについて，下の問い（１）～（３）に答えよ。（６点）

ノート

試験管**A**・**B**を用意した。鉄粉 2.1 g と硫黄の粉末 1.2 g をよく混ぜ，この混合物の約４分の１を試験管**A**に入れ，残りを試験管**B**に入れた。次に，右の図のように，試験管**B**中の混合物の上部を加熱した。混合物の上部が赤くなり，化学変化が始まったところで加熱をやめたが，加熱をやめても化学変化が続き，①黒い物質ができた。加熱後も化学変化が続いたのは，鉄と硫黄が結びつく化学変化にともなって熱が発生したためである。試験管**B**の温度が十分に下がってから，試験管**A**・**B**のそれぞれに磁石を近づけると，［　　　］中の物質は磁石に引きつけられたが，もう一方の試験管中の物質は磁石に引きつけられなかった。また，試験管**A**・**B**から物質をそれぞれ少量とり出し，うすい塩酸をそれぞれ数滴加えると，試験管**B**からとり出した物質から②においのある気体が発生した。

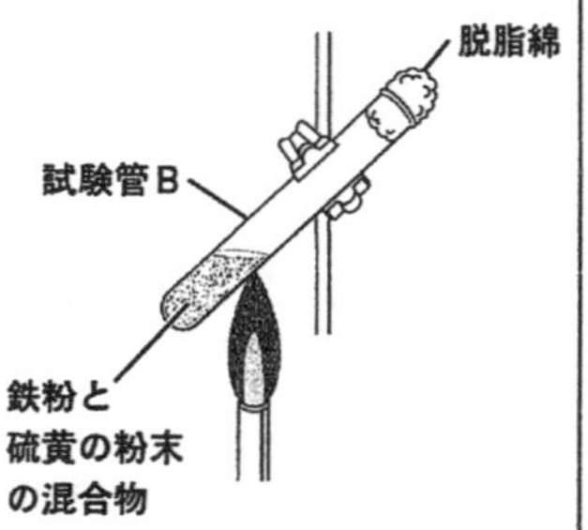

（１）　下線部①黒い物質について，鉄と硫黄の化学変化によってできた黒い物質を化学式で表したものとして最も適当なものを，次の**（ア）**～**（エ）**から１つ選べ。　………………………………………**答の番号【８】**

（ア）　CuS　　**（イ）**　FeS　　**（ウ）**　$CuSO_4$　　**（エ）**　$FeSO_4$

（２）　**ノート**中の［　　　］に入る語句として最も適当なものを，次の**ⅰ群（ア）**・**（イ）**から１つ選べ。また，下線部②においのある気体について，試験管**B**からとり出した加熱後の黒い物質に塩酸を加えたときに発生した気体として最も適当なものを，下の**ⅱ群（カ）**～**（ク）**から１つ選べ。ただし，試験管**B**中の鉄と硫黄はすべて反応したものとする。　…………………………………………………………………………………**答の番号【９】**

ⅰ群　**（ア）**　試験管A　　**（イ）**　試験管B

ⅱ群　**（カ）**　アンモニア　　**（キ）**　硫化水素　　**（ク）**　水素

（３）　右の文章は，化学変化にともなう熱の出入りについてまとめたものの一部である。文章中の［　X　］に入る表現として最も適当なものを，次の**（ア）**～**（ウ）**から１つ選べ。また，［　Y　］に入る最も適当な語句を，**ひらがな５字**で書け。　…………**答の番号【10】**

（ア）　酸化カルシウムに水を加える

（イ）　塩化アンモニウムと水酸化バリウムを混ぜる

（ウ）　炭酸水素ナトリウム水溶液にクエン酸を加える

一般に，化学変化が進むと熱が出入りする。化学変化にともなって熱を発生したために，まわりの温度が上がる反応を発熱反応という。［　X　］ことで起こる反応も発熱反応の一つである。

一方，化学変化にともなって周囲から熱を奪ったために，まわりの温度が下がる反応を［　Y　］反応という。

5　モノコードとオシロスコープを用いて，次の〈実験〉を行った。これについて，下の問い（1）・（2）に答えよ。（4点）

〈実験〉
操作①　右のⅠ図のように，モノコードに弦をはる。また，オシロスコープの画面を横軸が時間，縦軸が振幅を表すように設定する。
操作②　弦をはじいて出る音をオシロスコープで観察し，表示された波形を記録する。
操作③　弦をはる強さと弦をはじく強さをそれぞれ変えて，弦をはじいて出る音をオシロスコープで観察し，表示された波形を記録する。

Ⅰ図

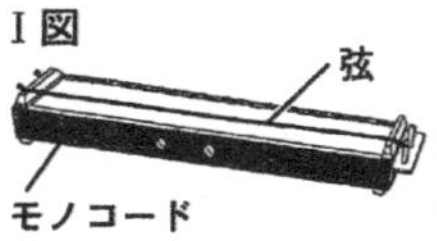

【結果】　**操作②**では，右のⅡ図の波形を記録した。また，**操作③**では，右のⅢ図の波形を記録した。ただし，Ⅱ図とⅢ図の横軸の1目盛りが表す大きさは等しいものとし，Ⅱ図とⅢ図の縦軸の1目盛りが表す大きさは等しいものとする。

Ⅱ図

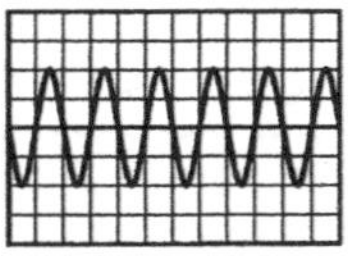

Ⅲ図

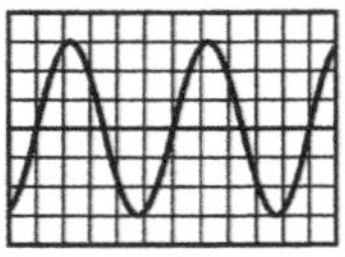

（1）　下線部弦をはる強さと弦をはじく強さについて，**【結果】**から考えて，**操作③**では**操作②**と比べて弦をはる強さと弦をはじく強さをそれぞれどのように変えたと考えられるか，最も適当なものを，次の（ア）～（エ）から1つ選べ。……………………………………………………………………………答の番号【11】
（ア）　弦のはりを弱くし，弦を弱くはじいた。　（イ）　弦のはりを弱くし，弦を強くはじいた。
（ウ）　弦のはりを強くし，弦を弱くはじいた。　（エ）　弦のはりを強くし，弦を強くはじいた。

（2）　**操作②**で観察した音の振動は1秒間に500回であった。このことと，Ⅱ図から考えて，Ⅱ図の横軸の1目盛りが表す時間の長さは何秒であるか，最も適当なものを，次の（ア）～（エ）から1つ選べ。また，**【結果】**から考えて，**操作③**で観察した音の振動数は何Hzか求めよ。……………………………………答の番号【12】
（ア）　0.0004秒　（イ）　0.001秒　（ウ）　0.002秒　（エ）　0.004秒

6　まっすぐなレール上を動く，球の運動のようすを調べた。これについて，次の問い（1）～（3）に答えよ。ただし，球にはたらく摩擦力や空気の抵抗は考えないものとし，球がレールから離れることはないものとする。また，レールは十分な長さがあるものとする。（6点）

（1）　水平に置いたレール上を球が一方向に動いているようすの0.2秒間隔のストロボ写真を撮影した。右のⅠ表は，撮影を始めてからの時間と，撮影を始めたときの球の位置から球がレール上を動いた距離を，撮影した写真から読みとってまとめたものの一部である。Ⅰ表から考えて，撮影を始めたときの球の位置から球がレール上を動いた距離が84.0 cmになったのは，撮影を始めてからの時間が何秒のときか求めよ。…………………………答の番号【13】

Ⅰ表

撮影を始めてからの時間〔s〕	0.2	0.4	0.6	0.8
撮影を始めたときの球の位置から球がレール上を動いた距離〔cm〕	5.6	11.2	16.8	22.4

（2）　レールの下に木片を置いて斜面の角度を一定にし，レール上に球を置いて手で支え，静止させた。右の図は，手を静かに離し，球がレール上を動き始めたのと同時に，0.1秒間隔のストロボ写真を撮影したものを，模式的に表したものである。右のⅡ表は，球が動き始めてからの時間と，球が静止していた位置からレール上を動いた距離を，撮影した写真から読みとってまとめたものの一部である。また，次の文章は，Ⅱ表からわかることをまとめたものの一部である。文章中の X ・ Y に入る距離はそれぞれ何cmか求めよ。
……………………答の番号【14】

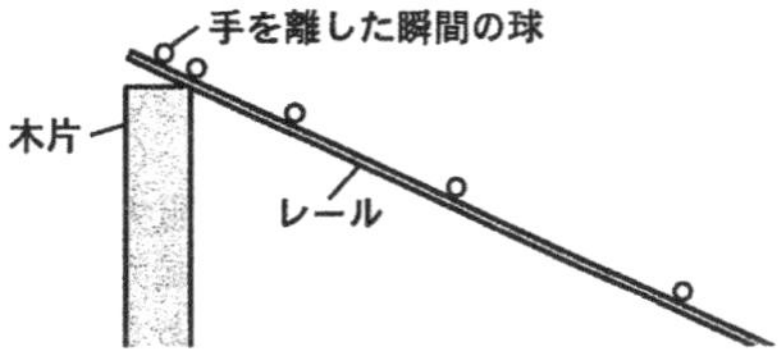

Ⅱ表

球が動き始めてからの時間〔s〕	0.1	0.2	0.3	0.4
球が静止していた位置からレール上を動いた距離〔cm〕	2.0	8.0	18.0	32.0

0.1秒ごとの球の移動距離は，一定の割合で増えていることが読みとれる。球が動き始めてからの時間が0.2秒から0.3秒の間での球の移動距離は，球が動き始めてからの時間が0.1秒から0.2秒の間での球の移動距離より X 大きい。また，球が動き始めてからの時間が0.5秒における，球が静止していた位置からレール上を動いた距離は Y であると考えられる。

（3）　斜面の角度を変えて，同じ球がレール上を下る運動のようすを考える。斜面の角度が20°のレール上を球が下る運動と比べて，斜面の角度を25°にしたレール上を球が下る運動がどのようになるかについて述べた文として**適当でないもの**を，次の（ア）～（エ）から1つ選べ。…………………………答の番号【15】
（ア）　球にはたらく斜面からの垂直抗力は大きくなる。
（イ）　球にはたらく重力の斜面に平行な分力は大きくなる。
（ウ）　球が動き始めてからの時間が0.1秒における球の瞬間の速さは大きくなる。
（エ）　球が動き始めてから1.0秒後から2.0秒後までの1.0秒間における球の平均の速さは大きくなる。

【裏へつづく】

7　次の会話は，ある年の3月6日に，京都市にすむ花子さんが先生と交わしたものの一部である。これについて，下の問い（1）～（5）に答えよ。(10点)

花子　昨日は，昼前に降り始めた雨が15時ごろにやんでから，急に気温が下がりましたね。
先生　昨日の京都市の気温は表のようでした。表では，15時と18時の気温差が最も大きいですね。①風向は南よりから北よりに変わりました。
花子　前線の動きが関係していそうですね。今日は，昨日とちがって晴れていますね。
先生　そうですね。今日は，②太陽が沈んだばかりの空に，③よいの明星が見えると考えられます。
花子　そうなんですね。観察してみようと思います。

時刻〔時〕	気温〔℃〕
9	13.8
12	14.9
15	15.6
18	10.1
21	9.3

（1）　3月5日の9時と18時の日本付近における前線の位置をそれぞれ模式的に表した図の組み合わせは，次の（ア）～（エ）のいずれかである。会話と表から考えて，（ア）～（エ）のうち，3月5日の9時と18時の日本付近における前線の位置をそれぞれ模式的に表した図の組み合わせとして，最も適当なものを1つ選べ。
……答の番号【16】

（ア）
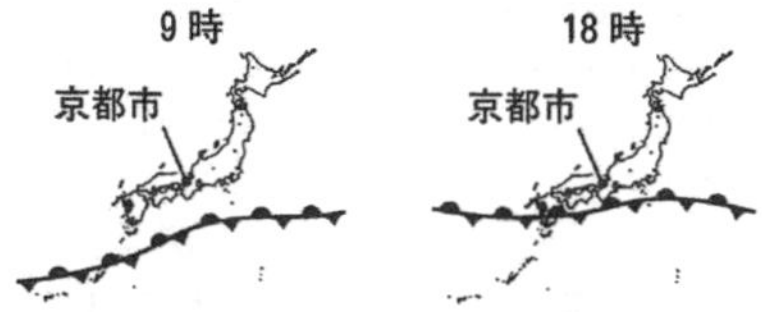

（イ）

（ウ）

（エ）

（2）　下線部①風向には気圧配置が関係している。右のⅠ図は，高気圧と低気圧の気圧配置を模式的に表したものであり，曲線は等圧線を表している。Ⅰ図のような気圧配置のとき，地点**A**～**D**のうち，風が最も強くふくと考えられる地点として適当なものを1つ選べ。また，次の文は，花子さんが北半球における高気圧の地表付近の風向についてまとめたものである。文中の□に入る表現として最も適当なものを，下の（ア）～（エ）から1つ選べ。
……答の番号【17】

Ⅰ図
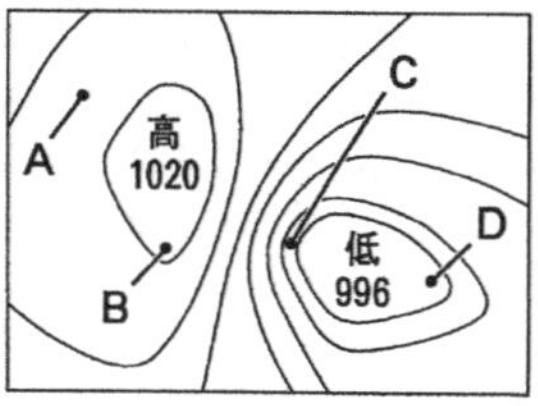

北半球では，高気圧の□ように風がふく。

（ア）　中心に向かって時計回りにふきこむ　（イ）　中心に向かって反時計回りにふきこむ
（ウ）　中心から時計回りにふき出す　（エ）　中心から反時計回りにふき出す

（3）　右のⅡ図は，天気は晴れ，風向は西南西，風力は2を，天気図に用いる記号で表そうとした途中のものであり，風向・風力をかきこむと完成する。答案用紙の図中に，風向は西南西，風力は2であることを表す天気図に用いる記号を**実線**（━━）でかいて示せ。ただし，図中の点線（------）は16方位を表している。……答の番号【18】

Ⅱ図
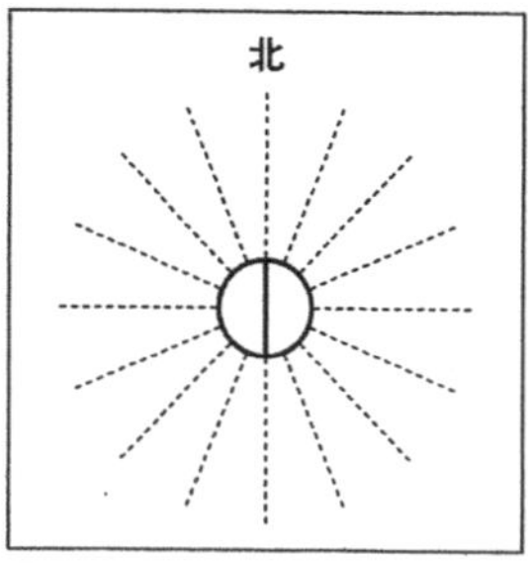

（4）　下線部②太陽について，次の文章は，花子さんが地球の動きと太陽の動きについてまとめたものである。文章中の X に共通して入る最も適当な語句を，**ひらがな3字**で書け。また，太陽が真東からのぼり，真西に沈む日において，太陽の南中高度が90°である地点として最も適当なものを，下の（ア）～（エ）から1つ選べ。……答の番号【19】

地球は X を中心に自転しながら太陽のまわりを公転している。太陽の南中高度が季節によって変化するのは，公転面に立てた垂線に対して地球の X が23.4°傾いているためである。

（ア）　赤道上の地点　（イ）　北緯23.4°の地点　（ウ）　北緯35.0°の地点　（エ）　北緯66.6°の地点

（5）　下線部③よいの明星について，花子さんは3月6日の夕方に天体望遠鏡で金星を観察した。右のⅢ図は，花子さんが天体望遠鏡で観察した像の上下左右を，肉眼で観察したときの向きに直した金星の見え方を示したものである。また，右のⅣ図は，地球の北極側から見たときの太陽，地球および金星の位置関係を模式的に表したものである。3月6日の夕方に地球がⅣ図中で示された位置にあるとき，Ⅲ図から考えて，花子さんが観察した金星の位置として最も適当なものを，Ⅳ図中の**P**～**R**から1つ選べ。……答の番号【20】

Ⅲ図

Ⅳ図
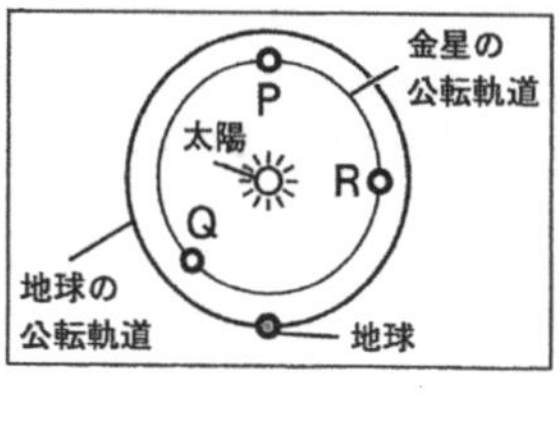

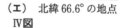

令和6年度　京都府公立高等学校入学者選抜

中期選抜学力検査

検査5　英　　語

(40分)

解答上の注意

1　「始め」の指示があるまで，問題を見てはいけません。
2　**問題1・2（検査5−1）（筆記）**は，この冊子の中の**1〜3ページ**にあります。
3　**問題3・4・5（検査5−2）（リスニング）**は，**検査5−1の終了後**に配布されます。
4　答案用紙には，**受付番号**を記入しなさい。氏名を書いてはいけません。
5　答案用紙の**答の欄**に答えを記入しなさい。採点欄に記入してはいけません。
6　答えを記入するときは，それぞれの問題に示してある**【答の番号】**と，答案用紙の**【答の番号】**とが一致するように注意しなさい。
7　答えを記号で選ぶときは，答案用紙の**答の欄**の当てはまる記号を〇で囲みなさい。答えを訂正するときは，もとの〇をきれいに消すか，それに✕をつけなさい。
8　答えを記述するときは，丁寧に書きなさい。
9　**英語で書くときは，大文字，小文字に注意しなさい。筆記体で書いてもよろしい。**
10　**語数制限がある場合は，短縮形（I'm など）と数字（100 や 2024 など）は1語として数え，符号（, / . / ? / ! / “ ” など）は語数に含めないものとします。**
11　答えの書き方について，次の**解答例**を見て間違いのないようにしなさい。

解答例

1　次の日本語を英語にするとき，下の i ・ ii に入る最も適当な語を，それぞれ1語ずつ書け。
……………………………**答の番号【1】**
私は毎日7時に起きます。
I get up i   ii every day.

2　次の問い（1）・（2）に答えよ。

（1）北と反対の方角として最も適当なものを，次の（ア）〜（ウ）から1つ選べ。……**答の番号【2】**
（ア）東　（イ）西　（ウ）南

（2）次の［　］内の（ア）〜（ウ）を，文意が通じるように正しく並べかえ，記号で書け。
………………………**答の番号【3】**
My ［（ア）name / （イ）Taro / （ウ）is］.

問題番号		答の番号	答の欄	採点欄
1		【1】	i at　ii seven	【1】
2	（1）	【2】	ア　イ　㋒	【2】
	（2）	【3】	(ア)→(ウ)→(イ)	【3】

検査	受付番号	得点
5−1	1 2 3 4 5 6	

1　次の問い（1）～（8）に答えよ。（16 点）

（1）　$6-2\times(-5^2)$　を計算せよ。 ……………………………………………………答の番号【1】

（2）　$\dfrac{2}{3}(6x+3y)-\dfrac{1}{4}(8x-2y)$　を計算せよ。 ……………………………………………………答の番号【2】

（3）　$\sqrt{32}-\dfrac{16}{\sqrt{2}}+\sqrt{18}$　を計算せよ。 ……………………………………………………答の番号【3】

（4）　$x=7$，$y=-6$ のとき，$(x-y)^2-10(x-y)+25$　の値を求めよ。 ……………………答の番号【4】

（5）　2 次方程式　$8x^2=22x$　を解け。 ……………………………………………………答の番号【5】

（6）　y は x の 2 乗に比例し，$x=3$ のとき $y=-54$ である。このとき，y を x の式で表せ。 ……答の番号【6】

（7）　右の図のように，方眼紙上に △ＡＢＣと点Ｏがあり，4 点Ａ，Ｂ，Ｃ，Ｏは方眼紙の縦線と横線の交点上にある。△ＡＢＣを，点Ｏを回転の中心として，時計回りに 270° だけ回転移動させた図形を，答案用紙の方眼紙上にかけ。 ……………………………………………答の番号【7】

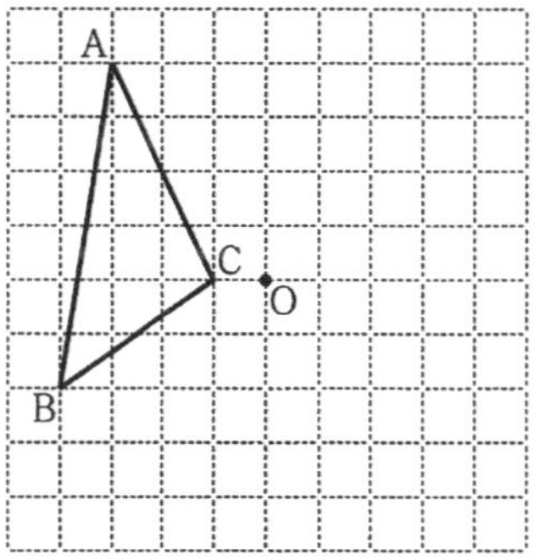

（8）　赤玉が 2 個，白玉が 2 個，黒玉が 1 個の合計 5 個の玉が入っている袋がある。この袋から玉を 1 個取り出し，取り出した玉を袋にもどさずに，玉をもう 1 個取り出す。このとき，取り出した 2 個の玉の色が異なる確率を求めよ。ただし，袋に入っているどの玉が取り出されることも同様に確からしいものとする。 …答の番号【8】

【裏へつづく】

2　ある中学校の2年生は，A組，B組，C組，D組の4学級で編制されており，各学級の人数は30人である。この中学校では，家庭でのタブレット端末を活用した学習時間を調査しており，その結果から得られた学習時間のデータをさまざまな方法で分析している。右のⅠ図は，2年生の120人全員のある日の学習時間を調査した結果を，ヒストグラムに表したものである。たとえば，Ⅰ図から，2年生の120人のうち，学習時間が0分以上10分未満の生徒は7人いることがわかる。

このとき，次の問い（1）・（2）に答えよ。（4点）

Ⅰ図

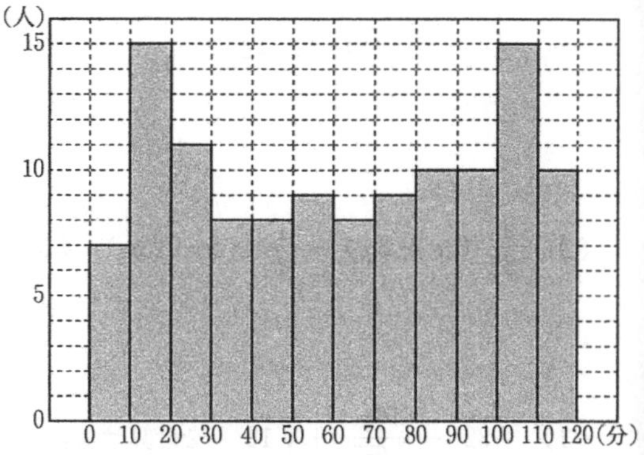

（1）　Ⅰ図において，学習時間が30分以上90分未満の生徒は何人いるか求めよ。また，右の（ア）～（エ）の箱ひげ図のいずれかは，Ⅰ図のヒストグラムに対応している。Ⅰ図のヒストグラムに対応している箱ひげ図を，（ア）～（エ）から1つ選べ。

……………………………答の番号【9】

（ア）

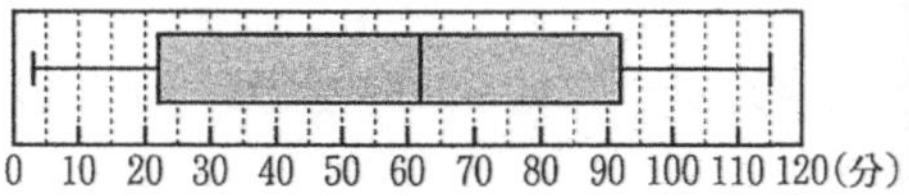

（イ）

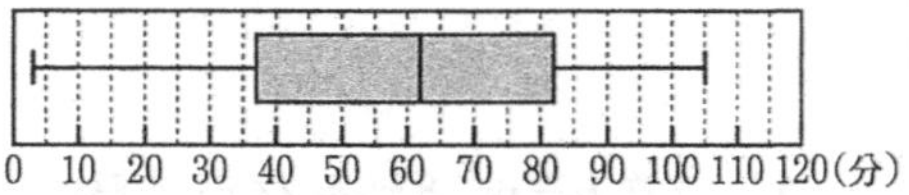

（ウ）

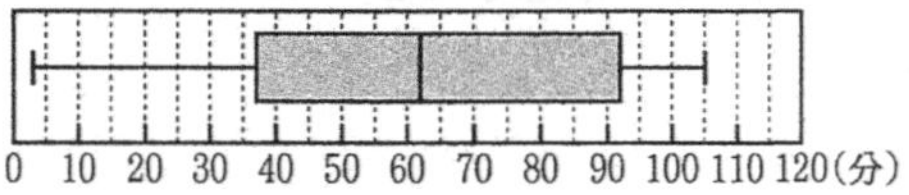

（エ）

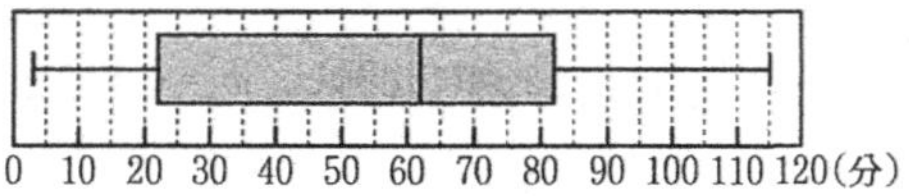

（2）　右のⅡ図は，Ⅰ図のもととなった学習時間の調査結果を，学級ごとに箱ひげ図に表したものである。Ⅱ図から必ずいえるものを，次の（ア）～（オ）から2つ選べ。　…………………………答の番号【10】

Ⅱ図

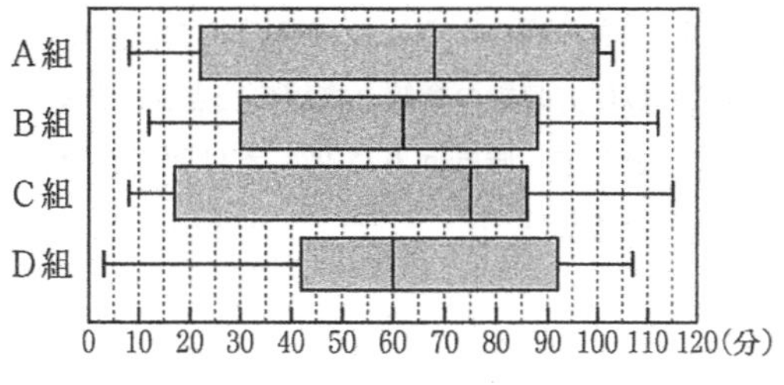

（ア）　A組は，学習時間が60分以上70分未満の生徒が1人以上いる。

（イ）　B組は，学習時間が80分以上の生徒が8人以上いる。

（ウ）　C組は，学習時間が115分の生徒が1人だけいる。

（エ）　4学級のうち，D組は，学習時間が0分以上40分未満の生徒の人数が最も多い。

（オ）　4学級のうち，学習時間のデータの四分位範囲が最も大きい学級は，学習時間のデータの範囲が最も小さい。

3　ＡさんとＢさんは，水泳，自転車，長距離走の３種目を，この順に連続して行うトライアスロンの大会に参加した。スタート地点から地点Ｐまでが水泳，地点Ｐから地点Ｑまでが自転車，地点Ｑからゴール地点までが長距離走で，スタート地点からゴール地点までの道のりは 14300 m であった。

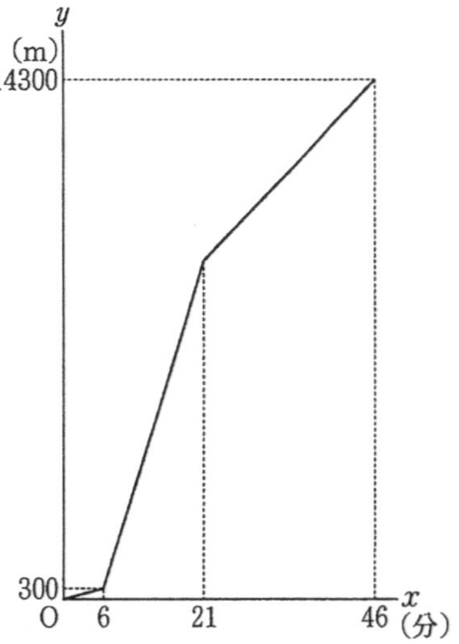

ＡさんとＢさんは同時にスタートし，どちらも同じ速さで泳ぎ，6 分後に地点Ｐに到着した。地点Ｐから地点Ｑまで，Ａさんは分速 600 m，Ｂさんは分速 500 m でそれぞれ走り，ＡさんはＢさんより早く地点Ｑに到着した。Ａさんは，地点Ｑからゴール地点まで走っている途中で，Ｂさんに追いつかれ，その後，Ｂさんより遅れてゴールした。地点Ｑからゴール地点までにおいて，Ａさんが走る速さは，Ｂさんが走る速さの $\frac{4}{5}$ 倍であった。右の図は，Ａさんがスタートしてから x 分後の，Ａさんがスタート地点から進んだ道のりを y m として，x と y の関係をグラフに表したものである。ただし，Ａさん，Ｂさんともに，各種目で進む速さはそれぞれ一定であり，種目の切り替えにかかる時間は考えないものとする。

このとき，次の問い（**1**）・（**2**）に答えよ。（5 点）

（**1**）　地点Ｐから地点Ｑまでの道のりは何 m か求めよ。また，$21 \leqq x \leqq 46$ のときの y を x の式で表せ。
……………………………………………**答の番号【11】**

（**2**）　地点Ｑからゴール地点までにおいて，Ａさんが走っている途中で，Ｂさんに追いつかれたときの，Ａさんがスタート地点から進んだ道のりは何 m か求めよ。　……………………………………………**答の番号【12】**

4　右の図のような，頂点をＡ，線分ＢＣを直径とする円を底面とする円錐《すい》があり，高さは $4\sqrt{6}$ cm，ＡＢ：ＢＣ＝３：２である。線分ＡＢを３等分する点を点Ａに近い方から順にＤ，Ｅとする。また，この円錐の側面に，点Ｅから線分ＡＣを通り，点Ｄまで，ひもをゆるまないようにかける。

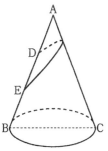

このとき，次の問い（**1**）・（**2**）に答えよ。（4 点）

（**1**）　この円錐の底面の半径を求めよ。また，線分ＡＥの長さを求めよ。
……………………………………………**答の番号【13】**

（**2**）　かけたひもの長さが最短となるときの，ひもの長さを求めよ。ただし，ひもの太さは考えないものとする。　……………………………………………**答の番号【14】**

【裏へつづく】

5　右の図のような，ＡＢ＝8cm，ＡＤ＝6cmの長方形ＡＢＣＤがある。点Ｅを，辺ＡＢ上にＡＥ＝2cmとなるようにとり，線分ＣＥの垂直二等分線と辺ＣＤ，線分ＣＥとの交点をそれぞれＦ，Ｇとする。また，ＤＨ＝4cmとなるような点Ｈを，辺ＡＤを延長した直線上にとり，2点Ｂ，Ｈを通る直線と辺ＣＤ，線分ＣＥとの交点をそれぞれＩ，Ｊとする。

このとき，次の問い（**1**）～（**3**）に答えよ。（6点）

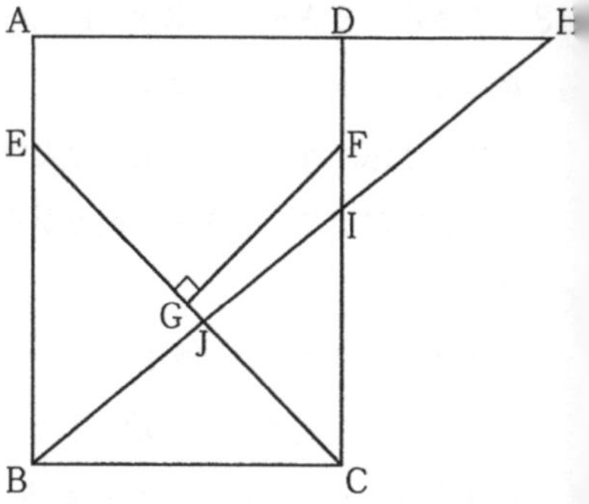

（**1**）　△ＣＦＧの面積を求めよ。　……………………**答の番号【15】**

（**2**）　線分ＣＩの長さを求めよ。　……………………**答の番号【16】**

（**3**）　四角形ＦＧＪＩの面積を求めよ。　……………**答の番号【17】**

6　円の周上に，n個の点をそれぞれ異なる位置にとり，これらのすべての点を互いに結ぶ線分をひき，弦の本数を考える。

次の表は，$n=2$，3，4のときの，図と弦の本数をまとめたものである。

	$n=2$	$n=3$	$n=4$
図	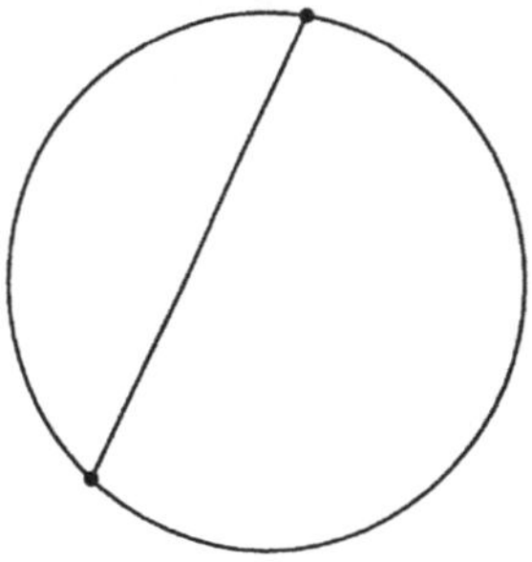	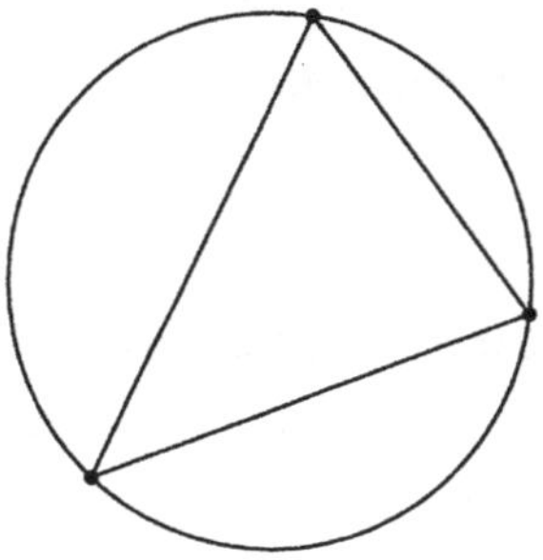	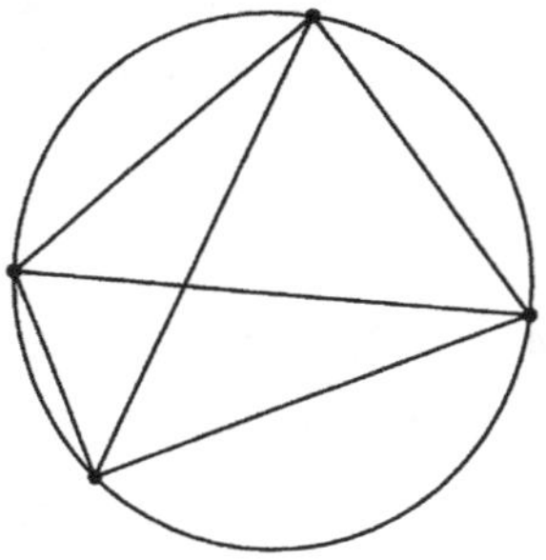
弦の本数（本）	1	3	6

このとき，次の問い（**1**）～（**3**）に答えよ。ただし，nは2以上の自然数とする。（5点）

（**1**）　$n=5$のとき，弦の本数を求めよ。　……………………………………**答の番号【18】**

（**2**）　$n=41$のとき，弦の本数を求めよ。　……………………………………**答の番号【19】**

（**3**）　弦の本数が1953本であるときのnの値を求めよ。　……………………**答の番号【20】**

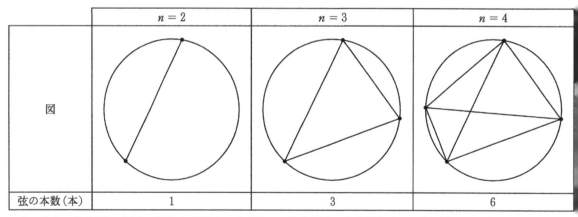

令和五年度　京都府公立高等学校入学者選抜

中期選抜学力検査

検査1

国　語

（40分）

解答上の注意

1 「始め」の指示があるまで、問題を見てはいけません。
2 問題は、この冊子の中の**1～4ページ**にあります。
3 答案用紙には、**受付番号**を記入しなさい。氏名を書いてはいけません。
4 答案用紙の**答の欄**に答えを記入しなさい。採点欄に記入してはいけません。
5 答えを記入するときは、それぞれの問題に示してある**【答の番号】**と、答案用紙の**【答の番号】**とが一致するように注意しなさい。
6 答えを記号で選ぶときは、答案用紙の**答の欄**の当てはまる記号を○で囲みなさい。
答えを訂正するときは、もとの○をきれいに消すか、それに×をつけなさい。
7 答えを記述するときは、丁寧に書きなさい。
8 **字数制限がある場合は、句読点や符号なども一字に数えなさい。**
9 答えの書き方について、次の**解答例**を見て間違いのないようにしなさい。

解答例

一　火曜日の翌日は何曜日か、**漢字一字**で書け。……**答の番号【1】**

二　次の問い（1）・（2）に答えよ。

（1）「京」の総画数として最も適当なものを、次の**（ア）～（ウ）**から一つ選べ。……**答の番号【2】**

（ア）7画　（イ）8画　（ウ）9画

（2）次の**（ア）～（ウ）**の数を値の小さいものから順に並べかえ、**記号**で書け。……**答の番号【3】**

（ア）7　（イ）5　（ウ）3

問題番号	答の番号	答の欄	採点欄
一	【1】	水 曜日	【1】
二（1）	【2】	ア ㋑ ウ	【2】
二（2）	【3】	（ウ）→（イ）→（ア）	【3】

検　査
1
受付番号
123456
得　点

このページに問題は印刷されていません

一　次の文章は、「俊頼髄脳」の一節である。注を参考にしてこれを読み、問い（1）～（5）に答えよ。（12点）

＊貫之《つらゆき》が馬《むま》にのりて、＊和泉《いづみ》の国におはしますなる、＊蟻通《ありどほし》の＊明神の御まへを、暗きに、＊え知らで通りければ、馬[a]にはかにたふれて死にけり。いかなる事にかと驚き思ひて、火のほかげに見れば、神の鳥居の見えければ、「いかなる神のおはしますぞ」と尋ねければ、「これは、ありどほしの明神と申して、＊物とがめいみじくせさせ給《たま》ふ神なり。もし、乗りながらや通り給へる」と人の言ひければ、「いかにも、くらさに、神おはしますとも知らで、過ぎ侍《はべ》りにけり。いかがすべき」と、社の＊禰宜《ねぎ》を呼びて問へば、その禰宜、ただにはあらぬさまなり。「汝《なんぢ》、我が前を馬に乗りながら通る。＊すべからくは、知らざれば許しつかはすべきなり。＊しかはあれど、和歌の道をきはめたる人なり。その道をあらはして過ぎば、馬、＊さだめて起《た》つことを得《え》むか。これ、明神の＊御託宣なり」といへり。貫之、たちまち水を浴《あ》みて、この歌を詠《よ》みて、紙に書きて、御《み》社の柱におしつけて、拝入りて、＊とばかりある程に、馬起きて身ぶるひをして、いななきて立てり。禰宜、「許し給ふ」とて、[b]覚めにけりとぞ。

あま雲のたちかさなれる夜半《よは》なれば神ありとほし思ふべきかは

（「新編日本古典文学全集」による）

注
＊貫之…紀貫之《きのつらゆき》。平安前期の歌人。　＊和泉の国…現在の大阪府南部。
＊蟻通…大阪府にある蟻通《ありとおし》神社。　＊明神…神の敬称。
＊え知らで…気づくことができずに。
＊物とがめいみじくせさせ給ふ…とがめることをひどくしなさる。
＊禰宜…神官。　＊すべからくは…当然。
＊しかはあれど…そうではあるが。　＊さだめて…必ず。
＊御託宣…お告げ。　＊とばかりある程に…しばらくの間に。

（1）本文中の [a]にはかに を、すべて**現代仮名遣い**に直して、**平仮名**で書け。また、次の（ア）～（エ）のうち、波線部（〰〰）が現代仮名遣いで書いた場合と同じ書き表し方であるものを一つ選べ。……………………**答の番号**【1】
（ア）ほのかにうち光りて　（イ）晴れならずといふことぞなき
（ウ）いづれの年よりか　（エ）ひとへに風の前の塵《ちり》に同じ

（2）本文中の二重傍線部（＝）で示されたもののうち、主語が一つだけ他と異なるものがある。その**異なるもの**を、次の（ア）～（エ）から選べ。…**答の番号**【2】
（ア）見れば　（イ）問へば　（ウ）いへり　（エ）おしつけて

（3）本文中の [b]覚めにけりとぞ とは、「覚めたということだ」という意味であるが、「禰宜」はどのような状態から覚めたのか、最も適当なものを、次の（ア）～（エ）から一つ選べ。……………………**答の番号**【3】
（ア）貫之に神が乗り移っている夢を見ている状態
（イ）託宣をする神が禰宜に乗り移っている状態
（ウ）馬に乗って神社の前を通った貫之の夢を見ている状態
（エ）馬が倒れたことをとがめる神が禰宜に乗り移っている状態

（4）次の（ア）～（エ）は本文中のできごとについて述べたものである。（ア）～（エ）を時間の経過にそって古いものから順に並べかえ、**記号**で書け。…**答の番号**【4】
（ア）貫之が和歌を詠んだ。　（イ）倒れていた馬が生き返った。
（ウ）貫之が鳥居を見つけた。　（エ）蟻通の神が祭られていると貫之が知った。

（5）次の会話文は、光太さんと奈月さんが本文を学習した後、本文について話し合ったものの一部である。これを読み、後の問い㈠・㈡に答えよ。

光太　本文から、神が貫之の無礼な行いを「 A 」と考えたのは、貫之が故意にその行いをしたのではないからだとわかるね。その後、貫之は和歌を詠んだけれど、その和歌はどのような内容だったかな。
奈月　本で調べたけれど、「雲が空を覆っている夜なので、蟻通の神がいるとはうかつにも思わなかった」というような内容だよ。「ありとほし」という語は掛詞《かけことば》の解釈がさまざまにできて、この和歌の「神ありとほし」は、「神蟻通」と「神有り遠し」の掛詞だそうだよ。「遠し」は、神がいると気づかなかった貫之のうかつさを表現しているんだね。
光太　なるほど。この和歌は、 B だよね。貫之には、掛詞という表現技法を用いて巧みに和歌を詠めるほど、和歌の実力があったんだね。

㈠ 会話文中の A に入る最も適当な表現を、本文中から**十字**で抜き出して書け。……………………**答の番号**【5】
㈡ 会話文中の B に入る最も適当な表現を、次の（ア）～（エ）から一つ選べ。……………………**答の番号**【6】
（ア）貫之が自らの行いに対する罰が何かを尋ねたので、卓越した和歌の力を示すことだと神が告げたところ、貫之が驚きためらいつつ詠んだもの
（イ）貫之が和歌の達人として神に認めてもらおうとしたので、試しに和歌を詠むように神が告げたところ、貫之が即座に考えて詠んだもの
（ウ）貫之が和歌を得意としていないと思っていた神が、あえて和歌を詠むことを求めたところ、貫之が神の予想に反して上手に詠んだもの
（エ）貫之が和歌に熟達していることを知っていた神が、その腕前を見せることを求めたところ、貫之がすぐに行動を起こして詠んだもの

【裏へつづく】

二　次の文章を読み、問い（1）～（11）に答えよ。（28点）
（1～9は、各段落の番号を示したものである。）

1　これまで私は、古代から現代までのちがいも問題にせず、物語について論じてきました。言ってみれば、「[a]永遠の物語」を[b]念頭に置いてきたのです。しかし、ここからは、「近代」と呼ばれる[c]特殊な時代における物語の役割について話そうと思います。というのも、近代において社会のあり方が大きく変わり、それに応じて、新たな物語の形が求められるようになったからです。その新たな形とは、個人史という物語です。それまでの物語は、それをつくる人の個人的な歴史を直接に反映するものではありませんでしたが、近代になると、人は自分のことを語る必要が出てきたのです。

2　この変化は、日本文学を[d]例にとればよくわかります。日本の近代文学には、それ以前になかったタイプの物語、すなわち、作家自身の生を語る「私小説」というものが現れたのです。〈1〉今日でもこの種の小説が日本ではなかなかに盛んであり、それに応じる読者もかなりあります。では、いったいどうして、近代になるとそのような物語が生まれ、文学の常道にまでなってしまったのか。面白おかしく奇想天外な小説では、不十分だったのでしょうか。

3　ひとつには、近代は科学の時代で、うそっぽい話はもう流行《はや》らなくなったということがあります。話は「リアル」（＝現実的）でないといけない、そういう考え方が強くなったと思われます。そうなると、作家が自分の生の真実を正直に「告白」する道がひらけます。「私小説」隆盛の背景には、[e]それがあったと思います。

4　しかし、それ[f]だけではありません。思うに、近代という時代は人間社会の根本的な構造を変えてしまったのであり、それによって、文学の[g]性シツも変わらざるを得なかったのです。〈2〉日本に「私小説」のような個人史の物語が出てきたのも、そうした社会変化のせいだと思います。では、その変化とはどういうものであったか。

5　簡単に言えば、それまでの社会では誰しもが生まれた時からその社会における自身の地位を与えられており、それを当たり前のこととして受けとめ、自身の社会における位置づけなど考える必要がないほどに安定した構造を持っていたのですが、近代になって、そうした構造がくつがえされて、人々は社会の定める安定した地位を失い、そのかわりに自分で好きなように地位を獲得したらいいということになったのです。この変化によって、 A から解放されて自由になったようでいて、自分で自分の人生を決めなくてはならなくなるという、今までにない苦労を背負うことになりました。 B としての意識に目覚め、そこからすべてを考え直す必要が出て来たそのことが、個人史物語の発達をうながしたのだと思われます。

6　たしかに、個人史物語は、それを生み出す人にとって、個人として己を確立しようとするのに役立つでしょう。日本人の場合、最初はヨーロッパ文学における「告白」物語に目をひらかされ、それに[h]追随しただけだったかもしれませんが、自分もまた「告白」をしてみて、自分という存在がより鮮明になり、自他の区別が明確になり、近代という不安定このうえない時代を生きていくにあたってある種の勇気を得たのだろうと思われます。「私小説」が日本近代文学の常道となった、否《いな》、王道となったというのも、真剣に自己を掘り下げ、それを正直に言葉にしなくては自分というものを確立できないと作家たちが感じたからにほかならない。〈3〉

7　では、そうした個人史の物語を、文学者でない人はどう見ているでしょう。個人史を語るなど自己満足の＊すさびにすぎないと思う人は、多いのではないでしょうか。ところが、実は、幼児からの心の発達を研究する発達心理学では、こうした個人史の語りがきわめて重視されています。個人史を語ることは、人格形成におおいに役立つというのです。〈4〉

8　たとえば、現代の発達心理学者のひとり、＊キャサリン・ネルソンは、幼児が自己と他者の意識、そして時間の経過の意識に目覚めるには、自分に起こっている出来事を言葉で物語ることが大事であると言っています。自分に起こる出来事を言葉で物語るとは、まさに個人史を語ることにほかならず、個人史物語は自己を確立し、同時に自己を他者との関係で位置づけ、社会環境のなかでの自分というものに目覚める契機となるというのです。

9　ネルソンにかぎらず、発達心理学の世界では、自己というものを最初から存在しているものとは見ていません。むしろ成長とともに、次第に形成されていくものと見ているのです。そういう立場からすると、個人史物語とは、すでに存在する個人についての物語ではなく、それが語られることによって個人が形成されていくような物語、ということになります。なるほどそう考えると、日本の「私小説」なるものも、「私」という自明の存在についての語りではなく、むしろ「私」と呼ばれるものを物語の展開を通じてつくりあげていく語りである、と理解できるのです。いきなりの近代化で宙に舞い、気も＊動顛《どうてん》していた日本人が、自分とは何かを求めるだけではなく、自分というものを確固たる存在として生み出そうとした結果として「私小説」を生み出した、というべきなのでしょう。

（大嶋仁《おおしまひとし》「メタファー思考は科学の母」による……一部省略がある）

注
＊すさび…娯楽。　＊キャサリン・ネルソン…アメリカの発達心理学者。
＊動顛…「動転」と同じ。

（1）本文中の 永遠[a] の熟語の構成を説明したものとして最も適当なものを、次のⅠ群（ア）〜（エ）から一つ選べ。また、永遠[a] と同じ構成の熟語を、後のⅡ群（カ）〜（ケ）から一つ選べ。……答の番号【7】

Ⅰ群
（ア）上の漢字が下の漢字を修飾している。
（イ）上の漢字と下の漢字の意味が対になっている。
（ウ）上の漢字と下の漢字が似た意味を持っている。
（エ）上の漢字と下の漢字が主語・述語の関係になっている。

Ⅱ群
（カ）雷鳴　（キ）速報　（ク）利害　（ケ）衣服

（2）本文中の 念頭に置いて[b] の意味として最も適当なものを、次のⅠ群（ア）〜（エ）から一つ選べ。また、本文中の 追随した[h] の意味として最も適当なものを、後のⅡ群（カ）〜（ケ）から一つ選べ。……答の番号【8】

Ⅰ群
（ア）最初から説明して　（イ）常に意識して
（ウ）断続的に準備して　（エ）長時間調べて

Ⅱ群
（カ）後からついて行った　（キ）おのずと張り合った
（ク）大いに感動した　（ケ）たちまち夢中になった

（3）本文中の 特殊[c] の読みを**平仮名**で書け。……答の番号【9】

（4）本文中の 例にとればよくわかります[d] を単語に分け、次の〈例〉にならって自立語と付属語に分類して示したものとして最も適当なものを、後の（ア）〜（エ）から一つ選べ。……答の番号【10】

〈例〉 日は昇る ・・・ （答） 自立語＋付属語＋自立語

（ア）自立語＋自立語＋付属語＋付属語＋自立語＋付属語
（イ）自立語＋付属語＋自立語＋付属語＋自立語＋自立語
（ウ）自立語＋付属語＋自立語＋付属語＋自立語＋自立語＋付属語
（エ）自立語＋付属語＋自立語＋付属語＋付属語＋自立語＋自立語

（5）本文からは次の一文が抜けている。この一文は本文中の〈1〉〜〈4〉のどこに入るか、最も適当な箇所を示す番号を一つ選べ。……答の番号【11】

だからこそ、ものを書いて商売をするといった発想を度外視してまで、彼らは血のにじむ努力をしたのです。

（6）本文中の それ[e] の指す内容として最も適当なものを、次の（ア）〜（エ）から一つ選べ。……答の番号【12】

（ア）近代は科学の時代で、作家が自分の生の真実を「告白」する道がひらけたことにより、うそっぽい話が流行しなくなったこと。
（イ）近代は科学の時代で、「私小説」が文学の常道となり、話は面白おかしく奇想天外でないといけないという考え方が広まったこと。
（ウ）近代は科学の時代で、いかにも面白く奇抜な小説に人々が飽き、作家が自分の生の真実を「告白」することが文学の常道にまでなったこと。
（エ）近代は科学の時代で、話は「リアル」でないといけないという風潮が高まり、作家が自分の生の真実を「告白」する道がひらけたこと。

（7）本文中の だけ[f] は助詞であるが、その種類として最も適当なものを、次のⅠ群（ア）〜（エ）から一つ選べ。また、だけ[f] と同じ種類の助詞が波線部（〰）に用いられているものはどれか、後のⅡ群（カ）〜（ケ）から一つ選べ。……答の番号【13】

Ⅰ群
（ア）格助詞　（イ）副助詞　（ウ）接続助詞　（エ）終助詞

Ⅱ群
（カ）目的地に着いたばかりだ。　（キ）会えてうれしいよ。
（ク）メモをしつつ話を聞く。　（ケ）今日は昨日より寒い。

（8）本文中の 性シツ[g] の片仮名の部分を**漢字**に直し、**楷書**で書け。……答の番号【14】

（9）本文中の A ・ B に入る表現の組み合わせとして最も適当なものを、次の（ア）〜（エ）から一つ選べ。……答の番号【15】

（ア）A 個人は個人　B 作家が作家
（イ）A 個人は社会　B 個人が個人
（ウ）A 作家は社会　B 社会が作家
（エ）A 社会は個人　B 作家が個人

【裏へつづく】

(10) 本文における段落どうしの関係を説明した文として**適当でないもの**を、次の(ア)〜(エ)から一つ選べ。……………………**答の番号【16】**

(ア) 2・3段落では、1段落で提示した話題について、具体例を挙げて説明している。

(イ) 4・5段落では、2・3段落で述べた内容を別の角度から捉え、主張を提示している。

(ウ) 6段落では、4・5段落で示した内容を認めたうえで、論を発展させている。

(エ) 9段落では、7・8段落で述べた内容に言及しつつ、それとは反対の立場で主張をまとめている。

(11) 実沙さんと潤一さんのクラスでは、本文を学習した後、本文に関連するスピーチをすることになった。次の会話文は、実沙さんと潤一さんが話し合ったものの一部である。これを読み、下段の問い㈠〜㈣に答えよ。

実沙 本文では、日本人が「私小説」という個人史物語を書くようになった経緯が述べられていたね。

潤一 そうだね。日本人が、近代という不安定な時代を生きていくうえで「ある種の勇気」を得ることができたのは、発達心理学の見解から考えると、個人史を語ることが、自己をゆるぎないものとし、他者との関わりのなかで自己の立ち位置を定め、X を自覚するきっかけになったからだと言えるね。

実沙 なるほど。それに、発達心理学の見解では、自己は、発達に伴いながら、Y であるということが本文からわかるね。そう考えると、個人史物語における個人にも同じようなことが言えるんだね。

潤一 そうだね。「私小説」は、Z ことによって生み出されたのだという筆者の主張にも納得がいくね。本文をよく理解できたし、スピーチについて考えようか。

㈠ 会話文中の X に入る最も適当な表現を、本文中から**十六字**で抜き出し、**初めと終わりの三字**を書け。……………………**答の番号【17】**

㈡ 会話文中の Y に入る最も適当な表現を、本文中から**十二字**で抜き出し、**初めと終わりの三字**を書け。……………………**答の番号【18】**

㈢ 会話文中の Z に入る最も適当な表現を、次の(ア)〜(エ)から一つ選べ。……………………**答の番号【19】**

(ア) 突然の近代化で平静さを欠いた日本人が、自分を自明な存在として捉えるのではなく、物語の展開を介して自分という存在を確かなものにしようとした

(イ) 唐突な近代化に歓喜した日本人が、自分という存在を自明なものとして書くのではなく、物語の内容に応じて自分を確固たるものにしようとした

(ウ) いきなりの近代化に驚き慌てた日本人が、物語の展開を通して自分をつくっていくのではなく、自分という明白な存在を物語に書こうとした

(エ) 急速な近代化で落ち着きを失った日本人が、自分の存在を確固たるものとして語るのではなく、物語を書くなかで全く別の自分になれるようにした

㈣ スピーチをするときの一般的な注意点について説明した次の文章中の A 〜 C に入る最も適当な表現を、A は後の**Ⅰ群**(ア)・(イ)から、B は**Ⅱ群**(カ)・(キ)から、C は**Ⅲ群**(サ)・(シ)からそれぞれ一つずつ選べ。……………………**答の番号【20】**

スピーチは、A 内容を決定し、B 構成となるようにする。また、スピーチを発表する際は、C とよい。

Ⅰ群
(ア) 聞き手の関心よりも、具体的な体験や自分の関心を優先して
(イ) 自分だけの関心に頼らず、話の目的や聞き手の関心にも合わせて

Ⅱ群
(カ) 話の順序を工夫して、考えの根拠を提示してわかりやすい
(キ) 豊富な話題を取り入れ、専門的な語を多用した複雑な

Ⅲ群
(サ) 調子を変えずに、話す速さを一定にする
(シ) 早口で話さずに、間の取り方を工夫する

【国語おわり】

令和５年度　京都府公立高等学校入学者選抜

中期選抜学力検査

検査５　英　語

（40分）

解答上の注意

1　「始め」の指示があるまで，問題を見てはいけません。
2　**問題１・２（検査５－１）（筆記）**は，この冊子の中の**１～３ページ**にあります。
3　**問題３・４・５（検査５－２）（リスニング）**は，**検査５－１の終了後**に配布されます。
4　答案用紙には，**受付番号**を記入しなさい。氏名を書いてはいけません。
5　答案用紙の**答の欄**に答えを記入しなさい。採点欄に記入してはいけません。
6　答えを記入するときは，それぞれの問題に示してある**【答の番号】**と，答案用紙の**【答の番号】**とが一致するように注意しなさい。
7　答えを記号で選ぶときは，答案用紙の**答の欄**の当てはまる記号を○で囲みなさい。答えを訂正するときは，もとの○をきれいに消すか，それに╳をつけなさい。
8　答えを記述するときは，丁寧に書きなさい。
9　**英語で書くときは，大文字，小文字に注意しなさい。筆記体で書いてもよろしい。**
10　**語数制限がある場合は，短縮形（I'm など）と数字（100 や 2023 など）は１語として数え，符号（，／．／？／！／“ ” など）は語数に含めないものとします。**
11　答えの書き方について，次の**解答例**を見て間違いのないようにしなさい。

解答例

1　次の日本語を英語にするとき，下の［ i ］・［ ii ］に入る最も適当な語を，それぞれ**１語**ずつ書け。
……………………………**答の番号【１】**

テーブルの上に９つのリンゴがある。
There are ［ i ］ ［ ii ］ on the table.

2　次の問い（１）・（２）に答えよ。

（１）　北と反対の方角として最も適当なものを，次の**（ア）～（ウ）**から１つ選べ。……**答の番号【２】**
（ア）　東　　**（イ）**　西　　**（ウ）**　南

（２）　次の［　　］内の**（ア）～（ウ）**を，文意が通じるように正しく並べかえ，**記号**で書け。
……………………………**答の番号【３】**
My [**（ア）** name / **（イ）** Taro / **（ウ）** is].

問題番号		答の番号	答の欄	採点欄
1		【１】	i nine　ii apples	【１】
2	（１）	【２】	ア　イ　ウ（○で囲む）	【２】
	（２）	【３】	(ア)→(ウ)→(イ)	【３】

検査	受付番号						得点
５－１	1	2	3	4	5	6	

中期選抜学力検査

検査５－１　英　語

問題１・問題２

（筆記）

1 次の英文は，中学生の紀実子（Kimiko）が行ったスピーチである。これを読んで，問い（**1**）～（**8**）に答えよ。

（20点）

My grandfather is a *potter. He makes *ceramic works from *clay, and I like his ceramic works.

When I went to his shop one day, I saw his ceramic works and I wanted to make ceramic works like him. He asked me, “Do you want to make cups?” I was happy to hear that. I first tried to make a cup from clay, but I couldn’t make the shape of it well *by myself. He helped me, and I could make the shape of it. Then, he told me that he was going to *dry the cup and *bake it. A month later, he brought my cup to my house, and gave it to me. I was happy when I saw ①it. I made cups a few times at his shop after that.

When one of my friends ②(come) to my house, I showed her my cups. She said they were nice and asked, “Where did you make them?” I answered, “My grandfather is a potter and I made them at his shop.” She asked, “Was it easy to make these shapes from clay?” I answered, “No, it was difficult.” She asked, “How long did you bake them?” I answered, “I’m not sure about that because my grandfather baked them.” Then, she asked some questions about ceramic works, but I couldn’t answer them, and I realized I didn’t know much about ceramic works. I thought I needed to learn about them.

I went to a library to learn about ceramic works after she went back home. I read a book about a kind of ceramic work in Japan. I learned how to make the clay used for the ceramic work, and I also learned that the clay is baked in a *kiln for twenty hours after making a shape. I didn’t know those things, and I wanted to make a ceramic work from the first *process. So, ③I decided to visit my grandfather’s shop to do that, and I told him that on the phone. He told me to visit his shop when I was free.

After a few days, I went to his shop. He took me to a mountain to get *soil and then we went back to his shop. We put the soil and some water in a box, and *mixed them well. He said, “I’m going to dry this. I need a few days to *change the soil into clay.” I went to his shop every day to see how it was changing. A few days later, he said, “The clay is ready, so ［　④　］.” I decided to make a *plate, and I began to *knead the clay. I tried to make the shape, but it was difficult to make it by myself. However, I tried to make it many times and finally made it. He said, “I will dry your clay plate to *take out the water. It will be ⑤(break) if I bake it in my kiln now.” After one week, he put my clay plate in his kiln, and he said, “I’m going to bake your clay plate in this kiln for ten days. This is dangerous because it is very hot in the kiln. I need a lot of wood to bake your clay plate, so ⑥[（ア） want / （イ） bring / （ウ） I / （エ） to / （オ） you / （カ） the wood] to me.” I carried the wood many times. After about ten days, he took out my plate from his kiln. When I got my plate from him, I looked at it and thought about the things I did to make my plate. I thought making my plate was not easy, but I had a good time because I could see every process with my own eyes. I also thought my grandfather did a lot of things to make his nice ceramic works and his job was really nice.

Before I read a book about a ceramic work and made my plate, I only knew how to make the shape of the cups and just enjoyed making them. I didn’t know much about ceramic works. However, I learned a lot through the experience at my grandfather’s shop, and I realized that the process to make ceramic works was hard but it was fun. I was happy to learn that. Since then, I have been learning more about them, and now I want to make nice ceramic works by myself in the future.

（注）			
	potter　陶芸家	ceramic　陶磁器の	clay　粘土
	by myself　私自身で	dry ～　～を乾かす	bake ～　～を焼く
	kiln　窯	process　工程	soil　土
	mix ～　～を混ぜる	change ～ into …　～を…に変える	plate　皿
	knead ～　～をこねる	take out ～　～を取り出す	

（**1**）下線部①が指す内容として最も適当なものを，次の（**ア**）～（**エ**）から1つ選べ。　……………**答の番号【1】**

（**ア**） the clay which Kimiko made at her grandfather’s shop

（**イ**） the clay which Kimiko’s grandfather used for his ceramic works

（**ウ**） the cup which Kimiko’s grandfather helped her make

（**エ**） the cup which Kimiko dried and baked at her house

（**2**）下線部②(come)・⑤(break)を，文意から考えて，それぞれ正しい形にかえて**1**語で書け。　…**答の番号【2】**

令和５年度　京都府公立高等学校入学者選抜

中期選抜学力検査

検査４　理　　科

（40分）

解答上の注意

1　「始め」の指示があるまで，問題を見てはいけません。
2　問題は，この冊子の中の**１～４ページ**にあります。
3　答案用紙には，**受付番号**を記入しなさい。氏名を書いてはいけません。
4　答案用紙の**答の欄**に答えを記入しなさい。採点欄に記入してはいけません。
5　答えを記入するときは，それぞれの問題に示してある**【答の番号】**と，答案用紙の**【答の番号】**とが一致するように注意しなさい。
6　答えを記号で選ぶときは，答案用紙の**答の欄**の当てはまる記号を○で囲みなさい。答えを訂正するときは，もとの○をきれいに消すか，それに╳をつけなさい。
7　答えを記述するときは，丁寧に書きなさい。
8　**字数制限がある場合は，句読点や符号なども１字に数えなさい。**
9　答えの書き方について，次の**解答例**を見て間違いのないようにしなさい。

解答例

1　火曜日の翌日は何曜日か，**漢字１字**で書け。
……………………………**答の番号【１】**

2　次の（ア）～（ウ）の数を値の小さいものから順に並べかえ，**記号**で書け。　………………**答の番号【２】**
（ア）　7　　**（イ）**　5　　**（ウ）**　3

3　次の問い（１）・（２）に答えよ。
（１）「京」の総画数として最も適当なものを，次の（ア）～（ウ）から１つ選べ。　……**答の番号【３】**
（ア）　7画　　**（イ）**　8画　　**（ウ）**　9画
（２）次の（ア）～（オ）のうち，奇数を**すべて**選べ。
……………………………**答の番号【４】**
（ア）　1　　**（イ）**　2　　**（ウ）**　3
（エ）　4　　**（オ）**　5

問題番号		答の番号	答　の　欄	採点欄
1		【１】	水　曜日	【１】
2		【２】	(ウ)→(イ)→(ア)	【２】
3	（１）	【３】	ア　㋑　ウ	【３】
	（２）	【４】	㋐　イ　㋒　エ　㋔	【４】

検査	受付番号		得点
4		1 2 3 4 5 6	

このページに問題は印刷されていません

1　刺激に対するヒトの反応時間を調べるために，次の**〈実験〉**を行った。また，下の**ノート**は**〈実験〉**についてまとめたものである。これについて，下の問い（**1**）～（**3**）に答えよ。（6点）

〈実験〉　右の図のように，**A**さんを含む7人が輪になって隣の人と手をつなぎ，**A**さんは右手にストップウォッチを持ち，全員が目を閉じる。**A**さんは，右手でストップウォッチをスタートさせ，時間の測定を始めると同時に，左手で**B**さんの右手をにぎる。**A**さんはスタートさせたストップウォッチをすばやく右隣の**D**さんに渡す。**B**さんは右手をにぎられたら，すぐに左手で**C**さんの右手をにぎる。このように，右手をにぎられたらすぐに左手で隣の人の右手をにぎるという動作を続けていく。**D**さんは，自分の右手がにぎられたら，左手でストップウォッチをにぎって止め，かかった時間を記録する。ストップウォッチをスタートさせてから止めるまでを1回とし，これを3回行う。

【結果】　測定した時間はそれぞれ1.69秒，1.47秒，1.52秒であった。

ノート

〈実験〉で測定した時間の平均値を用いて，①<u>右手をにぎられるという刺激を受けとってから左手でにぎるという反応</u>をするまでの1人あたりの時間を求めた。このとき，**A**さんは，ストップウォッチをスタートさせると同時に**B**さんの右手をにぎるため，計算する際の数には入れなかった。その結果，1人あたりの時間は［ X ］であった。この時間を，1人のヒトの右手から左手まで刺激や命令の信号が伝わる時間とし，1人のヒトの右手から左手まで刺激や命令の信号が伝わる経路の距離を1.5 mとすると，右手から左手まで信号が伝わる平均の速さは，［ Y ］になった。一方，信号がヒトの②<u>感覚神経や運動神経</u>を伝わる速さはおよそ40～90 m/sである。今回の〈実験〉で求めた平均の速さと，実際に信号が神経を伝わる速さにちがいがあるのは，脳で信号を受けとり，その信号に対して判断や命令を行う時間が影響するためである。

（**1**）　下線部①<u>右手をにぎられるという刺激を受けとってから左手でにぎるという反応</u>とは異なる反応で，刺激に対して無意識に起こる反射とよばれる反応がある。反射の例として最も適当なものを，次の（**ア**）～（**エ**）から1つ選べ。……………………………………………………………………………答の番号【**1**】

（**ア**）　水をこぼしたので，ハンカチでふいた。　　（**イ**）　スタートの合図が聞こえたので，走り出した。
（**ウ**）　寒くなったので，手に息を吹きかけた。　　（**エ**）　食物を口の中に入れたので，だ液が出た。

（**2**）　**ノート**中の［ X ］に入るものとして最も適当なものを，次の（**ア**）～（**エ**）から1つ選べ。また，［ Y ］に入る平均の速さは何 m/s か，小数第2位を四捨五入し，**小数第1位まで**求めよ。　…………答の番号【**2**】

（**ア**）　0.24秒　　（**イ**）　0.25秒　　（**ウ**）　0.26秒　　（**エ**）　0.27秒

（**3**）　**〈実験〉**では，手をにぎられるという刺激を皮ふで受けとっているが，ヒトには皮ふ以外にも刺激の種類に応じた感覚器官があり，耳では音の刺激を受けとっている。耳にある，音の刺激を受けとる感覚細胞が存在する部位として最も適当なものを，次の（**ア**）～（**ウ**）から1つ選べ。また，下線部②<u>感覚神経や運動神経</u>のように，脳や脊髄から枝分かれして全身に広がっている神経を何神経というか，**ひらがな5字**で書け。　……答の番号【**3**】

（**ア**）　鼓膜　　（**イ**）　耳小骨　　（**ウ**）　うずまき管

2　次の表は，気体**A**～**E**および二酸化窒素について，におい，密度，気体の集め方，その他の特徴や用途をまとめたものであり，気体**A**～**E**はそれぞれ，アンモニア，二酸化炭素，塩化水素，酸素，水素のいずれかである。これについて，下の問い（**1**）・（**2**）に答えよ。ただし，密度は25 ℃での1 cm^3あたりの質量〔g〕で表している。（4点）

	A	B	C	D	E	二酸化窒素
におい	刺激臭	なし	なし	刺激臭	なし	刺激臭
密度〔g/cm^3〕	0.00150	0.00008	0.00131	0.00071	0.00181	0.00187
気体の集め方	下方置換法	水上置換法	水上置換法	上方置換法	下方置換法 水上置換法	□
その他の特徴や用途	水溶液は酸性を示す。	すべての気体の中で最も密度が小さい。	ものを燃やすはたらきがある。	肥料の原料として利用される。	消火剤として利用される。	水に溶けやすい。

（**1**）　からのペットボトルに気体**E**を十分に入れた後，すばやく少量の水を加え，すぐにふたをして振るという操作を行うと，ペットボトルがへこんだ。これはペットボトル内で，ある変化が起こったことが原因である。この操作を，気体**E**のかわりに気体**A**～**D**をそれぞれ用いて行ったとき，気体**E**を用いたときと同じ原因でペットボトルがへこむものを，気体**A**～**D**から**すべて**選べ。……………………………………答の番号【**4**】

（**2**）　表から考えて，25 ℃での空気の密度〔g/cm^3〕は次の**i群**（**ア**）～（**ウ**）のうち，どの範囲にあると考えられるか，最も適当なものを1つ選べ。また，表中の□に入る語句として最も適当なものを，下の**ii群**（**カ**）～（**ク**）から1つ選べ。……………………………………………………………………………答の番号【**5**】

i群　（**ア**）　0.00008 g/cm^3より大きく，0.00071 g/cm^3より小さい。
　　　（**イ**）　0.00071 g/cm^3より大きく，0.00150 g/cm^3より小さい。
　　　（**ウ**）　0.00150 g/cm^3より大きく，0.00181 g/cm^3より小さい。

ii群　（**カ**）　下方置換法　　（**キ**）　上方置換法　　（**ク**）　水上置換法

【裏へつづく】

3 次の会話は，雄太さんと先生が，地層について交わしたものの一部である。これについて，下の問い（1）～（3）に答えよ。（6点）

雄太　先日，家の近くで地層を見つけ，さらにその周辺で①堆積岩を見つけました。
先生　どのような地層や堆積岩を見つけましたか。
雄太　はい。泥や砂などの層が見られ，泥岩や砂岩などの堆積岩を見つけることができました。地層や岩石について，さらに詳しく調べてみたいと思いました。
先生　具体的にどのようなことを調べてみたいですか。
雄太　そうですね。場所による地層のちがいや，今回，見つけられなかった②凝灰岩や石灰岩の特徴についても調べてみたいです。また，地層からさまざまな③化石が見つかることもあると聞いたので，化石についても調べてみたいです。

（1）　下線部①堆積岩に関して述べた文として最も適当なものを，次の（ア）～（エ）から1つ選べ。
……………………………………………………………………………………答の番号【6】

（ア）　砂岩をつくる粒は，角ばったものが多い。
（イ）　堆積岩には，斑れい岩やせん緑岩などもある。
（ウ）　チャートにうすい塩酸をかけても，気体は発生しない。
（エ）　堆積岩をつくる粒の大きさで，2 mm 以上のものはない。

（2）　下線部②凝灰岩や石灰岩について，凝灰岩と石灰岩はそれぞれ，主に何が堆積して固まってできた岩石か，最も適当なものを，次の（ア）～（ウ）からそれぞれ1つずつ選べ。　……………………………答の番号【7】
（ア）　火山灰や軽石など　　（イ）　岩石などのかけら　　（ウ）　生物の遺がい（死がい）など

（3）　下線部③化石について，次の（ア）～（エ）は化石として発見された生物である。（ア）～（エ）のうち，中生代に生息していた生物として最も適当なものを1つ選べ。　……………………………答の番号【8】
（ア）　アンモナイト　　（イ）　サンヨウチュウ　　（ウ）　デスモスチルス　　（エ）　フズリナ

4 次の**ノート**は，右のⅠ図のようなテーブルタップを使用する際の注意点について，みゆさんがまとめたものである。また，下の表はみゆさんが，さまざまな電気器具を，家庭のコンセントの電圧である 100 V で使用したときの消費電力をまとめたものである。これについて，下の問い（1）～（3）に答えよ。ただし，それぞれの電気器具は，表に示した消費電力で使用するものとし，消費電力は常に一定であるものとする。（6点）

Ⅰ図

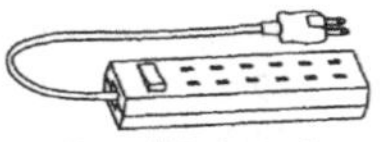

テーブルタップ

ノート

テーブルタップに電気器具を複数つなぐと，それらの電気器具は並列につながることになり，回路全体の消費電力が大きくなる。そのためテーブルタップには，電気を安全に使うために，電流や消費電力の上限が記載されている。テーブルタップに記載された電流や消費電力の上限を超えて電気器具を使用すると，テーブルタップが発熱し，発火するおそれがある。テーブルタップは，電流の上限が 15 A のものが多く，例えば，電圧が 100 V のコンセントに，電流の上限が 15 A のテーブルタップをつなぎ，そのテーブルタップに表中の［　　　］をつないで同時に使用すると，テーブルタップに流れる電流は 16 A となり，電流の上限である 15 A を超えてしまうので危険である。

電気器具	LED 電球	白熱電球	パソコン	テレビ	電子レンジ	電気ポット	トースター
消費電力〔W〕	8	60	80	200	600	800	1000

（1）　表から考えて，**ノート**中の［　　　］に入る語句として最も適当なものを，次の（ア）～（カ）から1つ選べ。
……………………………………………………………………………………答の番号【9】
（ア）　パソコンとテレビ　　（イ）　パソコンと電子レンジ　　（ウ）　テレビと電子レンジ
（エ）　テレビと電気ポット　　（オ）　電子レンジとトースター　　（カ）　電気ポットとトースター

（2）　みゆさんは，家庭で使用していた白熱電球の1つを，LED 電球に交換した。表から考えて，LED 電球を1時間使用したときに消費する電力量は何 kJ か求めよ。また，白熱電球のかわりに，LED 電球を 50 時間使用したときに削減できる電力量は，テレビを何時間使用したときに消費する電力量と等しいと考えられるか求めよ。
……………………………………………………………………………………答の番号【10】

（3）　電気器具を流れる電流の道すじは回路図で表すことができる。次のⅡ図は，電源，スイッチ，豆電球を用いてつくった回路を，回路図で表したものである。また，右のⅢ図は，電源，スイッチ，Ⅱ図と同じ豆電球を用いてつくった5つの回路を，それぞれ回路図で表したものである。Ⅱ図で表された回路のスイッチを入れると豆電球は点灯した。Ⅲ図で表されたそれぞれの回路のスイッチを入れたとき，Ⅱ図中の豆電球と同じ明るさで点灯する豆電球として適当なものを，Ⅲ図中の**A～F**から**すべて**選べ。ただし，Ⅱ図・Ⅲ図中に書かれた電圧は電源の電圧を示しており，豆電球以外の電気抵抗は考えないものとする。　……………………………答の番号【11】

Ⅱ図

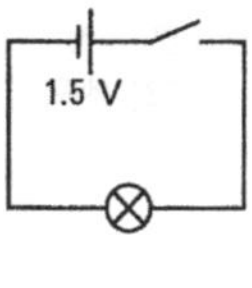

Ⅲ図

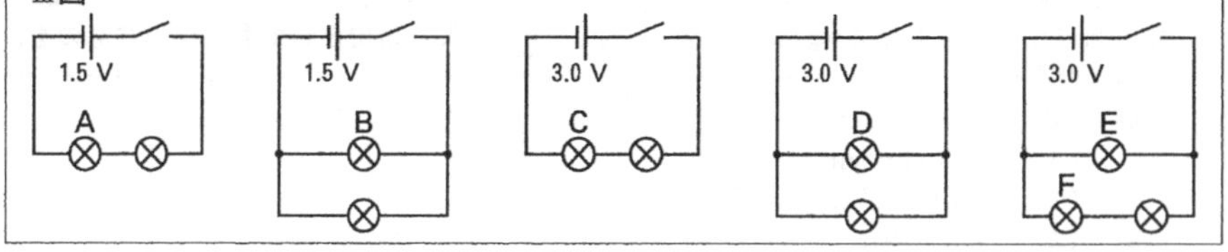

次の**プリント**は，細胞分裂のようすを観察する方法について書かれたものの一部である。太郎さんは，**プリント**を見ながら実験を行ったが，**プリント**中の操作の一部において，誤った操作で実験を行ってしまった。これについて，下の問い（**1**）・（**2**）に答えよ。（4点）

プリント

操作①　発芽して10 mm程度に成長したタマネギの根の先端を3 mm切りとる。

操作②　**操作①**で切りとったタマネギの根の先端をうすい塩酸に5分間ひたす。

操作③　**操作②**でうすい塩酸にひたしたタマネギの根を，スライドガラスの上にのせて，染色液を1滴落として5分間待つ。その後，カバーガラスをかけ，その上をろ紙でおおい，指でゆっくりと垂直にタマネギの根を押しつぶす。

操作④　**操作③**でつくったプレパラートを顕微鏡で低倍率から観察しはじめ，観察したい部分が視野の中央にくるようにしてから高倍率で観察する。

（**1**）　太郎さんは**操作④**で，プレパラートを顕微鏡で観察すると，細胞が多数重なり合っており，核や染色体のようすが十分に観察できなかった。これは太郎さんが，**プリント**中の操作の一部において，誤った操作で実験を行ってしまったことが原因であると考えられる。次の（**ア**）～（**エ**）のうち，細胞が多数重なり合って見えた原因と考えられる誤った操作として，最も適当なものを1つ選べ。 ……………………………………………**答の番号【12】**

（**ア**）　**操作①**で，発芽して5 mm程度までしか成長していないタマネギの根を用いてしまった。
（**イ**）　**操作②**で，タマネギの根の先端をうすい塩酸にひたさなかった。
（**ウ**）　**操作③**で，タマネギの根に染色液を落とさなかった。
（**エ**）　**操作④**で，顕微鏡の倍率を高倍率に変えなかった。

（**2**）　下線部タマネギの根について，タマネギの根でみられる体細胞分裂に関して述べた文として**適当でないもの**を，次の（**ア**）～（**エ**）から1つ選べ。 ……………………………………………**答の番号【13】**

（**ア**）　細胞が分裂して細胞の数がふえ，ふえた細胞が大きくなることで根はのびる。
（**イ**）　染色体が見られる細胞の数の割合は，根のどの部分を観察するかによって異なる。
（**ウ**）　細胞の中央部分に仕切りができはじめるときには，染色体の数は2倍にふえている。
（**エ**）　根の細胞の大きさは，先端に近い部分と比べて，根もとに近い部分の方が小さいものが多い。

あきらさんは，次の〈**実験**〉を行った。これについて，下の問い（**1**）～（**3**）に答えよ。（6点）

〈**実験**〉

操作①　試験管**A**・**B**を用意し，試験管**A**には5％硫酸亜鉛水溶液を，試験管**B**には5％硫酸マグネシウム水溶液をそれぞれ5.0 mLずつ入れる。

操作②　右の**I図**のように，試験管**A**にはマグネシウム片を，試験管**B**には亜鉛片を1つずつ入れ，それぞれの試験管内のようすを観察する。

【結果】　**操作②**の結果，試験管**A**ではマグネシウム片に色のついた物質が付着したが，試験管**B**では変化が見られなかった。

I図

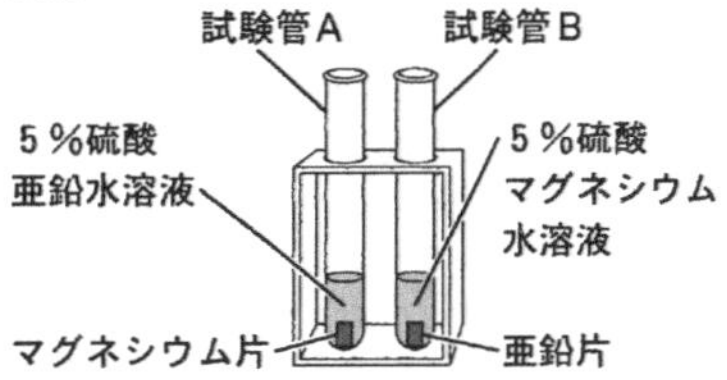

（**1**）　下線部5％硫酸亜鉛水溶液について，5％硫酸亜鉛水溶液の密度を1.04 g/cm^{3}とすると，5％硫酸亜鉛水溶液5.0 mL中の水の質量は何gか，小数第2位を四捨五入し，**小数第1位まで**求めよ。 …………**答の番号【14】**

（**2**）　右の**II図**はあきらさんが，試験管**A**中で起こった，マグネシウム片に色のついた物質が付着する反応における電子（㊀）の移動を，原子やイオンのモデルを用いて模式的に表そうとしたものである。答案用紙の図中の点線で示された矢印（┈┈>）のうち，マグネシウム片に色のついた物質が付着する反応における電子の移動を表すために必要なものを**2つ**選び，**実線**（――）でなぞって図を完成させよ。 …………………………**答の番号【15】**

II図

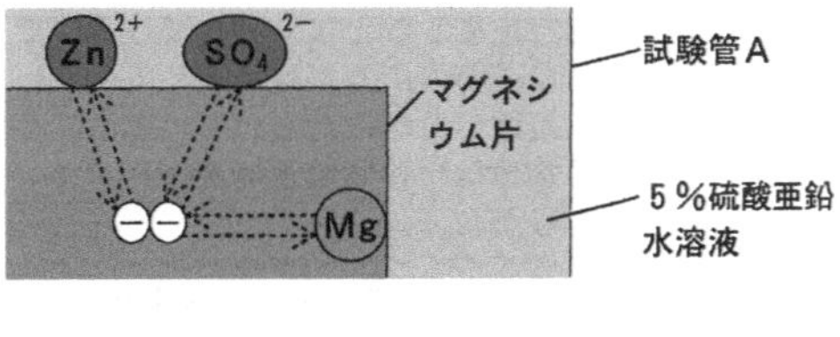

（**3**）　次の文は，あきらさんが**操作①**・**②**で用いる水溶液と金属片を変えて行った〈**実験**〉について書いたものの一部である。文中の［X］～［Z］に入る語句の組み合わせとして最も適当なものを，下の（**ア**）～（**エ**）から1つ選べ。 ……………………………………………**答の番号【16】**

硫酸銅水溶液を入れた試験管に亜鉛片を，硫酸亜鉛水溶液を入れた試験管に銅片をそれぞれ入れると，［X］水溶液に［Y］片を入れたときに［Y］片に色のついた物質が付着したので，［Z］の方がイオンになりやすいとわかる。

（**ア**）　X　硫酸銅　Y　亜鉛　Z　銅　　（**イ**）　X　硫酸銅　Y　亜鉛　Z　亜鉛
（**ウ**）　X　硫酸亜鉛　Y　銅　Z　銅　　（**エ**）　X　硫酸亜鉛　Y　銅　Z　亜鉛

【裏へつづく】

7　次の文章は，雲のでき方についてまとめたものである。また，右の図は気温と飽和水蒸気量の関係を表したグラフである。これについて，下の問い（1）・（2）に答えよ。（4点）

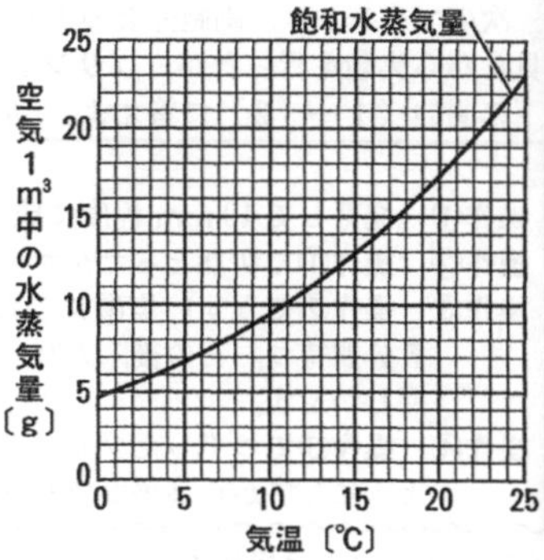

> 自然界において，雲は，①前線付近や，空気が山の斜面に沿って上昇したときなどにできやすい。空気が上昇すると，上空にいくほど空気のまわりの気圧が [X] なる。このため，空気が膨張して [Y] が下がり，ある高度で②露点に達する。さらに空気が上昇すると，空気中の水蒸気が細かい水滴や氷の粒となる。これが雲である。

（1）　下線部①前線付近に関して，寒冷前線付近で，強い上昇気流によって生じる，上方向に発達する雲として最も適当なものを，次の**ⅰ群（ア）〜（エ）**から1つ選べ。また，文章中の [X]・[Y] に入る表現として最も適当なものを，[X] は下の**ⅱ群（カ）・（キ）**から，[Y] は**ⅲ群（サ）・（シ）**からそれぞれ1つずつ選べ。……………答の番号【17】

ⅰ群　（ア）　巻積雲　　（イ）　高層雲　　（ウ）　積乱雲　　（エ）　乱層雲
ⅱ群　（カ）　高く　　（キ）　低く
ⅲ群　（サ）　温度　　（シ）　湿度

（2）　下線部②露点について，ある年の3月1日の14時における地点**A**の気温が15℃，湿度が40％であったとき，グラフから考えて，このときの地点**A**の露点として最も適当なものを，次の**ⅰ群（ア）〜（エ）**から1つ選べ。また，翌日の3月2日の14時における地点**A**の露点を調べたところ，前日の3月1日の14時における露点よりも高かった。露点が高くなった理由として最も適当なものを，下の**ⅱ群（カ）〜（ケ）**から1つ選べ。
……………………………………………………………………………………………………答の番号【18】

ⅰ群　（ア）　約1℃　　（イ）　約6℃　　（ウ）　約13℃　　（エ）　約18℃
ⅱ群　（カ）　気温が下がったため。　　（キ）　気温が上がったため。
（ク）　空気中の水蒸気量が減少したため。　　（ケ）　空気中の水蒸気量が増加したため。

8　次の会話は，優香さんと先生が，力と運動について交わしたものの一部である。これについて，下の問い（1）・（2）に答えよ。（4点）

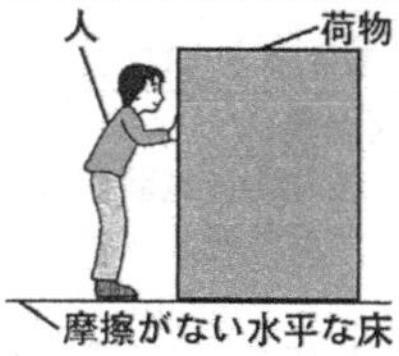

優香　水平な床の上に置かれた重い荷物を，床に平行な向きに押したとき，荷物が重すぎて動かすことができませんでした。もし，床に摩擦がなければ，私は荷物を簡単に動かすことができたのでしょうか。
先生　床に摩擦がなければ荷物は簡単に動きそうですが，その場合，荷物と床の間だけでなく，人と床の間にも摩擦がないことになってしまいますね。
優香　なるほど。荷物と床の間に摩擦がなく，人と床の間にも摩擦がない場合，どのようなことが起こるのでしょうか。
先生　では，図のように，摩擦がない水平な床の上で，人が自分よりも重い荷物を，床に平行な向きに押す状況を想定しましょう。そして，荷物と人にはたらく力を，床に平行な方向と垂直な方向に分けて，荷物と人がそれぞれどう動くのか考えましょう。
優香　はい。床に平行な方向の力を考えると，荷物は人から力を受け，[A] ので，[B] ことになります。
先生　そうですね。では，床に垂直な方向の力はどのようになっているかわかりますか。
優香　はい。荷物にも人にも重力がはたらいていますが，重力と，床からの垂直抗力は [C] と考えられます。
先生　その通りです。
優香　ちなみに，動いている物体は，摩擦や空気の抵抗などの力がはたらいていなければ，[D] の法則が成り立つので，止まることなく動き続けるのですよね。
先生　そうですね。物体に力がはたらいていないときはもちろん，重力や摩擦力，空気の抵抗など，大きさや向きが異なる複数の力がはたらいていても，それらの力が [C] ときは，[D] の法則が成り立つので，動いている物体は等速直線運動を続けます。また，物体がそれまでの運動を続けようとする性質を [D] というのでしたね。

（1）　会話中の [A]・[B] に入る表現として最も適当なものを，[A] は次の**ⅰ群（ア）〜（エ）**から，[B] は下の**ⅱ群（カ）〜（ク）**からそれぞれ1つずつ選べ。ただし，荷物は変形しないものとする。
……………………………………………………………………………………………答の番号【19】

ⅰ群　（ア）　人は荷物から力を受けない
（イ）　人は荷物が受けた力と反対向きで，同じ大きさの力を受ける
（ウ）　人は荷物が受けた力と反対向きの力を受けるが，人が受ける力の方が大きい
（エ）　人は荷物が受けた力と反対向きの力を受けるが，荷物が受ける力の方が大きい
ⅱ群　（カ）　荷物だけが動く　　（キ）　人だけが動く　　（ク）　荷物と人の両方が動く

（2）　会話中の [C] に共通して入る適当な表現を，**7字以内**で書け。また，[D] に共通して入る語句を，**漢字2字**で書け。……………………………………………………………答の番号【20】

下書き用

7

中期選抜学力検査

検査５−２　英　語

問題３・問題４・問題５
（リスニング）

このページに問題は印刷されていません

Emma：　Thank you.　Is your sister on the volleyball team at her school?
Saki　：　No.　But when she was a junior high school student, she was on the volleyball team at her school.
Emma：　Does she play volleyball now?
Saki　：　Yes, she sometimes plays volleyball with her friends on weekends.　She often watches volleyball games on TV with them, too.
Emma：　Does she play volleyball well?
Saki　：　Yes.　She was chosen as the best player in a small tournament when she was a junior high school student.
Emma：　Wow, I'm sure your sister will help our team a lot.

Question (1)：　When does Saki have the important soccer game?

Question (2)：　What is the one thing we can say about Saki's sister?

もう一度放送します。

〈会話・質問〉

これで，問題**4**を終わります。

次に，問題**5**の説明をします。
問題**5**は（**1**）・（**2**）の２つがあります。それぞれ短い会話を放送します。それぞれの会話の，最後の応答の部分にあたるところで，次のチャイム音を鳴らします。**〈チャイム音〉**このチャイム音のところに入る表現は，問題用紙に書いてあります。最も適当なものを，**(ア)**・**(イ)**・**(ウ)**・**(エ)**から１つずつ選びなさい。

問題用紙の例題を見なさい。例題をやってみましょう。

（例題）　A：　Hi, I'm Hana.
B：　Hi, I'm Jane.
A：　Nice to meet you.
B：　**〈チャイム音〉**

正しい答えは**(イ)**の Nice to meet you, too. となります。ただし，これから行う問題の会話の部分は印刷されていません。

それでは，問題**5**を始めます。会話は２回放送します。

（**1**）　A：　Oh, no!　It has started raining!
B：　What's the matter, Kate?
A：　I don't have my umbrella with me today.
B：　**〈チャイム音〉**

もう一度放送します。

〈会話〉

（**2**）　A：　What did you get for your birthday from your parents, Sarah?
B：　They gave me a guitar and some other things.　I was so happy.
A：　A guitar?　Great!　Can you play it for me?
B：　**〈チャイム音〉**

もう一度放送します。

〈会話〉

これで，問題**5**を終わります。

検査1　国語答案用紙

問題番号		答の番号	答の欄	採点欄	
一	(1)	【1】	□□□□ ／ ア　イ　ウ　エ	【1】 1点	1点
	(2)	【2】	ア　イ　ウ　エ	【2】 2点	
	(3)	【3】	ア　イ　ウ　エ	【3】 2点	
	(4)	【4】	（　）→（　）→（　）→（　）	【4】 完答 2点	
	(5) ㊀	【5】	□□□□□□□□□□	【5】 2点	
	(5) ㊁	【6】	ア　イ　ウ　エ	【6】 2点	
	(1)	【7】	Ⅰ ア　イ　ウ　エ ／ Ⅱ カ　キ　ク　ケ	【7】 完答 2点	
	(2)	【8】	Ⅰ ア　イ　ウ　エ ／ Ⅱ カ　キ　ク　ケ	【8】 1点	1点
	(3)	【9】		【9】 2点	
	4)	0】	ア　イ　ウ　エ	0】 点	

	(4)	【14】	ア　イ　ウ　エ　オ	【14】	完答 2点	
	(5)	【15】	権　／　ア　イ　ウ　エ	【15】	1点	1点
4	(1)	【16】	i群　ア　イ　／　ii群　カ　キ　／　iii群　サ　シ　／　iv群　タ　チ　ツ　テ	【16】	i, ii 完答 1点	iii, iv 完答 2点
	(2)	【17】	の改革	【17】	1点	
	(3)	【18】	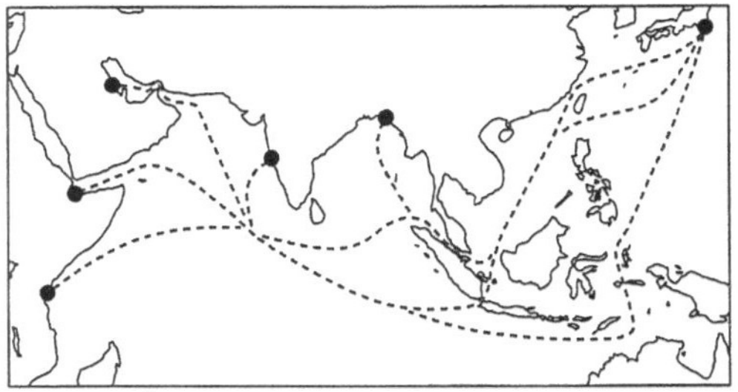	【18】	2点	
	(4)	【19】	ア　イ　ウ　エ	【19】	1点	
	(5)	【20】	i群　ア　イ　ウ　エ　／　ii群　カ　キ　ク　ケ　コ　サ	【20】	1点	2点

検査	受付番号	得点
2		

※40点満点

教英出版

2	(1)	【9】	cm^3		【9】	2点
	(2)	【10】	cm^2		【10】	2点
3	(1)	【11】			【11】	2点
	(2)	【12】	ア　イ　ウ　エ　オ　カ		【12】	完答 2点
4	(1)	【13】	$y =$	ア　イ　ウ　エ	【13】	1点　1点
	(2)	【14】	$x =$		【14】	完答 3点
5	(1)	【15】	cm		【15】	2点
	(2)	【16】	cm		【16】	2点
	(3)	【17】	cm^2		【17】	2点
6	(1)	【18】	枚		【18】	1点
	(2)	【19】	枚		【19】	2点
	(3)	【20】	$n =$		【20】	2点

検査	受付番号		得点
3			

※40点満点

6	（1）	【14】	g	【14】	2点		
	（2）	【15】	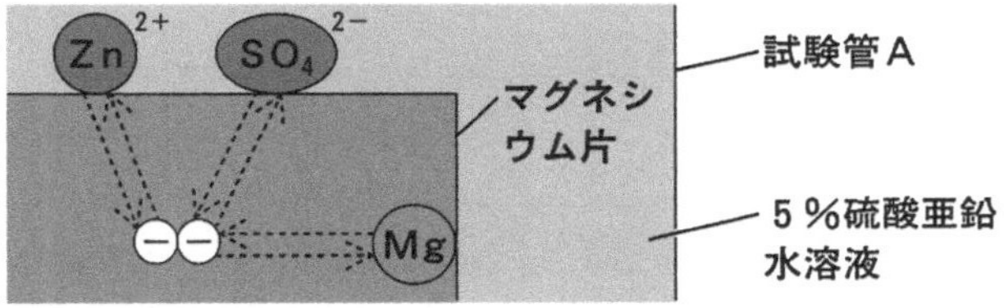	【15】	2点		
	（3）	【16】	ア　イ　ウ　エ	【16】	2点		
7	（1）	【17】	i群　ア　イ　ウ　エ ／ ii群　カ　キ ／ iii群　サ　シ	【17】	i　1点	ii, iii　完答 1点	
	（2）	【18】	i群　ア　イ　ウ　エ ／ ii群　カ　キ　ク　ケ	【18】	1点	1点	
8	（1）	【19】	i群　ア　イ　ウ　エ ／ ii群　カ　キ　ク	【19】	完答 1点		
	（2）	【20】	C　7 ／ D	【20】	2点	1点	

検査 4	受付番号		得点	

※40点満点

2	（3）	【13】	ア　　イ　　ウ　　エ　　オ	【13】	2点
	（4）	【14】	ア　　イ　　ウ　　エ	【14】	2点

検査	受付番号							得点	
5−1									

※リスニングと合わせて40点満点

検査5－2　英語（リスニング）答案用紙

問題番号		答の番号	答	の		欄	採点欄		
3	（1）	【15】	ア	イ	ウ	エ	【15】	2点	
	（2）	【16】	ア	イ	ウ	エ	【16】	2点	
4	（1）	【17】	ア	イ	ウ	エ	【17】	2点	
	（2）	【18】	ア	イ	ウ	エ	【18】	2点	
5	（1）	【19】	ア	イ	ウ	エ	【19】	2点	
	（2）	【20】	ア	イ	ウ	エ	【20】	2点	

検査	受付番号						得点		
5－2									

※筆記と合わせて40点満点

検査５−１　英語（筆記）答案用紙

問題番号			答の番号	答の欄		採点欄		
1	（1）		【1】	ア　イ　ウ　エ		【1】	2点	
	（2）		【2】	②	⑤	【2】	1点	1点
	（3）	（a）	【3】			【3】	2点	
		（b）	【4】	ア　イ　ウ　エ		【4】	2点	
	（4）		【5】	ア　イ　ウ　エ		【5】	2点	
	（5）		【6】	（　）→（　）→（　）→（　）→（　）→（　）		【6】	完答 2点	
	（6）		【7】	ア　イ　ウ　エ		【7】	2点	
	（7）		【8】	ア　イ　ウ　エ		【8】	2点	
	（8）	（a）	【9】	ア　イ　ウ　エ		【9】	2点	
		（b）	【10】			【10】	2点	
	（1）		【11】			【11】		

検査4　理科答案用紙

問題番号		答の番号	答の欄		採点欄		
1	(1)	【1】	ア　イ　ウ　エ		【1】	1点	
	(2)	【2】	X　ア　イ　ウ　エ	Y　m/s	【2】	1点	2点
	(3)	【3】	ア　イ　ウ	神経	【3】	1点	1点
2	(1)	【4】	A　B　C　D		【4】	完答2点	
	(2)	【5】	i群　ア　イ　ウ	ii群　カ　キ　ク	【5】	完答2点	
3	(1)	【6】	ア　イ　ウ　エ		【6】	2点	
	(2)	【7】	凝灰岩　ア　イ　ウ	石灰岩　ア　イ　ウ	【7】	完答2点	
	(3)	【8】	ア　イ　ウ　エ		【8】	2点	
4	(1)	【9】	ア　イ　ウ　エ　オ　カ		【9】	1点	
	(2)	【10】	kJ	時間	【10】	1点	2点
	(3)	【11】	A　B　C　D　E　F		【11】	完答2点	

【解答

検査３　数学答案用紙

問題番号		答の番号	答の欄	採点欄	
1	(1)	【1】		【1】	2点
	(2)	【2】		【2】	2点
	(3)	【3】		【3】	2点
	(4)	【4】	$x =$　　　　　,　$y =$	【4】	完答 2点
	(5)	【5】		【5】	2点
	(6)	【6】	個	【6】	2点
	(7)	【7】	cm	【7】	2点
	(8)	【8】	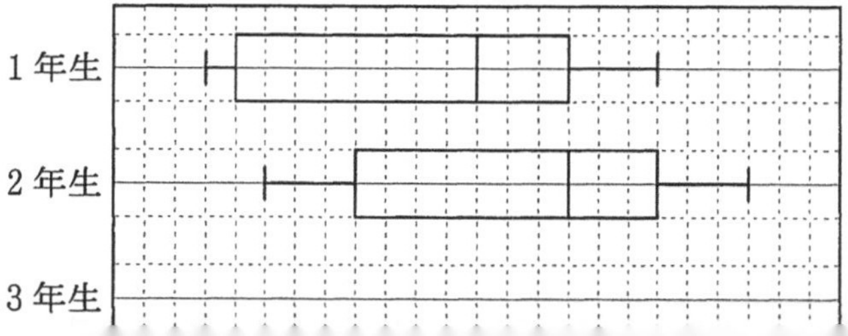	【8】	2点

【解答

検査2　社会答案用紙

問題番号		答の番号	答の欄		採点欄		
1	(1)	【1】	a　b　c　d	ア　イ　ウ　エ	【1】	1点	1点
	(2)	【2】	ア　イ　ウ　エ		【2】	2点	
	(3)	【3】	ア　イ　ウ　エ		【3】	1点	
	(4)	【4】	(　)→(　)→(　)→(　)		【4】	完答 2点	1点
	(5)	【5】	ア　イ　ウ　エ　オ　カ		【5】	2点	
2	(1)	【6】	写真A	写真B　ア　イ　ウ　エ	【6】	1点	1点
	(2)	【7】	m	ア　イ　ウ　エ	【7】	1点	1点
	(3)	【8】			【8】	1点	1点
	(4)	【9】	i群　ア　イ　ウ	ii群　カ　キ　ク	【9】	完答 2点	
	(5)	【10】	i群　ア　イ　ウ　エ	ii群　カ　キ　ク　ケ	【10】	1点	1点
	(1)	【11】	(　)→(　)→(　)→(　)		【11】	完答 2点	

【解答

二

(6)	(7)	(8)	(9)	(10)	(11) ㊀	(11) ㊁	(11) ㊂	(11) ㊃
【12】	【13】	【14】	【15】	【16】	【17】	【18】	【19】	【20】
ア イ ウ エ	Ⅰ ア イ ウ エ Ⅱ カ キ ク ケ	性	ア イ ウ エ	ア イ ウ エ	～	～	ア イ ウ エ	Ⅰ ア イ Ⅱ カ キ Ⅲ サ シ
【12】	【13】	【14】	【15】	【16】	【17】	【18】	【19】	【20】
2点	完答 2点	2点	2点	2点	2点	2点	2点	完答 2点

検査
1
受付番号
得点

※40点満点

※教英出版注
音声は，解答集の書籍ＩＤ番号を
教英出版ウェブサイトで入力して
聴くことができます。

令和５年度　検査５－２　英語（リスニング）問題３・問題４・問題５　放送台本

これから，問題３・４・５を放送によって行います。問題用紙を開いて１ページを見なさい。答案用紙を表に向けなさい。

それでは，問題３の説明をします。
問題３は（１）・（２）の２つがあります。それぞれ短い会話を放送します。次に，Question と言ってから英語で質問をします。それぞれの質問に対する答えは，問題用紙に書いてあります。最も適当なものを，（ア）・（イ）・（ウ）・（エ）から１つずつ選びなさい。会話と質問は２回放送します。

それでは，問題３を始めます。

（１）A：Hi, Kana. What are you reading?
B：Hi, Jenny. I'm reading a letter from Mary. She is one of my friends. I met her when I was in America. I'm happy that she will come to Japan next month to meet me.
A：That's great. I want to meet her, too.
B：OK. I'll tell her about that.

Question：Why is Kana happy?

もう一度放送します。

〈会話・質問〉

（２）A：Nancy, which cake will you eat today? This month, we can choose the special chocolate cake or the special strawberry cake at this shop.
B：Well, last week, I ate the special chocolate cake. It was delicious.
A：Then, I'll have the special chocolate cake and tea.
B：I see. I want to eat something I have not tried yet, so I'll have this special cake and coffee today.

Question：What will Nancy have at this shop today?

もう一度放送します。

〈会話・質問〉

これで，問題３を終わります。

次に，問題４の説明をします。
これから，エマとサキの会話を放送します。つづいて，英語で２つの質問をします。それぞれの質問に対する答えは，問題用紙に日本語で書いてあります。最も適当なものを，（ア）・（イ）・（ウ）・（エ）から１つずつ選びなさい。会話と質問は２回放送します。

それでは，問題４を始めます。

Emma：Hi, Saki. Do you like playing volleyball?
Saki ：Yes, Emma. Why?
Emma：I'm on the local volleyball team and we have a small tournament on the 14th(fourteenth) this month. But one of our members can't come. Can you join our team?
Saki ：I'm sorry, but I can't. I have to practice soccer that day because I have an important soccer game the next day.
Emma：I see.
Saki ：Well, I have a sister, so I will ask her. She is a high school student and she likes playing volleyball.

※教英出版注
音声は，解答集の書籍ＩＤ番号を教英出版ウェブサイトで入力して聴くことができます。

【リスニングの問題について】
放送中にメモをとってもよい。

3 それぞれの質問に対する答えとして最も適当なものを，次の（ア)～(エ）から１つずつ選べ。（４点）

（１）（ア） Because Mary will come to Japan next month.
（イ） Because Mary met her in Japan.
（ウ） Because she is writing a letter for Jenny.
（エ） Because she will visit America.
…………答の番号【15】

（２）（ア） The special chocolate cake and tea.
（イ） The special chocolate cake and coffee.
（ウ） The special strawberry cake and tea.
（エ） The special strawberry cake and coffee.
…………答の番号【16】

4 それぞれの質問に対する答えとして最も適当なものを，次の（ア)～(エ）から１つずつ選べ。（４点）

（１）（ア） 今月の 14 日
（イ） 今月の 15 日
（ウ） 来月の 14 日
（エ） 来月の 15 日
…………答の番号【17】

（２）（ア） 高校でバレーボールのチームに入っている。
（イ） サキと，週末にときどきバレーボールをしている。
（ウ） 友達と，よくバレーボールの試合をテレビで見る。
（エ） 小学生のときに，小さなトーナメントで最優秀選手に選ばれた。
…………答の番号【18】

5 それぞれの会話のチャイム音のところに入る表現として最も適当なものを，下の（ア)～(エ）から１つずつ選べ。（４点）

（例題） A： Hi, I'm Hana.
B： Hi, I'm Jane.
A： Nice to meet you.
B： **〈チャイム音〉**

（ア） I'm Yamada Hana.
（イ） Nice to meet you, too.
（ウ） Hello, Jane.
（エ） Goodbye, everyone.

（解答例）

ア	㋑	ウ	エ

（１）（ア） I want to use yours today.
（イ） Here you are. I have another one.
（ウ） I'm sorry. I don't think so.
（エ） I found many cute animals on yours.
…………答の番号【19】

（２）（ア） Yes, I needed some money to buy it.
（イ） Yes, my parents play it every day.
（ウ） No, my parents didn't have one.
（エ） No, actually I can't play it well.
…………答の番号【20】

【英語（リスニング）おわり】

(３) 次の英文は，下線部③について説明したものである。これを読んで，下の問い（ａ）・（ｂ）に答えよ。

> To learn about ceramic works, Kimiko went to [i] and found some things about a kind of ceramic work by reading a book. Then, she decided to visit her grandfather's shop because she wanted to make a ceramic work [ii].

（ａ） 本文の内容から考えて，[i] に入る表現として最も適当な部分を，本文中から２語で抜き出して書け。 ……………………………………………………………………………答の番号【３】

（ｂ） 本文の内容から考えて，[ii] に入る表現として最も適当なものを，次の（ア）～（エ）から１つ選べ。 ……………………………………………………………………………答の番号【４】

（ア） with one of her friends　　（イ） from the first process
（ウ） after she went back home　　（エ） without his help

(４) [④] に入る表現として最も適当なものを，次の（ア）～（エ）から１つ選べ。 ……答の番号【５】

（ア） you can use it to make something　　（イ） you should visit my shop to make it
（ウ） I will show you the way to make it　　（エ） we have to go to the mountain again

(５) 下線部⑥の［　　］内の（ア）～（カ）を，文意が通じるように正しく並べかえ，**記号**で書け。
……………………………………………………………………………答の番号【６】

(６) 本文の内容から考えて，次の〈質問〉に対する答えとして最も適当なものを，下の（ア）～（エ）から１つ選べ。 ……………………………………………………………………………答の番号【７】

〈質問〉 What did Kimiko's grandfather do when she first tried to make a cup?

（ア） He asked her to make the shape of it for him.
（イ） He supported her when she made the shape of it.
（ウ） He told her to be a potter like him in the future.
（エ） He showed his ceramic works to make her happy.

(７) 本文の内容と一致する英文として最も適当なものを，次の（ア）～（エ）から１つ選べ。 ……答の番号【８】

（ア） The questions Kimiko's friend asked were difficult, but Kimiko could answer all of them.
（イ） Kimiko and one of her friends visited Kimiko's grandfather and went to a mountain to get soil.
（ウ） Kimiko kneaded the clay she made with her grandfather, and then she decided what to make.
（エ） After Kimiko's clay plate was dried for a week, her grandfather put it in his kiln and baked it there.

(８) 次の英文は，このスピーチを聞いた中学生の奈緒子（Naoko）と留学生のジョージ（George）が交わしている会話の一部である。これを読んで，下の問い（ａ）・（ｂ）に答えよ。

> Naoko : I have found something important in Kimiko's speech.
> George: What is that?
> Naoko : Well, Kimiko liked her grandfather's ceramic works, but she only knew the [i] to make the shape of the cups before she read a book about a ceramic work and made her plate at her grandfather's shop.
> George: Do you mean she didn't know much about ceramic works?
> Naoko : Yes, she said so. However, [ii] at her grandfather's shop, she learned that making ceramic works was hard but it was fun, and she was happy to realize that. Since then, she has been learning about ceramic works.
> George: I see.
> Naoko : I understand how she feels. When I learn something by myself and know many things about it, I become happy and want to know more about it.

（ａ） 本文の内容から考えて，[i] に入る最も適当な語を，次の（ア）～（エ）から１つ選べ。
……………………………………………………………………………答の番号【９】

（ア） answer　　（イ） goal　　（ウ） topic　　（エ） way

（ｂ） 本文の内容から考えて，[ii] に入る表現として最も適当な部分を，本文中から３語で抜き出して書け。 ……………………………………………………………………………答の番号【10】

【裏へつづく】

2 次の英文は，高校生のまみ（Mami）と留学生のジーナ（Gina）が交わしている会話である。下の**リスト（list）**を参考にして英文を読み，下の問い（1）～（4）に答えよ。（8点）

Gina : What are you looking at, Mami?

Mami: I'm looking at a list of English books. Our English teacher Ms. Smith gave this to me yesterday. I started reading English books last month and asked her to tell me good books. The *comments on the list are her comments about each book. I'll go shopping tomorrow and buy some of the books on the list.

Gina : Can I see it? Oh, I think you should read this book. I haven't read it, but look at the comment. You are interested in the U.S., right? You can learn about many famous places there if you read it.

Mami: Wow, that's nice. I'll buy it.

Gina : How about "The Blue Sky"? I first read it when I was little and it was very interesting. You should also buy it.

Mami: Then, I'll buy it, [①].

Gina : I heard the writer of the book is liked by a lot of people in Japan. Look at the comment. The same writer wrote "The White Sea". I like the writer, so I want to read it someday. Have you read it before?

Mami: No, but this story is in our English *textbook. We will read the story in the class, so I will not buy it. Well, I want to read "Our Memory", but I think it is difficult. Have you ever read it?

Gina : No, but if you want to read it, you should read it. I'll help you if you can't understand the book.

Mami: Thank you. I'll also buy it.

Gina : How about this book? I haven't read it, but I think you can learn a lot about English.

Mami: I have read it before, so I will not buy it. It tells us many interesting facts about English words and I learned about the *origin of the names of the months. For example, September means "the seventh month."

Gina : Wait. Today, September is the ninth month of the year, right?

Mami: Yes. Let me talk about the history [②]. When people began to use a *calendar, there were only ten months in a year, and the year started in March. September was really the seventh month then. The book says that there are some *theories, but it introduces this theory.

Gina : I see.

Mami: Oh, I think I chose [③] many books. I don't think I have enough money.

Gina : Well, look at the list. I don't think you need to buy ④this book. I found it at the library in our school. I've liked it since I first read it, so I was happy when I found it there.

Mami: I see. So, I will not buy it tomorrow and I'll visit the library next week. Thank you.

リスト（list）

Name of Book	Comment
（ア） Lily	A girl called Lily visits many famous places in the U.S. You can learn a lot about them with pictures taken by the writer.
（イ） Our Memory	A girl goes abroad and studies about AI. There are some difficult words in this book.
（ウ） The Blue Sky	This is a story about a boy who goes to the future. The writer of this book is liked by many people in Japan and the writer also wrote "The White Sea".
（エ） The Past	A boy travels to the past and learns about the origin of English words.
（オ） The White Sea	A small cat visits a city in the sea. There are many pictures in this book. The writer drew them and they will help you understand the situations.

（注） comment コメント　textbook 教科書　origin 起源　calendar 暦　theory 説

（1） [①]・[③] に共通して入る最も適当な1語を書け。 ……………………………………答の番号【11】

（2） [②] に入る表現として最も適当なものを，次の（ア）～（エ）から1つ選べ。 ……答の番号【12】

（ア） to tell you the reason　（イ） to buy the book tomorrow

（ウ） to write a comment about each book　（エ） to learn about Japanese words

（3） 本文と**リスト（list）**の内容から考えて，下線部④にあたるものとして最も適当なものを，**リスト（list）**中の（ア）～（オ）から1つ選べ。 ……………………………………答の番号【13】

（4） 本文と**リスト（list）**の内容と一致する英文として最も適当なものを，次の（ア）～（エ）から1つ選べ。 ……………………………………答の番号【14】

（ア） Mami says that she decided to start reading English books because Ms. Smith gave her the list.

（イ） The writer of "The Blue Sky" is popular in Japan and Gina knew that before she talks with Mami.

（ウ） Through the comments, Ms. Smith tells Mami that there are some difficult words in "The Past".

（エ） Many pictures taken by the writer help people understand the situations in "The White Sea".

【英語(筆記)おわり】

令和５年度　京都府公立高等学校入学者選抜

中期選抜学力検査

検査２　社　会

（40分）

解答上の注意

1　「始め」の指示があるまで，問題を見てはいけません。
2　問題は，この冊子の中の**１～５ページ**にあります。
3　答案用紙には，**受付番号**を記入しなさい。氏名を書いてはいけません。
4　答案用紙の**答の欄**に答えを記入しなさい。採点欄に記入してはいけません。
5　答えを記入するときは，それぞれの問題に示してある**【答の番号】**と，答案用紙の**【答の番号】**とが一致するように注意しなさい。
6　答えを記号で選ぶときは，答案用紙の**答の欄**の当てはまる記号を○で囲みなさい。答えを訂正するときは，もとの○をきれいに消すか，それに×をつけなさい。
7　答えを記述するときは，丁寧に書きなさい。
8　**字数制限がある場合は，句読点や符号なども１字に数えなさい。**
9　答えの書き方について，次の**解答例**を見て間違いのないようにしなさい。

解答例

1　火曜日の翌日は何曜日か，**漢字１字**で書け。
……………………………**答の番号【１】**

2　次の（ア）～（ウ）の数を値の小さいものから順に並べかえ，**記号**で書け。　………………**答の番号【２】**
（ア）　7　　（イ）　5　　（ウ）　3

3　次の問い（１）・（２）に答えよ。
（１）「京」の総画数として最も適当なものを，次の（ア）～（ウ）から１つ選べ。……**答の番号【３】**
（ア）　7画　　（イ）　8画　　（ウ）　9画
（２）次の（ア）～（オ）のうち，奇数を**すべて**選べ。
……………………………**答の番号【４】**
（ア）　1　　（イ）　2　　（ウ）　3
（エ）　4　　（オ）　5

問題番号		答の番号	答の欄	採点欄
1		【1】	水　曜日	【1】
2		【2】	(ウ)→(イ)→(ア)	【2】
3	(1)	【3】	ア　㋑　ウ	【3】
	(2)	【4】	㋐ イ ㋒ エ ㋔	【4】

検査	受付番号	得点
2	123456	

このページに問題は印刷されていません

1 次の文章は，絵里さんが，イギリスのロンドンに留学している姉の由里さんから受け取った手紙の一部である。これを見て，下の問い（1）～（5）に答えよ。(10点)

> 絵里，元気にしていますか。ロンドンは①緯度が高いけれど，思っていたより寒くなく，私は快適に過ごしています。こちらにはたくさんの留学生が来ていて，英語以外にもさまざまな②言語を耳にすることがあり，毎日新しく学ぶことばかりです。先日，友人と③博物館に行ったら，教科書で見たことのある絵画が展示されていて，驚きました。こちらでは，友人と④ヨーロッパの歴史の話などで盛り上がり，これまで学んできたこともよく話題になります。絵里が今，学んでいることも，これからいろいろな場面につながっていくかもしれませんね。

（1） 絵里さんは，地球儀でヨーロッパ周辺の下線部①緯度を確認することにした。右の**資料**Ⅰは，0度を基準に10度の間隔で緯線と経線が描かれた地球儀の一部を示したものであり，**a～d**の点線（------）は緯線を示している。この4本の緯線のうち，日本の本州を通る北緯40度の緯線はどれか，**a～d**から1つ選べ。また，絵里さんは地球儀を眺める中で，地球の表面における，陸地と海洋の面積の割合に興味を持った。地球の表面における陸地の面積は，地球の表面の面積のおよそ何割にあたるか，最も適当なものを次の（**ア**）～（**エ**）から1つ選べ。
……………………………………………………………**答の番号【1】**

資料Ⅰ

（**ア**） およそ3割　（**イ**） およそ4割
（**ウ**） およそ6割　（**エ**） およそ7割

（2） 絵里さんは，下線部②言語に興味を持ち，ヨーロッパのさまざまな言語について調べた。次の文章は，絵里さんがヨーロッパのさまざまな言語についてまとめたものの一部である。文章中の A ～ C に入るものの組み合わせとして最も適当なものを，下の（**ア**）～（**エ**）から1つ選べ。 ……………………**答の番号【2】**

> ヨーロッパのさまざまな言語は大きく3つの系統に分けられ，例えば英語は A 系言語に分類され，イタリア語は B 系言語に分類される。また，イタリア語と同じ B 系言語に分類される C 語は，16世紀に C 人が進出した南アメリカ大陸において，現在，多くの国で公用語とされている。

（**ア**） **A** ゲルマン **B** ラテン **C** スペイン　（**イ**） **A** ゲルマン **B** ラテン **C** フランス
（**ウ**） **A** ラテン **B** ゲルマン **C** スペイン　（**エ**） **A** ラテン **B** ゲルマン **C** フランス

（3） 絵里さんは，イギリスの下線部③博物館に，1919年にベルサイユ条約が結ばれたときの様子を描いた右の**資料**Ⅱが所蔵されていることを知った。ベルサイユ条約が結ばれた講和会議において決められた内容として最も適当なものを，次の（**ア**）～（**エ**）から1つ選べ。 ……………………………**答の番号【3】**

資料Ⅱ

（**ア**） 日本に遼東《リアオトン》《りょうとう》半島を返還させること。
（**イ**） ドイツの軍備を拡張し増強すること。
（**ウ**） 日本が山東《シャントン》《さんとう》省の権益を獲得すること。
（**エ**） ドイツに東ドイツと西ドイツを成立させること。

（4） 絵里さんは，下線部④ヨーロッパの歴史について調べた。次の（**ア**）～（**エ**）は，ヨーロッパの歴史に関することについて述べた文である。（**ア**）～（**エ**）を古いものから順に並べかえ，**記号**で書け。また，絵里さんは，17世紀から18世紀のヨーロッパで人権思想の基礎となった考え方が生まれたことを知り，人権の歴史に興味を持った。各国が保障すべき人権の共通の基準として，1948年に国際連合で採択された宣言を何というか，**漢字6字**で書け。 ……………………………………………………………………**答の番号【4】**

（**ア**） ローマ帝国がキリスト教を国の宗教とした。
（**イ**） オランダがスペインからの独立を宣言した。
（**ウ**） アメリカ独立戦争を支援した戦費の支払いのために，フランスの国王が新たに貴族へ課税しようとした。
（**エ**） ヨーロッパで，人間の個性や自由を表現しようとする，ルネサンス（文芸復興）と呼ばれる動きが生まれた。

（5） 絵里さんは，由里さんからの手紙を読んだ後，日本の歴史における留学生の派遣に興味を持った。次の文章は，絵里さんが日本の歴史における留学生の派遣についてまとめたものの一部である。文章中の A ・ B に入るものの組み合わせとして最も適当なものを，下の（**ア**）～（**カ**）から1つ選べ。 …**答の番号【5】**

> 日本の歴史において，留学生の派遣は常に行われていたわけではなかった。外国と正式な国交を結ばなかった時代もあり，時代によっては日本人の海外渡航が禁止されることもあった。一方で，公地公民（公地・公民）の方針が打ち出された A の後半や，近代国家を建設しようとした B の初めには，外交使節や留学生の派遣が行われた。

（**ア**） **A** 飛鳥《あすか》時代 **B** 江戸時代　（**イ**） **A** 飛鳥時代 **B** 明治時代
（**ウ**） **A** 平安時代 **B** 江戸時代　（**エ**） **A** 平安時代 **B** 明治時代
（**オ**） **A** 室町時代 **B** 江戸時代　（**カ**） **A** 室町時代 **B** 明治時代

【裏へつづく】

2　広史さんは，群馬県前橋市に住む祖父母を訪ねることになり，前橋市についてさまざまなことを調べた。次の**資料Ⅰ**は，前橋市の２万5000分の１地形図の一部である。これを見て，下の問い（**1**）～（**5**）に答えよ。(10点)

資料Ⅰ（令和元年国土地理院発行２万5000分の１地形図「前橋」より作成）

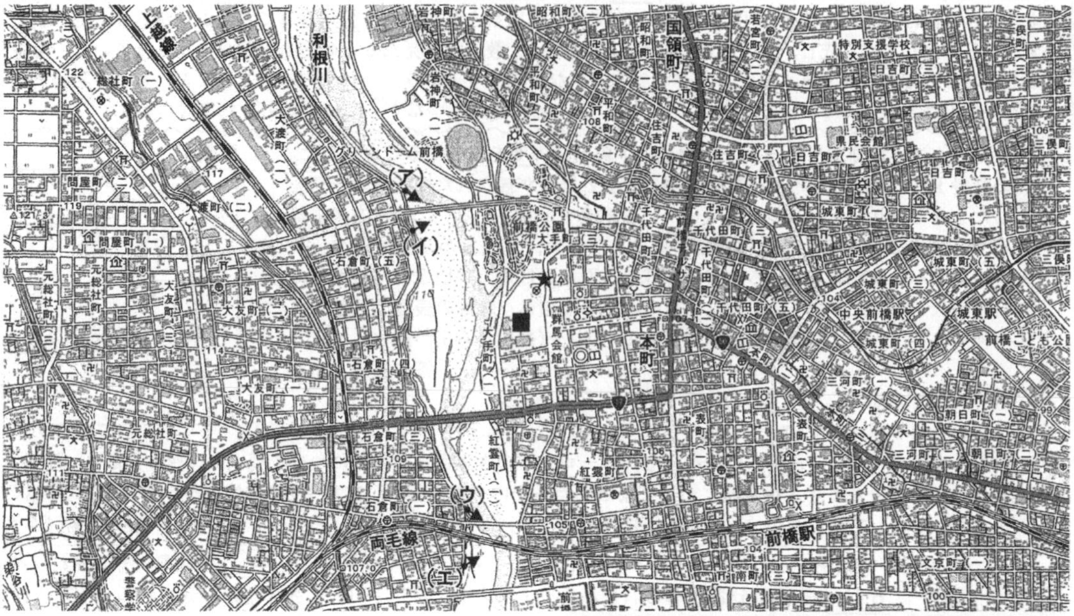

（１）　広史さんは，**資料Ⅰ**中の■にある「県庁」から前橋市の市街地を一望できることを知った。右の**写真A**は，「県庁」の展望ホールから広史さんが撮影したものである。**写真A**は「県庁」から東・西・南・北のどの方角を撮影したものと考えられるか，**東・西・南・北**のいずれかを**漢字１字**で書け。また，右の**写真B**は，**資料Ⅰ**中の（**ア**）～（**エ**）のいずれかの・の地点から➡の方向に向かって広史さんが撮影したものである。この**写真B**はどの地点で撮影したものと考えられるか，（**ア**）～（**エ**）から１つ選べ。　………**答の番号【６】**

写真A

写真B

（２）　広史さんは，**資料Ⅰ**中の★に前橋城の跡を示す石碑である「前橋《まえばし》城《じょう》址《し》之《の》碑《ひ》」があることを知った。**資料Ⅰ**中において，「前橋駅」から★までの経路を広史さんが決めて，その長さを測ったところ，８㎝であった。このことから，広史さんが決めた「前橋駅」から★までの実際の道のりは何ｍと考えられるか，**数字**で書け。また，**資料Ⅰ**から読み取れることとして最も適当なものを，次の（**ア**）～（**エ**）から１つ選べ。　………………**答の番号【７】**

（**ア**）　ＪＲ線以外の鉄道はない。
（**イ**）　田や畑が広がる場所はない。
（**ウ**）　三角点が置かれている地点は，標高110ｍ以下である。
（**エ**）　「上越《じょうえつ》線」と「利根《とね》川」にはさまれた地域では，寺院よりも神社の方が多い。

（3） 広史さんは，**資料**Ⅰ中の「国領町《こくりょうまち》」の地名が，国司が直接支配した土地であることに由来することを知った。国司は都から地方に派遣された役人であり，隋《ずい》や唐《とう》にならって整えられたさまざまな法や規定に基づいたものの一つである。隋や唐で国家体制の根本をなす基本法として定められた，当時の刑罰や政治のきまりを何というか，**漢字2字**で書け。また，広史さんは，隋や唐にならって整えられた奈良時代の制度の一つに税制度があることを知った。右の**資料**Ⅱは，当時の，ある税の内容が記された木簡《もっかん》である。この木簡に記された「生蘇《なまそ》」（乳製品）のような，地方の特産物を納める税の名称を，**漢字1字**で書け。 ……………………………………………………**答の番号【8】**

資料Ⅱ

近江国《おうみのくに》生蘇三合

（4） **資料**Ⅰ中の「本町《ほんまち》」に国道50号線の起点があることに気づいた広史さんは，国道などの道路整備が公共事業の一つであることを知った。公共事業について調べる中で，公共事業と景気に関わりがあるのではないかと考えた広史さんは，日本の，「国の公共事業関係費」，「国の社会保障費」，「国の税収額」の推移を表す3つのグラフを作成し，それぞれの項目と景気との関係を調べることにした。3つのグラフはそれぞれ，右の**ⅰ群**のいずれかと**ⅱ群**のいずれかを組み合わせたものであり，**ⅱ群**の灰色で塗って示してある期間は景気の後退期を表している。「国の公共事業関係費」の推移を表すグラフは，**ⅰ群（ア）～（ウ）**と**ⅱ群（カ）～（ク）**のうち，どれとどれを組み合わせたものか。最も適当なものを，それぞれ1つずつ選べ。 ………………**答の番号【9】**

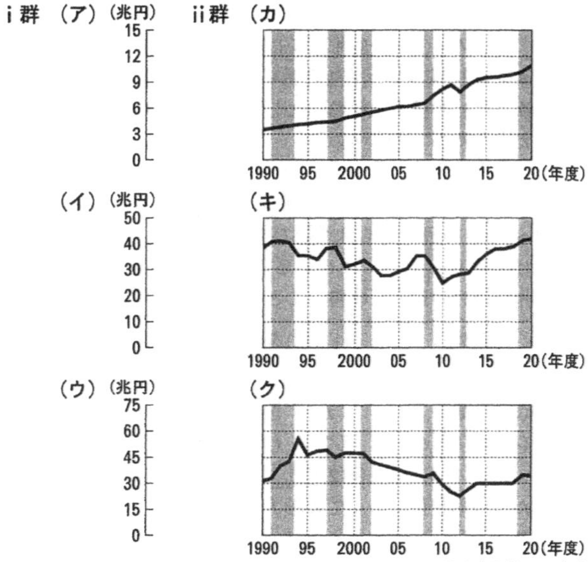

財務省資料より作成

（5） 広史さんは，群馬県が**資料**Ⅰ中の「上越線」や「両毛線《りょうもう》」などを通して，隣接する都道府県と結び付いていることを知った。群馬県と隣接する栃木県，長野県，新潟県，福島県のいずれかについて述べた次の**ⅰ群（ア）～（エ）**の文のうち，栃木県にあたるものを1つ選べ。また，広史さんは，「両毛線」を利用すると岩宿《いわじゅく》遺跡の最寄り駅まで行くことができることを知った。岩宿遺跡における発見について述べた文として最も適当なものを，下の**ⅱ群（カ）～（ケ）**から1つ選べ。 …………………………………………………………**答の番号【10】**

ⅰ群 **（ア）** 四大公害裁判の一つが行われたこの県には，信濃《しなの》川が流れている。

（イ） 盆地での果樹栽培が盛んで日本有数のももの産地であるこの県には，猪苗代《いなわしろ》湖がある。

（ウ） ナウマンゾウのきばが発見された野尻《のじり》湖があるこの県には，フォッサマグナが通っている。

（エ） 高速道路沿いなどに機械工業の工場が集まっているこの県には，足尾《あしお》銅山がある。

ⅱ群 **（カ）** 打製石器が発見され，日本に旧石器時代があったことが証明された。

（キ） 水田やむら（集落）のあとなどが発見され，弥生時代の人々の生活が明らかになった。

（ク） 「漢委奴国王《かんのわのなのこくおう》」と刻まれた金印が発見され，倭《わ》の奴《な》の国王が中国に使いを送っていたことが証明された。

（ケ） ワカタケルの名が漢字で刻まれた鉄剣が発見され，ヤマト王権（大和《やまと》政権）が関東の豪族を従えていたことが明らかになった。

【裏へつづく】

3　次の**資料Ⅰ**は，雪さんが，日本の歴史におけるさまざまな集団や組織について調べて作成したレポートの一部である。これを見て，下の問い（**1**）～（**5**）に答えよ。(10点)

資料Ⅰ

平安時代	室町時代	江戸時代	明治時代	大正時代
武士たちが，源氏《げんじ》と①平氏《へいし》を中心にそれぞれまとまり，大きな武士団となった。	②浄土真宗（一向宗）の信仰で結び付いた人たちが，一向《いっこう》一揆《いっき》を起こした。	③城下町に住む商人や職人たちが，それぞれ同業者の組織をつくった。	自由民権運動を進めていた人たちが，国会の開設に備えて，④政党を結成した。	労働者たちが，全国規模の⑤労働組合となる日本労働総同盟を結成した。

（**1**）　雪さんは，下線部①平氏について調べ，平清盛《たいらのきよもり》を中心とする平氏の系図の一部である右の**資料Ⅱ**を作成した。また，次の文は，**資料Ⅱ**を参考にして雪さんが平清盛について書いたものであり，文中の［　　　］に，下の（**ア**）～（**シ**）の語句から**4つ**選び，それらを並べかえてできた表現を入れると文が完成する。［　　　］に適切な表現が入るように，（**ア**）～（**シ**）の語句から**4つ**選び，それらを並べかえ，**記号**で書け。なお，［　　　］に入る適切な表現は複数あるが，答案用紙には一通りだけ書くこと。　……………**答の番号【11】**

資料Ⅱ

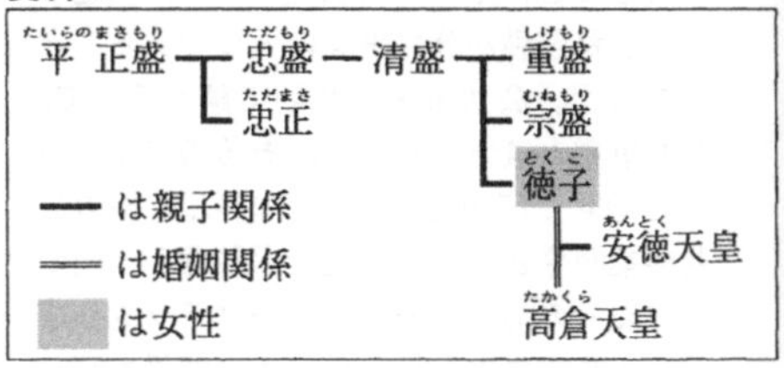

> 平清盛は［　　　］権力を強め，朝廷の政治を思うように動かすようになった。

（**ア**）　姉妹　　（**イ**）　祖父　　（**ウ**）　父の　　（**エ**）　孫を
（**オ**）　娘を　　（**カ**）　きさき　　（**キ**）　貴族の　　（**ク**）　自分が
（**ケ**）　天皇の　　（**コ**）　息子が　　（**サ**）　とすることで　　（**シ**）　となることで

（**2**）　雪さんは，下線部②浄土真宗（一向宗）が各地に広まり，いくつかの地域で一向一揆が起こったことを知った。一向一揆によって守護大名がたおされ，約100年にわたって武士や農民たちによる自治が行われた地域として最も適当なものを，次の（**ア**）～（**エ**）から1つ選べ。また，雪さんは，浄土真宗（一向宗）が鎌倉時代に広まったことを知り，鎌倉時代の文化に興味を持った。鎌倉時代に運慶《うんけい》らによって制作された金剛力士《こんごうりきし》像がある寺院を何というか，**ひらがな5字**で書け。　……………………………………………………………………**答の番号【12】**

（**ア**）　加賀《かが》（石川県）　　（**イ**）　紀伊《きい》（和歌山県）　　（**ウ**）　駿河《するが》（静岡県）　　（**エ**）　山城《やましろ》（京都府）

（**3**）　雪さんは，下線部③城下町について調べた。右の**資料Ⅲ**は，江戸時代に城下町であった都市で，2020年の人口が100万人を超える都市のうち，東京と大阪市を除く，仙台市，名古屋市，広島市，福岡市の4つの都市について，2000年と2020年における人口と面積をそれぞれまとめたものである。**資料Ⅲ**から読み取れることとして適当なものを，次の（**ア**）～（**オ**）から**すべて**選べ。　…………………………………**答の番号【13】**

資料Ⅲ

	2000年		2020年	
	人口（千人）	面積（km^2）	人口（千人）	面積（km^2）
仙台市	1,008	784	1,097	786
名古屋市	2,172	326	2,332	327
広島市	1,126	742	1,201	907
福岡市	1,341	339	1,612	343

（注：面積の値は，市町村合併や埋め立てなどをしたものを含む。）

「データでみる県勢」2002年版，2022年版及び総務省資料より作成

（**ア**）　仙台市における，2000年の人口と2020年の人口の差は10万人以上である。
（**イ**）　2000年の名古屋市の人口密度は，2020年の名古屋市の人口密度より高い。
（**ウ**）　2020年の広島市の面積は，2000年の広島市の面積と比べて10%以上増加している。
（**エ**）　4つの都市はすべて，2020年の人口が2000年の人口より多い。
（**オ**）　2000年の人口と2020年の人口の差が4つの都市の中で最も大きい都市は，2000年の面積と2020年の面積の差も4つの都市の中で最も大きい。

（**4**）　雪さんは，下線部④政党について調べた。日本の政党に関して述べた文として適当なものを，次の（**ア**）～（**オ**）から**すべて**選べ。　………………………………………………………………………………**答の番号【14】**

（**ア**）　政党が閣議を開いて，政府の方針を決定する。
（**イ**）　立憲改進党は，大隈重信《おおくましげのぶ》を党首として結成された。
（**ウ**）　政党が政権を担当したときに実施する政策のことを，政権公約という。
（**エ**）　憲政会（のちの立憲民政党）と立憲政友会が交互に政権を担当する時期があった。
（**オ**）　民主党を中心とする連立政権にかわって，自由民主党（自民党）が単独で政権を担《にな》った。

（**5**）　雪さんは，下線部⑤労働組合について調べた。日本国憲法において保障されている，労働組合をつくる権利を何権というか，**漢字2字**で書け。また，雪さんは，日本が連合国軍に占領されていた頃に，労働組合の結成が奨励されていたことを知った。当時の政策として最も適当なものを，次の（**ア**）～（**エ**）から1つ選べ。　…**答の番号【15】**

（**ア**）　勤労動員　　（**イ**）　財閥解体　　（**ウ**）　廃藩置県　　（**エ**）　兵農分離

4 右の会話は，ある飲食店で商品を購入した智《さとし》さんと兄の航《わたる》さんがレシートを見ながら交わしたものである。これを見て，次の問い（1)～(5）に答えよ。(10点)

（1） 会話中の A ～ D に入るものとして最も適当なものを， A は次の i 群（ア)・(イ）から， B は ii 群（カ)・(キ）から， C は iii 群（サ)・(シ）から， D は iv 群（タ)～(テ）からそれぞれ1つずつ選べ。

……………………答の番号【16】

i 群 （ア） 円高　（イ） 円安

ii 群 （カ） 輸出　（キ） 輸入

iii 群 （サ） インフレーション

（シ） デフレーション

iv 群 （タ） 大戦景気

（チ） バブル経済

（ツ） 高度経済成長

（テ） 特需景気（朝鮮特需）

（2） 下線部①値上げに関して，江戸時代に物価の上昇をおさえるために株仲間を解散させた水野忠邦《みずのただくに》による一連の改革を何の改革というか，**漢字2字**で書け。 ………………………答の番号【17】

（3） 智さんは，下線部②原油の輸入について調べた。次の**メモ**は，原油を，日本の最大の輸入相手国であるサウジアラビアから日本までタンカーで輸送するルートの一つを智さんが書いたものである。また，右の**資料Ⅰ**は，世界地図の一部に，**メモ**に書かれた通りに進んだときのルートを示そうとしているものであり，**資料Ⅰ**中の点線（------）をなぞると完成する。答案用紙の地図中に，**メモ**に書かれた通りに進んだときの最短ルートを，点線をなぞって**実線**（——）で示せ。 ……………答の番号【18】

メモ

> アラビア半島に位置するサウジアラビアを出港し，ペルシャ（ペルシア）湾を出た後，マレー半島の南端をまわって北上し，さらに台湾《たいわん》とフィリピンをへだてる海峡を通って，日本に入港する。

智　あれ，いつもと同じものを買ったのに，金額がいつもより高いよ。①値上げしたのかな。

航　本当だ。最近，世界情勢の変化による②原油価格の上昇や原材料費の高騰，外国通貨に対する円の価値の変動など，さまざまな理由で多くの商品が値上げされているよね。

智　そういえば，ここ1年で1ドル＝100円から1ドル＝120円になって A が進んでいるとニュースで見たよ。たしか A は日本の B を中心とする企業にとっては有利だったよね。でも， A の進行などが自分に影響するとは思っていなかったな。

航　そうだね。でも，自分に関係ないことと思っていても，世界情勢の変化が僕たちの生活に影響することはたくさんあるんだよ。例えば，1970年代に中東で戦争が起こったとき，日本から遠い地域でのできごとにもかかわらず，当時の日本ではその影響で物価が上がり続ける C が発生したと学校で習ったよ。

智　それは僕も学校で習ったよ。たしか，それを受けて日本の D が終わったんだったよね。

航　そうそう。今は，その時より③グローバル化が進んで，世界情勢の変化が僕たちの生活に影響することが増えているのかもしれないね。だから，世界で起こったことでも，その内容を理解してどんな影響があるか自分なりに考えることは大切なことなんだよ。

智　そうだね。僕も3年後には自分の意思でほとんどの④契約を結べるようになるし，今より自分で責任を持たないといけないことが増えるから，社会で起こっていることがどのような影響を及ぼすか，自分なりに考えたうえで，日常生活を送ることを心がけるよ。

資料Ⅰ

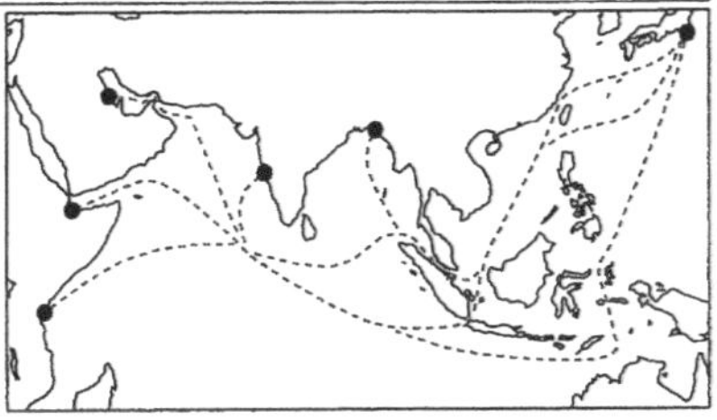

（4） 智さんは，下線部③グローバル化が進んだ結果，ＡＰＥＣ《エイペック》のように，いくつかの国・地域がまとまり，経済や安全保障などの分野で協力関係を結ぶ枠組みが発足したことを知った。ＡＰＥＣの参加国として**適当でないもの**を，次の（ア)～(エ）から1つ選べ。 ……………………………………………………………答の番号【19】

（ア） 日本　（イ） アメリカ　（ウ） ブラジル　（エ） オーストラリア

（5） 智さんは，下線部④契約をめぐる裁判の事例があることを知り，民事裁判について調べた。現在の日本の民事裁判について述べた文として最も適当なものを，次の i 群（ア)～(エ）から1つ選べ。また，右の**資料Ⅱ**は，裁判所がもつ司法権を含む三権分立について智さんが模式的に表したものであり，**資料Ⅱ**中の矢印（⟶）は，それぞれの機関が互いに権力の濫用を抑制し，均衡を保つための行為を表している。**資料Ⅱ**中の矢印**A～D**のうち，違憲審査にあたるものとして最も適当なものを，下の ii 群（カ)～(サ）から1つ選べ。 ……………………答の番号【20】

資料Ⅱ

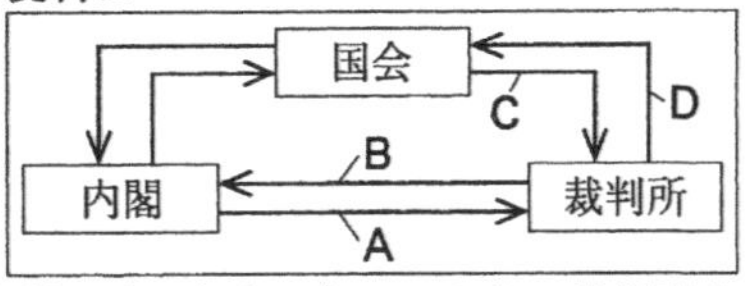

i 群 （ア） 起訴された人を被告人と呼ぶ。

（イ） 国民が裁判員として裁判に参加することはない。

（ウ） 被害者が質問したり意見を述べたりするために，裁判に参加することができるようになった。

（エ） 経済的事情などで弁護人を頼めないときは，国が費用を負担する国選弁護人を頼むことができる。

ii 群 （カ） Aのみ　（キ） Bのみ　（ク） Cのみ　（ケ） Dのみ　（コ） AとC　（サ） BとD

令和５年度　京都府公立高等学校入学者選抜

中期選抜学力検査

検査３　数　学

（40分）

解答上の注意

1　「始め」の指示があるまで，問題を見てはいけません。
2　問題は，この冊子の中の**１～４ページ**にあります。
3　答案用紙には，**受付番号**を記入しなさい。氏名を書いてはいけません。
4　答案用紙の**答の欄**に答えを記入しなさい。採点欄に記入してはいけません。
5　答えを記入するときは，それぞれの問題に示してある**【答の番号】**と，答案用紙の**【答の番号】**とが一致するように注意しなさい。
6　答えを記号で選ぶときは，答案用紙の**答の欄**の当てはまる記号を○で囲みなさい。答えを訂正するときは，もとの○をきれいに消すか，それに×をつけなさい。
7　答えを記述するときは，丁寧に書きなさい。
8　**円周率はπとしなさい。**
9　**答えの分数が約分できるときは，約分しなさい。**
10　**答えが$\sqrt{}$を含む数になるときは，$\sqrt{}$の中の数を最も小さい正の整数にしなさい。**
11　**答えの分母が$\sqrt{}$を含む数になるときは，分母を有理化しなさい。**
12　答えの書き方について，次の**解答例**を見て間違いのないようにしなさい。

解答例

1　次の計算をせよ。　……………………**答の番号【１】**
$1+2+3$

2　１辺が３cmの正三角形の周の長さを求めよ。
………………………………**答の番号【２】**

3　次の問い（１）・（２）に答えよ。

（１）　１けたの正の整数のうち，３の倍数を求めよ。
…………………………**答の番号【３】**

（２）　北と反対の方角として最も適当なものを，次の（ア）～（ウ）から１つ選べ。　……**答の番号【４】**
（ア）東　（イ）西　（ウ）南

問題番号		答の番号	答　の　欄	採点欄
1		【１】	6	【１】
2		【２】	9　cm	【２】
3	（１）	【３】	3，6，9	【３】
	（２）	【４】	ア　イ　(ウ)	【４】

検査	受付番号	得点
3	1 2 3 4 5 6	

このページに問題は印刷されていません

1　次の問い（1）〜（8）に答えよ。（16点）

（1）　$-6^2+4\div\left(-\dfrac{2}{3}\right)$　を計算せよ。　……………………………………**答の番号【1】**

（2）　$4ab^2\div 6a^2b\times 3ab$　を計算せよ。　……………………………………**答の番号【2】**

（3）　$\sqrt{48}-3\sqrt{2}\times\sqrt{24}$　を計算せよ。　……………………………………**答の番号【3】**

（4）　次の連立方程式を解け。　……………………………………**答の番号【4】**

$$\begin{cases}4x+3y=-7\\3x+4y=-14\end{cases}$$

（5）　$x=\sqrt{5}+3$，$y=\sqrt{5}-3$ のとき，xy^2-x^2y　の値を求めよ。　…………………………**答の番号【5】**

（6）　関数　$y=\dfrac{16}{x}$　のグラフ上にあり，x 座標，y 座標がともに整数となる点の個数を求めよ。
……………………………………**答の番号【6】**

（7）　右の図において，AB // EC，AC // DB，DE // BCである。また，線分DEと線分AB，ACとの交点をそれぞれF，Gとすると，AF：FB＝2：3であった。BC＝10 cm のとき，線分DEの長さを求めよ。　……………………………………**答の番号【7】**

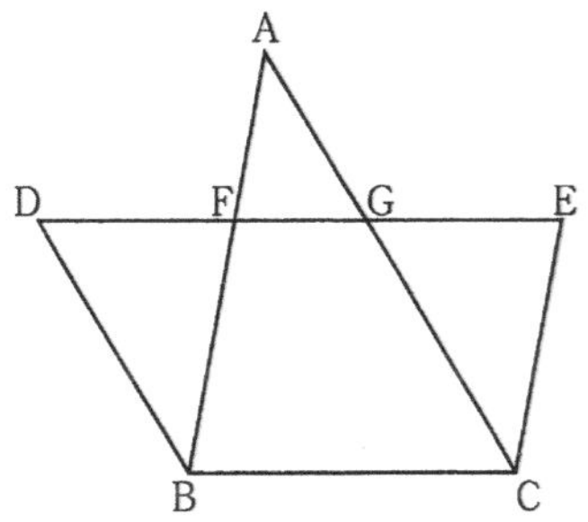

（8）　3学年がそれぞれ8クラスで編成された，ある中学校の体育の授業で，長なわ跳びを行った。右の図は，各クラスが連続で跳んだ回数の最高記録を，学年ごとに箱ひげ図で表そうとしている途中のものであり，1年生と2年生の箱ひげ図はすでにかき終えている。また，右の**資料**は，3年生のクラスごとの最高記録をまとめたものである。図の1年生と2年生の箱ひげ図を参考にし，答案用紙の図に3年生の箱ひげ図をかき入れて，図を完成させよ。
……………………………………**答の番号【8】**

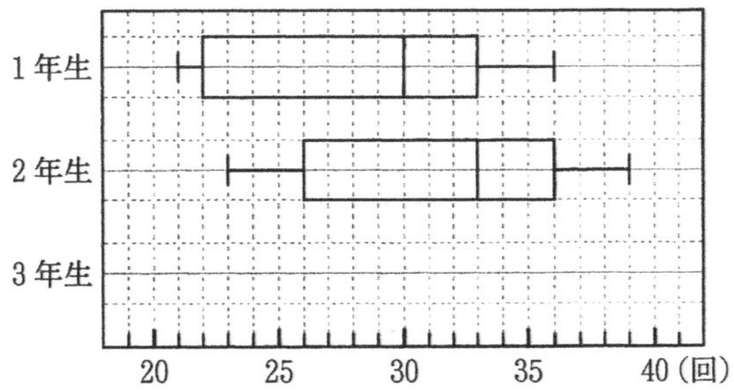

資料　3年生のクラスごとの最高記録（回）

28，　39，　28，　40，　33，　24，　35，　31

【裏へつづく】

2　底面の半径が 5 cm の円柱と，底面の半径が 4 cm の円錐《すい》があり，いずれも高さは 3 cm である。この 2 つの立体の底面の中心を重ねてできた立体を X とすると，立体 X の投影図は右の図のように表される。

このとき，次の問い（**1**）・（**2**）に答えよ。（4 点）

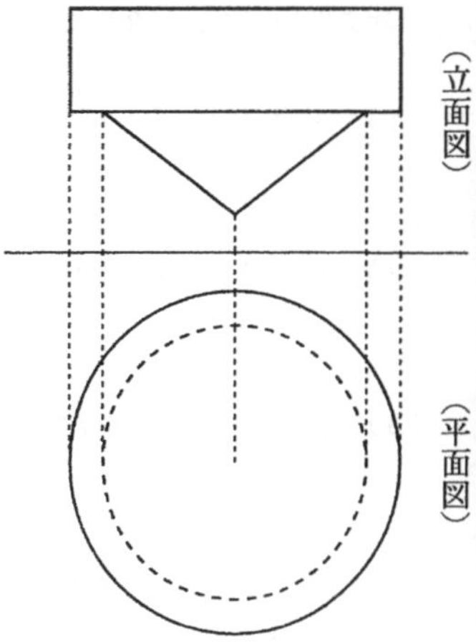

（**1**）　立体 X の体積を求めよ。　……………………………**答の番号【9】**

（**2**）　立体 X の表面積を求めよ。　…………………………**答の番号【10】**

3　右のⅠ図のように，袋 X と袋 Y には，数が 1 つ書かれたカードがそれぞれ 3 枚ずつ入っている。袋 X に入っているカードに書かれた数はそれぞれ 1，9，12 であり，袋 Y に入っているカードに書かれた数はそれぞれ 3，6，11 である。

真人さんは袋 X の中から，有里さんは袋 Y の中からそれぞれ 1 枚のカードを同時に取り出し，取り出したカードに書かれた数の大きい方を勝ちとするゲームを行う。

このとき，次の問い（**1**）・（**2**）に答えよ。ただし，それぞれの袋において，どのカードが取り出されることも同様に確からしいものとする。（4 点）

Ⅰ図

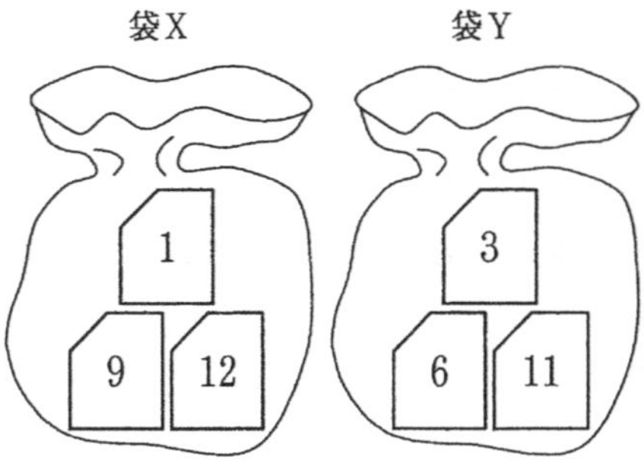

（**1**）　真人さんが勝つ確率を求めよ。　……………**答の番号【11】**

（**2**）　右のⅡ図のように，新たに，数が 1 つ書かれたカードを 7 枚用意した。これらのカードに書かれた数はそれぞれ 2，4，5，7，8，10，13 である。4 と書かれたカードを袋 X に，2，5，7，8，10，13 と書かれたカードのうち，いずれか 1 枚を袋 Y に追加してゲームを行う。

このとき，真人さんと有里さんのそれぞれの勝つ確率が等しくなるのは，袋 Y にどのカードを追加したときか，次の **(ア)～(カ)** から**すべて選べ**。　………………**答の番号【12】**

Ⅱ図

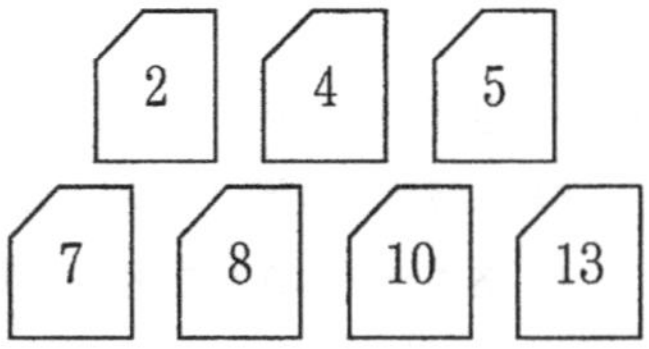

(ア) 2　　**(イ)** 5　　**(ウ)** 7　　**(エ)** 8　　**(オ)** 10　　**(カ)** 13

4　右の図のような，1辺が6 cmの正方形ＡＢＣＤがある。点Ｐは，頂点Ａを出発し，辺ＡＤ上を毎秒1 cmの速さで頂点Ｄまで進んで止まり，以後，動かない。また，点Ｑは，点Ｐが頂点Ａを出発するのと同時に頂点Ｄを出発し，毎秒1 cmの速さで正方形ＡＢＣＤの辺上を頂点Ｃ，頂点Ｂの順に通って頂点Ａまで進んで止まり，以後，動かない。

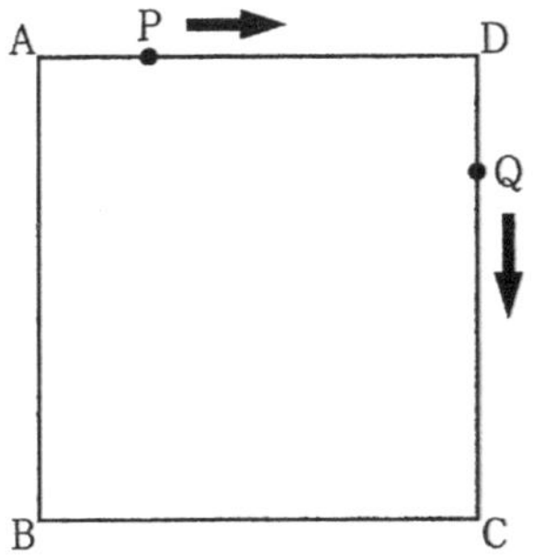

点Ｐが頂点Ａを出発してから，x 秒後の △ＡＱＰの面積を y cm^2 とする。このとき，次の問い（**1**）・（**2**）に答えよ。（5点）

（**1**）　$x=1$ のとき，y の値を求めよ。また，点Ｑが頂点Ｄを出発してから，頂点Ａに到着するまでの x と y の関係を表すグラフとして最も適当なものを，次の（**ア**）～（**エ**）から1つ選べ。　…………………………**答の番号【13】**

（**ア**）

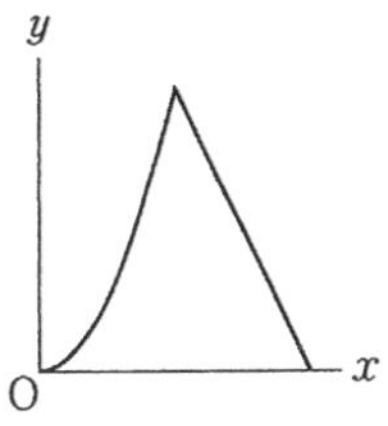

（**イ**）

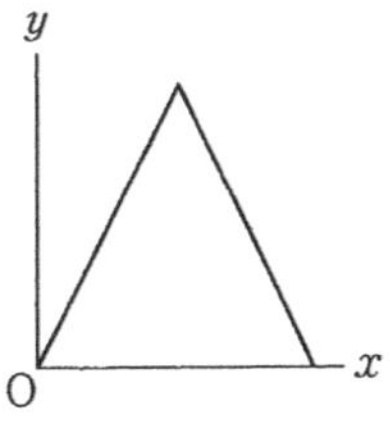

（**ウ**）

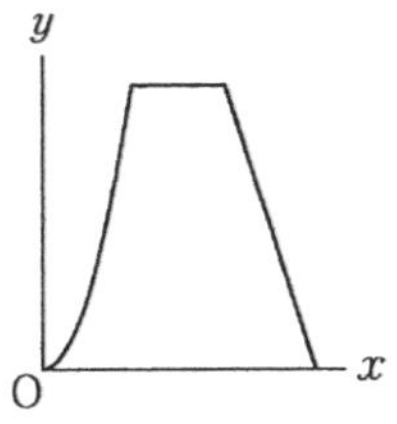

（**エ**）

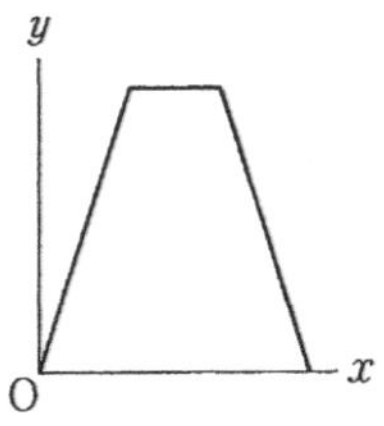

（**2**）　正方形ＡＢＣＤの対角線の交点をＲとする。$0<x\leqq 18$ において，△ＲＱＤの面積が △ＡＱＰの面積と等しくなるような，x の値を**すべて**求めよ。　……………………………………………**答の番号【14】**

【裏へつづく】

5　右の図のように，円Ｏの周上に５点Ａ，Ｂ，Ｃ，Ｄ，Ｅがこの順にあり，線分ＡＣと線分ＢＥは円Ｏの直径である。また，ＡＥ＝４cm で，∠ＡＢＥ＝30°，∠ＡＣＤ＝45°である。線分ＡＤと線分ＢＥとの交点をＦとする。

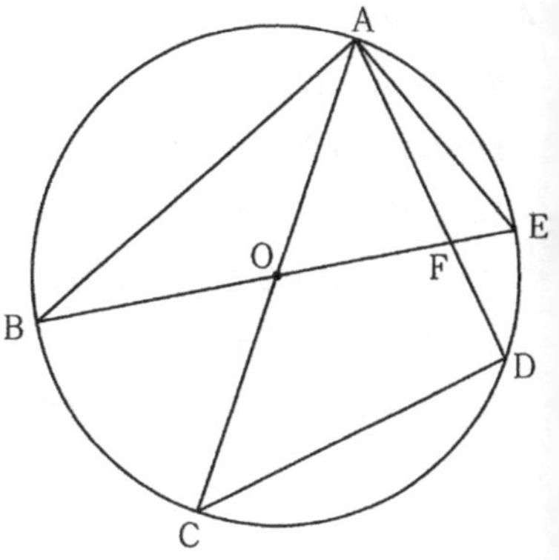

このとき，次の問い（**1**）～（**3**）に答えよ。（６点）

（**1**）　円Ｏの直径を求めよ。　……………………………**答の番号【15】**

（**2**）　線分ＥＦの長さを求めよ。　…………………………**答の番号【16】**

（**3**）　線分ＡＣと線分ＢＤとの交点をＧとするとき，△ＯＢＧの面積を求めよ。　………………………………………**答の番号【17】**

6　右のⅠ図のような，タイルＡとタイルＢが，それぞれたくさんある。タイルＡとタイルＢを，次のⅡ図のように，すき間なく規則的に並べたものを，１番目の図形，２番目の図形，３番目の図形，…とする。

たとえば，２番目の図形において，タイルＡは４枚，タイルＢは12枚である。

Ⅰ図

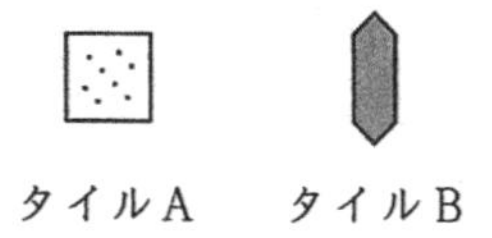

Ⅱ図

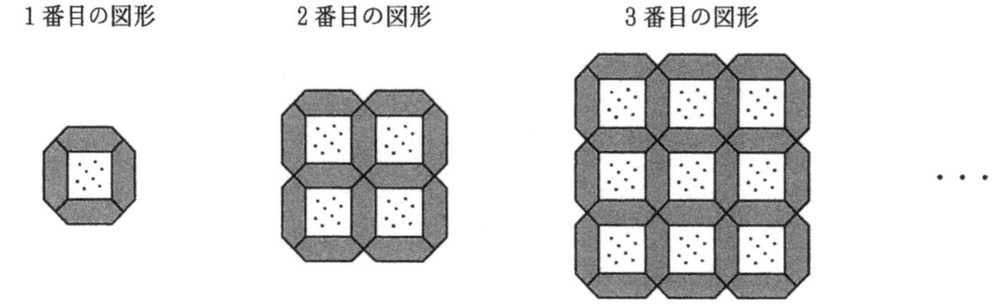

このとき，次の問い（**1**）～（**3**）に答えよ。（５点）

（**1**）　５番目の図形について，タイルＡの枚数を求めよ。　……………………………**答の番号【18】**

（**2**）　12番目の図形について，タイルＢの枚数を求めよ。　……………………………**答の番号【19】**

（**3**）　n 番目の図形のタイルＡの枚数とタイルＢの枚数の差が360枚であるとき，n の値を求めよ。
……………………………**答の番号【20】**

令和四年度　京都府公立高等学校入学者選抜

中期選抜学力検査

検査1

国語

（40分）

解答上の注意

1 「始め」の指示があるまで、問題を見てはいけません。
2 問題は、この冊子の中の**1～4ページ**にあります。
3 答案用紙には、**受付番号**を記入しなさい。氏名を書いてはいけません。
4 答案用紙の**答の欄**に答えを記入しなさい。採点欄に記入してはいけません。
5 答えを記入するときは、それぞれの問題に示してある**【答の番号】**と、答案用紙の**【答の番号】**とが一致するように注意しなさい。
6 答えを記号で選ぶときは、答案用紙の**答の欄**の当てはまる記号を○で囲みなさい。答えを訂正するときは、もとの○をきれいに消すか、それに×をつけなさい。
7 答えを記述するときは、丁寧に書きなさい。
8 **字数制限がある場合は、句読点や符号なども一字に数えなさい。**
9 答えの書き方について、次の**解答例**を見て間違いのないようにしなさい。

解答例

一　火曜日の翌日は何曜日か、**漢字一字**で書け。……**答の番号【1】**

二　次の問い（1）・（2）に答えよ。

（1）北と反対の方角として最も適当なものを、次の（ア）～（ウ）から一つ選べ。……**答の番号【2】**

（ア）東　（イ）西　（ウ）南

（2）次の（ア）～（オ）のうち、奇数を**すべて選べ**。……**答の番号【3】**

（ア）1　（イ）2　（ウ）3
（エ）4　（オ）5

問題番号		答の番号	答の欄	採点欄
一		【1】	水 曜日	【1】
二	（1）	【2】	ア イ ㋒	【2】
	（2）	【3】	㋐ イ ㋒ エ ㋔	【3】

検査
1
受付番号
123456
得点

このページに問題は印刷されていません

一　次の文章は、「西鶴諸国ばなし《さいかくしよこく》」の一節である。**注**を参考にしてこれを読み、問い(1)～(5)に答えよ。（12点）

野は菊・萩《はぎ》咲きて、秋のけしき程、しめやかにおもしろき事はなし。心ある人は歌こそ和国の風俗なれ。何によらず、ａ花車《きやしや》の道こそ一興なれ。

奈良の都のひがし町に、*しをらしく住みなして、明暮《あけくれ》茶の湯に身をなし、興福《こうふく》寺《じ》の、*花の水をくませ、かくれもなき*楽助《らくすけ》なり。

ある時この里の*こざかしき者ども、*朝顔の茶の湯をのぞみしに、兼々《かねがね》日を約束して、ｂ万《よろづ》に心を付けて、その朝*七つよりこしらへ、この客を待つに、大かた時分こそあれ、昼前に来て、*案内《あない》をいふ。

亭主腹立《ふくりふ》して、客を*露路《ろぢ》に入れてから、挑灯《ちやうちん》をともして、むかひに出《いづ》るに、客はまだ合点ゆかず、夜の足元するこそ、ｃをかしけれ。あるじおもしろからねば、花入れに土つきたる、芋の葉を生けて*見すれども、その通りなり。兎角《とかく》心得ぬ人には、心得あるべし。亭主も客も、心ひとつの*数寄人《すきびと》にあらずしては、たのしみもかくるなり。

（「新編日本古典文学全集」による）

注

*しをらしく…上品に。　*花の水…「花の井」という、井戸からくんだ名水。

*楽助…生活上の苦労がない人。　*こざかしき…利口ぶって生意気な。

*朝顔の茶の湯…朝顔が咲く時間に行われる茶の湯。

*七つ…四時頃。　*案内…取り次ぎの依頼。

*露路…茶室に至るまでの庭。　*見すれども…見せたが。

*数寄人…茶の湯に深い愛着を持つ人。

(1)　本文中の　ａ花車の道こそ一興なれ　の解釈として最も適当なものを、次の(ア)～(エ)から一つ選べ。……………………………**答の番号【1】**

(ア)　風流の道は心ひかれるものだ　(イ)　風流の道は騒がしいものだ

(ウ)　風流の道は新たにつくるものだ　(エ)　風流の道は興ざめなものだ

(2)　本文中の二重傍線部（‖）で示されたもののうち、主語が一つだけ他と異なるものがある。その**異なるもの**を、次の(ア)～(エ)から選べ。…**答の番号【2】**

(ア)　住みなして　(イ)　くませ　(ウ)　いふ　(エ)　入れて

(3)　本文中の　ｂ万に心を付けて　の解釈として最も適当なものを、次の(ア)～(エ)から一つ選べ。……………………………………………**答の番号【3】**

(ア)　多くの人に手伝ってもらって　(イ)　十分な報酬を期待して

(ウ)　あらゆることを面倒に思って　(エ)　さまざまなことに配慮して

(4)　本文中の　ｃをかしけれ　は歴史的仮名遣いで書かれている。これをすべて**現代仮名遣い**に直して、**平仮名**で書け。また、次の(ア)～(エ)のうち、波線部（～）が現代仮名遣いで書いた場合と同じ書き表し方であるものを一つ選べ。……………………………………………**答の番号【4】**

(ア)　言ふべきにあらず　(イ)　定まらずひらめいたり

(ウ)　草の戸も住み替はる　(エ)　松島の月まづ心にかかりて

(5)　次の会話文は、悠一さんと絵里さんが本文を学習した後、本文について話し合ったものの一部である。これを読み、後の問い㈠・㈡に答えよ。

悠一　本文から、もてなす側ともてなされる側が、茶の湯を好む者として「［Ａ］」でないことが読みとれるね。

絵里　そうだね。［Ｂ］ところから、本文に登場する客のような、「［Ｃ］」を相手にするときは、もてなす側が、そのような者を相手にしているのだと理解しておく必要があると分かるね。

悠一　もてなす側ともてなされる側が「［Ａ］」にすることができなければ、茶の湯の味わいも十分ではなくなるんだね。

㈠　会話文中の［Ａ］・［Ｃ］に入る最も適当な表現を、本文中からそれぞれ**四字**で抜き出して書け。……………………………**答の番号【5】**

㈡　会話文中の［Ｂ］に入る最も適当な表現を、次の(ア)～(エ)から一つ選べ。……………………………………………**答の番号【6】**

(ア)　客が「朝顔の茶の湯」を希望したのに遅い時間に来たことに対し、亭主は立腹して遠回しに客を非難するようなふるまいをしたが、客に通じなかった

(イ)　客が日付を勘違いしたうえに反省する様子がないことに対し、亭主は腹を立てて追い返そうとさまざまな行動をとったが、客は気づかなかった

(ウ)　客が「朝顔の茶の湯」を頼んだのに昼前に来たことに対し、亭主は怒りが収まらずもてなしながらも声を荒げて叱ったが、客は聞き入れなかった

(エ)　客が大変早い時間に来たうえに平然とした様子であることに対し、亭主はいらだちを覚え客を困らせるような態度をとったが、客に伝わらなかった

【裏へつづく】

二　次の文章を読み、問い（1）～（11）に答えよ。（28点）

（[1]～[8]は、各段落の番号を示したものである。）

[1] ギブすることは、要するに何かを「贈る」ことです。人間社会において他者に何かを贈るという慣習は、古今東西、幅広く見られます。一九二四年、*マルセル・モースはさまざまな伝統的な社会の慣習を分析し、贈り物は一方的に贈られるだけでなく、それを受けとること、そして返礼すること。この三つが義務として行われており、aそれらが連鎖することで社会システムがつくりだされていることを見いだしました。

[2] この力は伝統的な社会に限らず、現代でもはっきりと生き残っています。日本の年末年始に親しい関係で行われるお歳暮や年賀状なども、相互に敬意を取り交わしながら贈りあうことで共同体のつながりを意図的につくりだすための仕組みです。もっと身近な例で言えば、誰かの誕生日をSNSなどを通じて知ったときに送る、bささやかなバースデーメッセージも含まれるでしょう。ちょっと考えれば、もらった側には、嬉《うれ》しさだけでなく、同時にお返しのあいさつをしなくては、という気持ちが生まれることに気づくでしょう。こういった仕組みを見ると、社会の中には□だけでは説明できない、かかわりあいを長期的に成り立たせる力が働いていることが分かります。こうした贈与の力（*≒互酬的な関係性）は、実は近代的な市場経済よりはるかに古い歴史を持つ、人間社会の基盤的なものです。

[3] モースの着眼点は後世にc大きな影響を与え、その理論を継承する人や批判する人、さまざまな視点からd論ソウが起こされてきました。近代社会が行き詰まりつつある中で、贈与のe概念に注目が集まり、現在では人類学を飛び越え、f哲学、心理学、社会学、経営学などの分野でも話題のトピックに上がることがますます増えています。

[4] 贈与の世界は、決して*ユートピアではありません。原始的な分かちあいは「温かみ」を感じさせる一方で、逃れることができない「しがらみ」の重さも同時に感じさせます。そんな息苦しさから逃れたいとみんな思ったからこそ、現代ではお金で決着をつけられるg貨幣経済のサービスに需要が置き換わっていったわけです。

[5] しかし、貨幣経済は人間関係をドライに切り離します。しがらみを取り払おうとすると同時に、何か意味が生まれるはずだった相互hのやりとりまで消し去ってしまいました。現代ではつながりが希薄になった、とよく言われますが、*インフラ的な意味で言えば、ここまで常時接続が発達した便利な時代はないはずです。正確に言えば、減ってしまったのは、ほっとするような分かちあいや助けあいを

【下へつづく】

感じる機会、すなわち「予期せず人にギブする機会」や、「予期せず人からギブされる機会」なのではないでしょうか。分断されすぎた社会をつなぐためには、貨幣経済が積極的に切り離してきた力を、もういちど考え直すことが必要です。

[6] 日本語の中にも、「恩送り」や「情けは人のためならず」という言葉が古くから残っています。先人たちは、i見返りを期待することなく他者へ親切にすることで回り回っていつかは自分によい報いがくるという、善意の循環が起こりやすい社会にするために、行為の円環を閉じない言い伝えをしてきたことが分かります。

[7] その力は、循環する関係の中に存在しており、関係は閉じられないからこそ、私たちの世界には、ゲットの原理だけでは測れないやりとりが生成されていたはずなのです。誰もがゲットしか考えないようになれば、当然、なんの広がりも起こりません。たとえば、*Tea dollを思い出してみてください。あの古びた人形が、なぜ現代の私たちの心を動かすかと言うと、家族がこどもに与えるものであると同時に、こどもの側も、それを通して家族に与えることができるという、相互の立場からの贈り合いを感じさせるからでしょう。

[8] そう考えれば、新しい関係を生みだす原動力は、誰かが誰かの力になる／誰かは誰かから力をもらうという、贈り贈られる関係——すなわち「利他性」——から生まれていると言えそうです。利他性は、ギブの価値観を示すものです。*第2章の最後に、「人は誰かの世話をしたり、誰かの力になったり、感じたことを分かちあったりせずにいられない、社会的な生き物です」と書きました。もちろん個人個人で判断は異なるものですが、ある状況では利己的にふるまう人でも、違う状況では思いやりを示したりもします。相手から信頼されることで、相手にも信頼を返そうと気持ちをあらため、自分を変えていくことができます。みな心の奥底にそんな利他性を抱え、ふるまい方を調整しながら日々を生きています。相反するようなゲットとギブには、そんな人間の心の複雑さが反映されているのでしょう。

（上平崇仁《かみひらたかひと》「コ・デザイン」による……一部表記の変更や省略がある）

注

＊マルセル・モース…フランスの社会学者、民族学者。

＊≒…二つのものの間に置いて、それらがほとんど等しいことを表す記号。

＊ユートピア…完全で理想的な所。

＊インフラ…社会生活の基盤となる施設や情報通信網。

＊Tea doll…本文より前の部分に登場する、中に茶葉を詰めた人形で、カナダの遊牧民が長距離移動をする際、茶葉を運ぶという役割をこどもに与えるために用いたもの。

＊第2章…本文より前の部分。本文は第7章の一部。

（1）本文中の　ａそれらが連鎖すること　とはどのようなことか。最も適当なものを、次の（ア）～（エ）から一つ選べ。……答の番号【7】

（ア）義務として贈り物をする慣習が続けざまに変化すること。
（イ）義務として贈り物の贈り方が引き継がれること。
（ウ）贈り物に関する義務としての行動が次々とつながること。
（エ）贈り物を義務として考える人が徐々に増えていくこと。

（2）本文中の　ｂささやかな　の意味として最も適当なものを、次のⅠ群（ア）～（エ）から一つ選べ。また、本文中の　ｅ概念　の意味として最も適当なものを、後のⅡ群（カ）～（ケ）から一つ選べ。……答の番号【8】

Ⅰ群
（ア）遠慮のない　（イ）突然の
（ウ）わずかばかりの　（エ）わざとらしい

Ⅱ群
（カ）常に変わることがない性質への評価
（キ）おおよその内容を表す言葉に対する各自の印象
（ク）特定の物に対してそれぞれが持つ認識の相違点
（ケ）ある物事についての本質的な意味内容

（3）本文中の　□　に入る表現として最も適当なものを、次の（ア）～（エ）から一つ選べ。……答の番号【9】

（ア）近視眼的な損得勘定　（イ）人間関係を維持する力
（ウ）互いに報酬を得る関係　（エ）モースの着眼点

（4）次の文章は、本文中の　ｃ大きな　の「大」という漢字の成り立ちに関して述べたものである。文章中の　X・Y　に入る最も適当な語を、X　は後のⅠ群（ア）～（エ）から、Y　はⅡ群（カ）～（ケ）から、それぞれ一つずつ選べ。……答の番号【10】

物の形をかたどることでその物を表す漢字は　X　文字に分類される。「大」という漢字は、「　Y　」と同じく、一般的にこの　X　文字に分類される。

Ⅰ群　（ア）象形　（イ）指事　（ウ）会意　（エ）形声
Ⅱ群　（カ）本　（キ）羊　（ク）知　（ケ）油

（5）本文中の　ｄ論ソウ　の片仮名の部分を**漢字**に直し、**楷書**で書け。……答の番号【11】

（6）本文中の　ｆますます増えています　を単語に分け、次の〈例〉にならって、それぞれの語の品詞を示したものとして最も適当なものを、後の（ア）～（エ）から一つ選べ。……答の番号【12】

〈例〉日は昇る　・・・　（答）名詞＋助詞＋動詞

（ア）副詞＋動詞＋助詞＋動詞
（イ）副詞＋動詞＋助詞＋動詞＋助動詞
（ウ）連体詞＋動詞＋助詞＋動詞
（エ）連体詞＋動詞＋助詞＋動詞＋助動詞

（7）本文中の　ｇ貨幣経済のサービス　が人間社会に与えた影響について説明した文として最も適当なものを、次の（ア）～（エ）から一つ選べ。……答の番号【13】

（ア）人間関係を合理的に割り切るような考え方から救おうとすると同時に、期待していない時でも誰かと互いに助け合う関係を築く機会を奪った。
（イ）回避することができない重苦しい関係性から解放しようとすると同時に、人と人との交流に求められてきたはずの利便性を維持する機会を奪った。
（ウ）原始的なやりとりを行う関係から救済しようとすると同時に、普段から誰かと情報のやりとりを行うことで仲間意識を得るような機会を奪った。
（エ）心理的な束縛を感じさせる関係性を解消しようとすると同時に、互いに共有したり援助したりして安心感を得るような機会を奪った。

（8）本文中の　ｈよく　と**意味の異なるもの**が、波線部（〰）に用いられているものはどれか、次の（ア）～（エ）から一つ選べ。……答の番号【14】

（ア）この料理は日本でよく作られる、なじみのあるものだ。
（イ）近代の著名な画家として、彼の名前がよく挙げられる。
（ウ）彼女の小説は、よく考えられた巧みな展開であることで有名だ。
（エ）町を歩いていると、人から道をよく聞かれる。

【裏へつづく】

（9）本文中の ⅰ報い の漢字の部分の読みを**平仮名**で書け。……**答の番号【15】**

（10）本文の段落構成を説明した文として**適当でないもの**を、次の（ア）～（エ）から一つ選べ。……**答の番号【16】**

（ア）2・3段落では、1段落で提示した話題に対する考察を述べて、論を展開している。

（イ）4・5段落では、2・3段落で述べた内容を別の角度から捉え、読者に思考することを促している。

（ウ）6・7段落では、4・5段落で示した内容について、さらに論を発展させ、主張につなげている。

（エ）8段落では、7段落までの内容を踏まえつつ、これまでとは異なる立場で主張を述べている。

（11）京子さんと一郎さんのクラスでは、本文を学習した後、批評文を書くことになった。次の会話文は、京子さんと一郎さんが本文について話し合ったものの一部である。これを読み、下段の問い㈠～㈣に答えよ。

京子　本文では、ギブする行為が私たちに与えるものについて述べられていたね。社会全体に目を向けると、互いにギブすることは、Ａことを目的にした社会的な工夫であり、その目的のために私たちの社会には贈るという慣習があるんだったね。

一郎　なるほど。7段落に、誰もがゲットすることばかり考えるようであれば、「なんの広がりも起こりません」とあるけれど、ギブするようにもなれば、「広がり」が起こると言えるよね。本文から、「広がり」が起こることは、Ｂだと分かるよ。

京子　そうだね。自分と他者が、Ｃであることに基づく力によって、「広がり」は起こるものなんだと本文から読みとれるね。

一郎　うん。社会の中で、ギブすることが成り立っているのは、私たちが「社会的な生き物」であることによると言えるね。

京子　本文について理解が深まったね。私たちの生活には、何かを贈ること以外にもさまざまな慣習があるよ。次は身近な慣習を題材にしたポスターを見て、批評文を書いてみようか。

㈠ 会話文中の Ａ に入る最も適当な表現を、本文中から**十八字**で抜き出し、**初めと終わりの三字**を書け。……**答の番号【17】**

㈡ 会話文中の Ｂ に入る最も適当な表現を、次の（ア）～（エ）から一つ選べ。……**答の番号【18】**

（ア）ギブする者とギブされる者の関係が揺るぎないものになることによって、ギブする者の気持ちに応えるためのふるまいが確立すること

（イ）自分にギブしてくれた人にギブしたり、返礼をめあてにせずギブしたりすることによって、今までになかった関係性が成立すること

（ウ）日常的なやりとりの中にも贈り合いの精神があると知ることによって、ギブとゲットを行う関係に対して新たな感動が生まれること

（エ）他者の利益のために贈るという行為を重ねることによって、結果的に自分が他者より多くの物を受けとる関係性が生じること

㈢ 会話文中の Ｃ に入る最も適当な表現を、本文中から**八字**で抜き出して書け。……**答の番号【19】**

㈣ 批評文を書くときの注意点として**適当でないもの**を、次の**Ⅰ群**（ア）～（エ）から一つ選べ。また、京子さんは批評文を書くためのメモを行書で書くことにした。行書の特徴として**適当でないもの**を、後の**Ⅱ群**（カ）～（ケ）から一つ選べ。……**答の番号【20】**

Ⅰ群

（ア）個人的な印象や主観を重視して対象を捉える。

（イ）対象となるものの価値や特性などについて評価する。

（ウ）必要に応じて参考となる資料を引用する。

（エ）自分の意見と根拠が明らかになる構成にする。

Ⅱ群

（カ）文字の一部分が楷書で書くときより単純化されることがある。

（キ）楷書で書くときより筆圧の変化が少なく、画は直線的になる。

（ク）筆順は楷書で書くときとは異なることがある。

（ケ）連続する点画どうしがつながることがある。

【国語おわり】

令和４年度　京都府公立高等学校入学者選抜

中期選抜学力検査

検査５　英　語

（40分）

解答上の注意

1　「始め」の指示があるまで，問題を見てはいけません。
2　**問題１・２（検査５－１）（筆記）**は，この冊子の中の**１～３ページ**にあります。
3　**問題３・４・５（検査５－２）（リスニング）**は，**検査５－１の終了後**に配布されます。
4　答案用紙には，**受付番号**を記入しなさい。氏名を書いてはいけません。
5　答案用紙の**答の欄**に答えを記入しなさい。採点欄に記入してはいけません。
6　答えを記入するときは，それぞれの問題に示してある**【答の番号】**と，答案用紙の**【答の番号】**とが一致するように注意しなさい。
7　答えを記号で選ぶときは，答案用紙の**答の欄**の当てはまる記号を○で囲みなさい。答えを訂正するときは，もとの○をきれいに消すか，それに╳をつけなさい。
8　答えを記述するときは，丁寧に書きなさい。
9　**英語で書くときは，大文字，小文字に注意しなさい。筆記体で書いてもよろしい。**
10　**語数制限がある場合は，短縮形（I'm など）と数字（100 や 2022 など）は１語として数え，符号（，/．/？/！/“ ”など）は語数に含めないものとします。**
11　答えの書き方について，次の**解答例**を見て間違いのないようにしなさい。

解答例

1　次の日本語を英語にするとき，下の i・ii に入る最も適当な語を，それぞれ**１語**ずつ書け。
……………………………**答の番号【１】**

テーブルの上に９つのリンゴがある。

There are [i] [ii] on the table.

2　次の問い（１）・（２）に答えよ。

（１）　北と反対の方角として最も適当なものを，次の**（ア）～（ウ）**から１つ選べ。　……**答の番号【２】**

（ア）　東　　**（イ）**　西　　**（ウ）**　南

（２）　次の［　　］内の**（ア）～（ウ）**を，文意が通じるように正しく並べかえ，**記号**で書け。
……………………………**答の番号【３】**

My［**(ア)** name / **(イ)** Taro / **(ウ)** is］.

問題番号		答の番号	答の欄		採点欄
1		【１】	i nine	ii apples	【１】
2	（１）	【２】	ア　イ　（ウ）		【２】
	（２）	【３】	（ア）→（ウ）→（イ）		【３】

検査	受付番号						得点
5－1	1	2	3	4	5	6	

※教英出版注
音声は，解答集の書籍ＩＤ番号を
教英出版ウェブサイトで入力して
聴くことができます。

令和４年度　検査５－２　英語（リスニング）問題３・問題４・問題５　放送台本

これから，問題**３**・**４**・**５**を放送によって行います。問題用紙を開いて１ページを見なさい。答案用紙を表に向けなさい。

それでは，問題**３**の説明をします。
問題**３**は（**１**）・（**２**）の２つがあります。それぞれ短い会話を放送します。次に，Question と言ってから英語で質問をします。それぞれの質問に対する答えは，問題用紙に書いてあります。最も適当なものを，**（ア）**・**（イ）**・**（ウ）**・**（エ）**から１つずつ選びなさい。会話と質問は２回放送します。

それでは，問題**３**を始めます。

（**１**）　A：　Hi, Ami.　What did you do last weekend?
B：　On Saturday, I visited my grandfather and made a cake with him.　On Sunday, I watched TV at home.　I had a nice weekend.　How about you, Mana?
A：　I played tennis with my friends on Saturday and did my homework on Sunday.
B：　You had a good weekend, too!

Question：　What did Mana do last Saturday?

もう一度放送します。

〈会話・質問〉

（**２**）　A：　Hi, Lisa.　Do you have any brothers or sisters?
B：　Yes, I do.　Look at this picture.　There are four people in the picture.　These boys are my brothers, Daisuke and Shota.　This girl is my sister, Kumi, and this is me.　Daisuke is the oldest of the four.　I am younger than Shota.
A：　I see.　Are you older than Kumi?
B：　Yes, I am.

Question：　Who is the youngest in the picture?

もう一度放送します。

〈会話・質問〉

これで，問題**３**を終わります。

次に，問題**４**の説明をします。
これから，エマの母親とジェーンの会話を放送します。つづいて，英語で２つの質問をします。それぞれの質問に対する答えは，問題用紙に日本語で書いてあります。最も適当なものを**（ア）**・**（イ）**・**（ウ）**・**（エ）**から１つずつ選びなさい。会話と質問は２回放送します。

それでは，問題**４**を始めます。

Mother：　Hello?
Jane　：　Hello.　This is Jane.　May I speak to Emma?
Mother：　Hi, Jane.　Sorry.　She is in a supermarket now because I told her to buy food for dinner.　Do you want to talk to her about the birthday party for your school friend tomorrow?
Jane　：　Yes, I have an important message about the party.　Can you give it to her, please?
Mother：　Sure.　What is it?
Jane　：　Emma and I had a plan for a birthday party for Ann in a restaurant tomorrow because tomorrow is her birthday.　We have already bought the presents for her.　But Ann is sick and

will go to a hospital soon today. So, it is difficult for us to have the party tomorrow. We have to change the date. I think next Sunday is the best. I'm free on that day, but I want to ask Emma what she thinks.

Mother： OK. I'll tell her that. Oh! I remember my family has another plan for next Sunday. Her uncle and aunt will come to our house on that day.

Jane ： I see.

Mother： I'll tell her to call you again when she comes home.

Jane ： Thank you.

Question (1)： Where is Emma now?

Question (2)： Why do Jane and Emma have to change the date for Ann's birthday party?

もう一度放送します。

〈会話・質問〉

これで，問題**4**を終わります。

次に，問題**5**の説明をします。
問題**5**は（**1**）・（**2**）の２つがあります。それぞれ短い会話を放送します。それぞれの会話の，最後の応答の部分にあたるところで，次のチャイムを鳴らします。**〈チャイム音〉**このチャイムのところに入る表現は，問題用紙に書いてあります。最も適当なものを，**（ア）・（イ）・（ウ）・（エ）**から１つずつ選びなさい。

問題用紙の例題を見なさい。例題をやってみましょう。

（例題） A： Hi, I'm Hana.
B： Hi, I'm Jane.
A： Nice to meet you.
B： **〈チャイム音〉**

正しい答えは**（イ）**の Nice to meet you, too. となります。ただし，これから行う問題の会話の部分は印刷されていません。

それでは，問題**5**を始めます。会話は２回放送します。

（**1**） A： Hello, welcome to our shop. What are you looking for?
B： I'm looking for a watch. There are many nice ones here.
A： How about this watch? This is very popular.
B： **〈チャイム音〉**

もう一度放送します。

〈会話〉

（**2**） A： Hi, Tomomi. I have something to tell you.
B： You look so happy, Keiko. Tell me what happened.
A： I saw my favorite singer at Minato Station a few hours ago.
B： **〈チャイム音〉**

もう一度放送します。

〈会話〉

これで，問題**5**を終わります。

【リスニングの問題について】
放送中にメモをとってもよい。

※教英出版注
音声は，解答集の書籍ID番号を教英出版ウェブサイトで入力して聴くことができます。

3 それぞれの質問に対する答えとして最も適当なものを，次の（ア）～（エ）から1つずつ選べ。（4点）

（1）（ア） She visited her grandfather and made a cake.　（イ） She played tennis with her friends.
（ウ） She watched TV at home.　（エ） She did her homework.
……答の番号【15】

（2）（ア） Daisuke.　（イ） Shota.
（ウ） Kumi.　（エ） Lisa.
……答の番号【16】

4 それぞれの質問に対する答えとして最も適当なものを，次の（ア）～（エ）から1つずつ選べ。（4点）

（1）（ア） 学校　（イ） レストラン
（ウ） エマの家　（エ） スーパーマーケット
……答の番号【17】

（2）（ア） アンの誕生日の前日に，ジェーンがプレゼントを買うことができなかったから。
（イ） アンの誕生日の前日に，アンが病気で病院に行くから。
（ウ） アンの誕生日に，ジェーンに他の用事が入ったから。
（エ） アンの誕生日に，エマがおじとおばに会う予定が入ったから。
……答の番号【18】

5 それぞれの会話のチャイムのところに入る表現として最も適当なものを，下の（ア）～（エ）から1つずつ選べ。（4点）

（例題） A： Hi, I'm Hana.
B： Hi, I'm Jane.
A： Nice to meet you.
B： 〈チャイム音〉

（ア） I'm Yamada Hana.　（イ） Nice to meet you, too.
（ウ） Hello, Jane.　（エ） Goodbye, everyone.

（解答例）

ア	㋑	ウ	エ

（1）（ア） I'll watch movies tonight.　（イ） Here you are.
（ウ） Sorry, but I don't need a watch.　（エ） I like it but it's a little expensive.
……答の番号【19】

（2）（ア） You're so lucky.　（イ） You're welcome.
（ウ） I think so, too.　（エ） That's a good idea.
……答の番号【20】

【英語（リスニング）おわり】

中期選抜学力検査

検査５－１　英　語

問題１・問題２

（筆記）

1 次の英文は，高校生の涼真（Ryoma）が英語の授業で書いた作文である。これを読んで，問い（1）～（8）に答えよ。（20点）

I have ①(meet) many people in my life, and there is a person who I will never forget among them. He was one of my classmates. He came to our school when I was a junior high school student.

One morning, our teacher said to us, "We will have a new student from a foreign country next week. He will come to our school because his family will stay in this town. He will spend two months here." ②[（ア） hear / （イ） that / （ウ） to / （エ） were / （オ） we / （カ） surprised]. I talked about the new student with my friends after school. One of my friends asked me, "What language does he speak?" I said to him, "English? Japanese? I'm not sure, but I can't wait to see the new student."

The day came. He came into our classroom and we welcomed him. His name was *Mauro. He introduced himself in English. He spoke English slowly for us and we could understand what he said. After that, he introduced himself in Japanese, too. His Japanese was not *fluent, but he tried hard to speak Japanese, and I liked ③that way of introducing himself. So, I thought I could *get along with him.

He sat next to me in the classroom. He studied very hard in every class in Japanese. I asked him, "Do you sometimes feel studying in Japanese is hard?" He smiled and said to me, "No, I don't. Every class is interesting." I understood how hard he studied, so I respected him. When he had a Japanese word he couldn't understand, he always asked people around him ④a question. Also, he often tried to speak Japanese with us, and his Japanese became better.

One day, every student made a speech in our English class. The topic was "What is the most important in your life?" Each speaker went to the front of the classroom. We made our speeches when our *turns came. Finally, my turn came after many speakers made their speeches. I started ⑤my speech. "I think friends are the most important in my life. I have three reasons. First, they *cheer me up when I am sad. Second, they help me solve problems that I have. Third, it is important for me to talk with them every day because we can share our opinions with each other." I was so nervous during my speech, but I *did my best.

Soon, Mauro's turn came and it was the last speech in our class. He went to the front and ⑥(begin) his speech. He said, "Education is the most important in my life. In my country, some children can't study though they want to study. I think education can give us many things. For example, if we get new *knowledge through education, we can have wide *views and many ways of thinking, and we can solve our problems with the knowledge. And we can get many *skills and have a lot of *choices for our jobs in the future. So, we can *expand our *possibilities in the future." After I listened to his speech, I understood why he studied so hard in every class even in Japanese. I thought everyone in the world had a chance to get education, but that was wrong. After I got home, I talked about his speech with my mother. I said, "For the first time, I thought how important education is. *From now on, I will study harder. Education can help us make our future better." I *took it for granted that I got education but I understood it was special and necessary for my future.

Two months *passed and the last day at our school came for him. He had to go back to his country the next day. We were so sad and told him how we were feeling. I said to him, "Thank you for the good time. I will never forget your speech in the English class. Next time, I want to see you in your country." He said to us, "Thank you for your words. I had a good time in Japan. It is my treasure."

Now I study hard in every class, and I am trying to do my best in my school life and enjoy it because he taught us an important thing. I think education has the power to expand our possibilities for our future.

（注）
Mauro　マウロ（男性の名）　　fluent　流ちょうな　　get along with ～　～と仲良くやっていく
turn　順番　　cheer ～ up　～を元気づける　　do my best　最善を尽くす
knowledge　知識　　view　見方　　skill　技術
choice　選択　　expand ～　～を広げる　　possibility　可能性
from now on　今後は　　take it for granted that ～　～ということを当然のことと思う
pass　（時が）過ぎる

（1） 下線部①(meet)・⑥(begin)を，文意から考えて，それぞれ正しい形にかえて**1語**で書け。 …**答の番号【1】**

（2） 下線部②の［　　］内の（ア）～（カ）を，文意が通じるように正しく並べかえ，**記号**で書け。ただし，文頭に来る語も小文字で示されている。 ……………………………………………………………**答の番号【2】**

（3） 下線部③が指す内容として最も適当なものを，次の（ア）～（エ）から1つ選べ。 ……………**答の番号【3】**

（ア） マウロが，つたなくても英語で自己紹介をしたこと。
（イ） マウロが，自己紹介を日本語でした後に英語でもしたこと。
（ウ） マウロが，日本語で流ちょうに自己紹介をしたこと。
（エ） マウロが，日本語で懸命に自己紹介をしたこと。

(4) 下線部④は具体的にはどのような発言と考えられるか，次の（ア）～（エ）のうち最も適当なものを，１つ選べ。
……………………………………………………………………………………………答の番号【4】

（ア） “Can you tell me what this Japanese word means?”
（イ） “Do you want to know what this word means in English?”
（ウ） “Are there many people learning English in your country?”
（エ） “How often do you speak Japanese in your house?”

(5) 次の英文は，下線部⑤に関して説明したものである。これを読んで，下の問い（a）・（b）に答えよ。

> Ryoma made a speech in his English class. The topic was “What is the most important in your life?” He felt [i] when he was making his speech, but he tried hard. He told his classmates that friends are the most important, and as one of the reasons, he told it is important for him to talk with his friends every day because [ii].

（a） 本文の内容から考えて，[i] に入る最も適当な語を，本文中から１語で抜き出して書け。
……………………………………………………………………………………………答の番号【5】

（b） 本文の内容から考えて，[ii] に入る表現として最も適当なものを，次の（ア）～（エ）から１つ選べ。……………………………………………………………………………答の番号【6】

（ア） he can give them his ideas and also get theirs　（イ） they cheer him up when he is sad
（ウ） he enjoys talking with them　（エ） they help him solve a problem

(6) 本文の内容から考えて，次の〈質問〉に対して下の〈答え〉が成り立つように，[　　] に入る最も適当なものを，下の（ア）～（エ）から１つ選べ。……………………………………答の番号【7】

〈質問〉 What did Mauro tell his classmates on his last day at Ryoma's school?
〈答え〉 He told them that [　　] after saying “Thank you.”

（ア） he had to go back to his country soon
（イ） he remembered Ryoma's speech in the English class
（ウ） his days in Japan were his treasure
（エ） his dream was to see his friends in Japan next time

(7) 本文の内容と一致する英文として最も適当なものを，次の（ア）～（エ）から１つ選べ。 ……答の番号【8】

（ア） Ryoma heard from his teacher that Mauro was going to stay in Japan for a month.
（イ） Ryoma didn't know what language Mauro spoke before seeing him.
（ウ） Ryoma didn't think Mauro studied hard in some classes in Japanese.
（エ） Ryoma was the last student to make a speech in his English class.

(8) 次の英文は，この作文を読んだ高校生の裕次郎（Yujiro）と留学生のミラ（Mira）が交わしている会話の一部である。これを読んで，下の問い（a）・（b）に答えよ。

> Yujiro: Let's talk about the things Ryoma learned from Mauro's speech.
> Mira : OK. He thought [i] before listening to it, but he understood that was not true.
> Yujiro: You are right. Also, Mauro said in his speech that we can get many things through education.
> Mira : Yes, and Ryoma thought how important education was after listening to Mauro's speech.
> Yujiro: I see. Ryoma realized we can [ii] through education, and he has been studying hard after he listened to the speech.
> Mira : Yes. I'll also try to do my best in my school life and enjoy it.

（a） 本文の内容から考えて，[i] に入る表現として最も適当なものを，次の（ア）～（エ）から１つ選べ。……………………………………………………………………………答の番号【9】

（ア） he could share it with his family　（イ） everyone in the world could understand each other
（ウ） he could not get along with Mauro　（エ） everyone in the world could get education

（b） 本文の内容から考えて，[ii] に入る表現として最も適当な部分を，本文中から４語で抜き出して書け。……………………………………………………………………………答の番号【10】

【裏へつづく】

2　次の英文は，高校生のまゆ（Mayu）と留学生のローザ（Rosa）が交わしている会話である。寺院に関する，下の**特集記事（feature article）**を参考にして英文を読み，下の問い（1）～（4）に答えよ。（8点）

Mayu：Hi, Rosa.　Emma, one of my friends in Australia, will come to Japan next month.　Emma and I will spend one day together.　I want to take her to some temples in our city.　You and I visited some temples in our city together this summer vacation, so tell me which temples we should visit.

Rosa：OK.　Well, I think you should visit Ume Temple.　I enjoyed the beautiful *garden at the temple and the *wind bell event very much.　We drew a picture on a wind bell for each other at the event.

Mayu：I like the picture of the dolphin you drew for me.　I often look at it.

Rosa：I also like the wind bell you gave me.　I like the picture of the cat.

Mayu：Emma likes drawing pictures, so we will visit the temple and enjoy the event.　How about Yuzu Temple?

Rosa：I enjoyed the beautiful pond there and took many pictures of it.　I sent them to my sister in my country and she liked the temple, too.　She always says she will visit the temple if she has a chance to visit this city.　This feature article in this magazine says the same thing.

Mayu：Yes.　I also liked the pond, so we will visit this temple, too.

Rosa：How about Hasu Temple?　The large tree at the temple was nice.　And the *sakura-flavored ice cream we ate at the famous shop near the temple was good.

Mayu：This feature article says the name of the ice cream shop.　I want to eat the ice cream again, but we have to walk a lot from the station to the temple.　If we visit this temple, we will get very tired.　We also won't have much time to visit another temple.　I want to take Emma to other temples.

Rosa：I see.　Well, I liked the temple we visited with your mother by car, too.　The temple isn't in this feature article, but we enjoyed the night *view of this city from the temple.　I'll never forget.　We also drank Japanese tea at the famous tea shop near the temple.　It was so good.

Mayu：That is Fuji Temple.　My parents can't come with us on that day and it takes a lot of time to go there by train or by bus.　Emma wants to visit two or three temples on that day, so we should not go there.

Rosa：Wait, this feature article says that the wind bell event will end this month.　How about this temple?　You can enjoy a *fan event near this temple.　You can buy a fan with a picture of your favorite animal on it.

Mayu：[　　　], so we will visit the temple and won't visit Ume Temple.

Rosa：I hope you will have a good day.

特集記事（feature article）

Name of Temple	Information
Yuzu Temple	You should see [　i　] at this temple.　You should not miss it.
Hasu Temple	There is a famous [　ii　] shop called Kokoro near this temple.　You should visit the shop.
Ume Temple	You can enjoy a wind bell event at this temple.　You can draw pictures on a wind bell. The event will end in September.
Kiku Temple	You can enjoy a fan event at a shop near this temple.　The staff at the shop will draw a picture of your favorite animal on a fan for you.

（注）　garden　庭園　　wind bell　風鈴　　sakura-flavored　さくら風味の
view　景色　　fan　扇子

（1）　本文中の[　　　]に入る表現として最も適当なものを，次の（ア）～（エ）から1つ選べ。　…答の番号【11】

（ア）　I think the wind bell event is more interesting
（イ）　That will be a nice memory for Emma
（ウ）　You should tell me your favorite animal now
（エ）　Emma likes visiting Japanese temples

（2）　本文の内容から考えて，**特集記事（feature article）**中の[　i　]・[　ii　]に入るものの組み合わせとして最も適当なものを，次の（ア）～（エ）から1つ選べ。　……………………………答の番号【12】

（ア）　i　the large tree　　ii　ice cream
（イ）　i　the large tree　　ii　tea
（ウ）　i　the beautiful pond　　ii　ice cream
（エ）　i　the beautiful pond　　ii　tea

（3）　本文と**特集記事（feature article）**の内容から考えて，まゆがエマと一緒に訪れることにした寺院として適当なものを，次の（ア）～（オ）から**すべて**選べ。　………………………………………答の番号【13】

（ア）　Yuzu Temple　　（イ）　Hasu Temple　　（ウ）　Ume Temple
（エ）　Kiku Temple　　（オ）　Fuji Temple

（4）　本文と**特集記事（feature article）**の内容と一致する英文として最も適当なものを，次の（ア）～（エ）から1つ選べ。　……………………………………………………………答の番号【14】

（ア）　Emma will come to Japan in November and Mayu will take her to some temples in Mayu's city.
（イ）　Mayu drew a picture of a dolphin on the wind bell for Rosa when they visited Ume Temple.
（ウ）　Because of the pictures Rosa took at Yuzu Temple, her sister wants to visit the temple in the future.
（エ）　People who visit the shop near Kiku Temple can enjoy drawing pictures on a fan at the event.

中期選抜学力検査

検査５−２　英　　語

問題３・問題４・問題５
（リスニング）

このページに問題は印刷されていません

検査1　国語答案用紙

問題番号		答の番号	答の欄		採点欄		
一	（1）	【1】	ア　イ　ウ　エ		【1】	2点	
	（2）	【2】	ア　イ　ウ　エ		【2】	2点	
	（3）	【3】	ア　イ　ウ　エ		【3】	2点	
	（4）	【4】		ア　イ　ウ　エ	【4】	1点	1点
	（5）㈠	【5】	A	C	【5】	完答 2点	
	（5）㈡	【6】	ア　イ　ウ　エ		【6】	2点	
	（1）	【7】	ア　イ　ウ　エ		【7】	2点	
	（2）	【8】	Ⅰ　ア　イ　ウ　エ	Ⅱ　カ　キ　ク　ケ	【8】	1点	1点
	（3）	【9】	ア　イ　ウ　エ		【9】	2点	
	4）	0】	Ⅰ　ア　イ　ウ　エ	Ⅱ　カ　キ　ク　ケ	0】	答 点	

	（5）	【10】		ア　イ　ウ　エ		【10】	1点	1点
3	（1）	【11】	i群　ア　イ　ウ　エ	ii群　カ　キ　ク　ケ		【11】	完答 2点	
	（2）	【12】	ア　イ　ウ　エ			【12】	2点	
	（3）	【13】	（　　）→（　　）→（　　）→（　　）			【13】	完答 2点	
	（4）	【14】	i群　ア　イ　ウ	ii群　カ　キ　ク		【14】	完答 1点	1点
	（5）	【15】	i群　ア　イ　ウ	ii群　カ　キ　ク　ケ		【15】	1点	1点
4	（1）	【16】	A　B　C　D	ア　イ　ウ　エ		【16】	1点	1点
	（2）	【17】	i群　ア　イ　ウ　エ	ii群　カ　キ　ク　ケ		【17】	1点	1点
	（3）	【18】	ア　イ　ウ　エ　オ			【18】	完答 1点	
	（4）	【19】	県	ア　イ　ウ　エ		【19】	1点	1点
	（5）	【20】	ア　イ　ウ　エ　オ			【20】	完答 2点	

検査 2	受付番号		得点	

※40点満点

大問	小問	番号	解答欄	番号	配点	
4	(1)	【13】	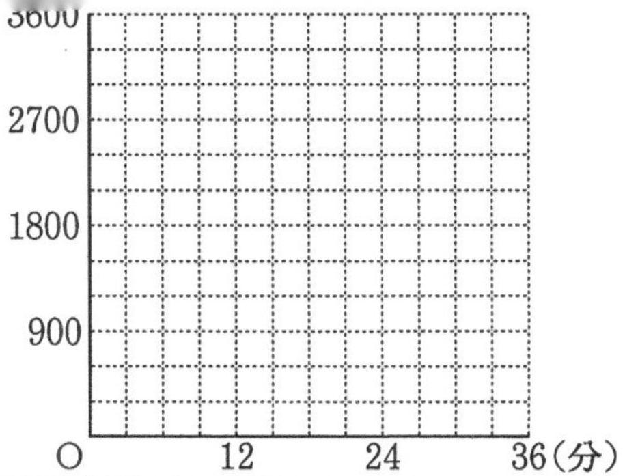		2点	
	(2)	【14】	午前9時　　分　　秒	【14】	2点	
	(3)	【15】	m	【15】	2点	
5	(1)	【16】	cm	【16】	2点	
	(2)	【17】	cm	【17】	2点	
	(3)	【18】	△CFD：△ABC＝　　：	【18】	2点	
6	(1)	【19】	7段目の左端の正三角形の板に書かれている数 ／ 7段目の右端の正三角形の板に書かれている数	【19】	1点	1点
	(2)	【20】	n ＝	【20】	2点	

検査	受付番号	得点
3		

※40点満点

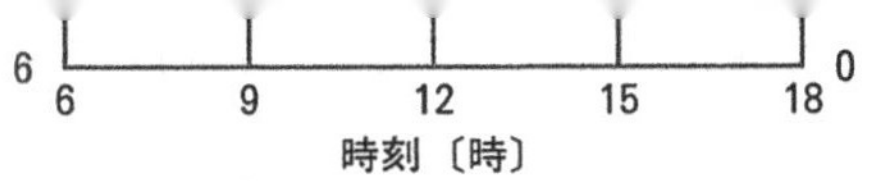

5	(1)	【11】	ア イ ウ エ ｜ A カ キ ク ｜ B カ キ ク ｜ C カ キ ク	【11】	1点	完答2点
	(2)	【12】	ア イ ウ エ	【12】	1点	
6	(1)	【13】	g	【13】	2点	
	(2)	【14】	ア イ ウ エ	【14】	2点	
	(3)	【15】	ア イ ウ エ オ	【15】	完答2点	
7	(1)	【16】	A ア イ ウ ｜ B ア イ ウ ｜ cm	【16】	1点	1点
	(2)	【17】	ア イ ウ エ オ カ	【17】	2点	
	(3)	【18】	□□□□□□□□ (5, 8)	【18】	2点	
8	(1)	【19】	N	【19】	2点	
	(2)	【20】	X ア イ ウ ｜ Y ア イ ウ	【20】	1点	1点

検査	受付番号		得点	
4				

※40点満点

2						
	（3）	【13】	ア　イ　ウ　エ　オ	【13】	完答 2点	
	（4）	【14】	ア　イ　ウ　エ	【14】	2点	

検査	受付番号						得点		
5－1									

※リスニングと合わせて40点満点

検査５−２　英語（リスニング）答案用紙

問題番号		答の番号	答	の		欄	採点欄		
3	（1）	【15】	ア	イ	ウ	エ	【15】	2点	
	（2）	【16】	ア	イ	ウ	エ	【16】	2点	
4	（1）	【17】	ア	イ	ウ	エ	【17】	2点	
	（2）	【18】	ア	イ	ウ	エ	【18】	2点	
5	（1）	【19】	ア	イ	ウ	エ	【19】	2点	
	（2）	【20】	ア	イ	ウ	エ	【20】	2点	

検査	受付番号						得点	
5−2								

※筆記と合わせて40点満点

検査５－１　英語（筆記）答案用紙

問題番号			答の番号	答の欄		採点欄		
1	（1）		【1】	①	⑥	【1】	1点	1点
	（2）		【2】	（　　）→（　　）→（　　）→（　　）→（　　）→（　　）		【2】	完答 2点	
	（3）		【3】	ア　イ　ウ　エ		【3】	2点	
	（4）		【4】	ア　イ　ウ　エ		【4】	2点	
	（5）	（a）	【5】			【5】	2点	
		（b）	【6】	ア　イ　ウ　エ		【6】	2点	
	（6）		【7】	ア　イ　ウ　エ		【7】	2点	
	（7）		【8】	ア　イ　ウ　エ		【8】	2点	
	（8）	（a）	【9】	ア　イ　ウ　エ		【9】	2点	
		（b）	【10】			【10】	2点	
						【11】		

【解答

検査4　理科答案用紙

問題番号		答の番号	答の欄		採点欄		
1	(1)	【1】	ア　イ　ウ　エ		【1】	2点	
	(2)	【2】	i群　ア　イ　ウ　エ	ii群　カ　キ　ク　ケ	【2】	1点	1点
	(3)	【3】		ア　イ　ウ　エ	【3】	1点	1点
2	(1)	【4】	ア　イ　ウ　エ		【4】	1点	
	(2)	【5】	i群　ア　イ　ウ　エ	ii群　カ　キ　ク　ケ　コ	【5】	1点	2点
3	(1)	【6】	A　B　C　D　E　F　G		【6】	完答 2点	
	(2)	【7】	ア　イ　ウ　エ　オ		【7】	完答 2点	
	(3)	【8】	ア　イ　ウ　エ	X　Y　Z	【8】	1点	1点
4	(1)	【9】	i群　ア　イ　ウ	ii群　カ　キ	【9】	完答 2点	
			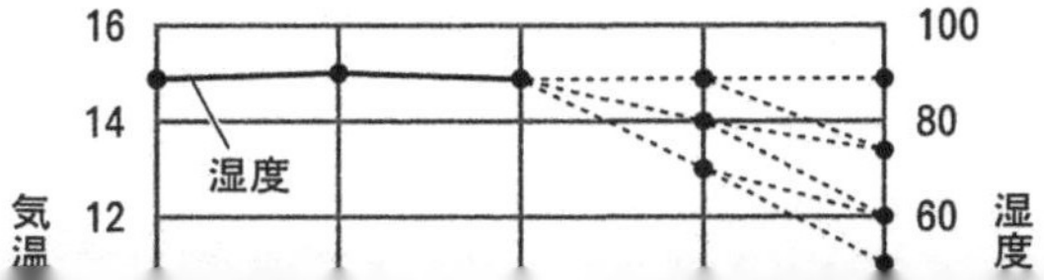		【10】		

【解答

検査３　数学答案用紙

問題番号		答の番号	答の欄		採点欄		
1	（1）	【1】			【1】	2点	
	（2）	【2】			【2】	2点	
	（3）	【3】			【3】	2点	
	（4）	【4】	$x =$		【4】	2点	
	（5）	【5】	$x =$, $y =$		【5】	完答 2点	
	（6）	【6】	$a =$	$b =$	【6】	1点	1点
	（7）	【7】	$\angle x =$ °		【7】	2点	
	（8）	【8】	およそ 個		【8】	2点	
2	（1）	【9】			【9】	2点	
	（2）	【10】			【10】	2点	
3	（1）	【11】	ア　イ　ウ　エ　オ		【11】	2点	
					【12】		

【解答

検査２　社会答案用紙

問題番号		答の番号	答の欄		採点欄		
1	（1）	【1】	ア　イ　ウ　エ	協定	【1】	1点	1点
	（2）	【2】	i群　ア　イ　ウ　エ	ii群　カ　キ　ク　ケ	【2】	1点	1点
	（3）	【3】	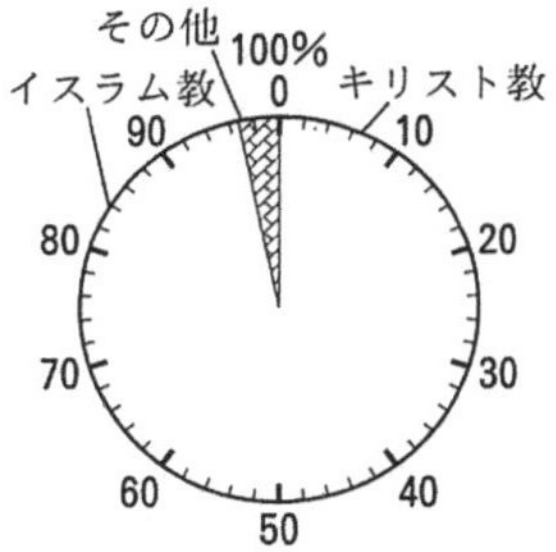		【3】	2点	
	（4）	【4】	ア　イ　ウ　エ　オ		【4】	完答 2点	
	（5）	【5】	i群　ア　イ　ウ　エ	ii群　カ　キ　ク　ケ	【5】	1点	1点
2	（1）	【6】	成田国際空港　A　B　C　D	名古屋港　A　B　C　D	【6】	1点	1点
	（2）	【7】	ア　イ　ウ　エ		【7】	2点	
	（3）	【8】			【8】	2点	

【解答

二

問	番号	解答欄	配点
(6)	【12】	ア　イ　ウ　エ	【12】2点
(7)	【13】	ア　イ　ウ　エ	【13】2点
(8)	【14】	ア　イ　ウ　エ	【14】2点
(9)	【15】	い	【15】2点
(10)	【16】	ア　イ　ウ　エ	【16】2点
(11)㊀	【17】	□□□ ～ □□□	【17】2点
(11)㊁	【18】	ア　イ　ウ　エ	【18】2点
(11)㊂	【19】	□□□□□□□□	【19】2点
(11)㊃	【20】	Ⅰ　ア　イ　ウ　エ Ⅱ　カ　キ　ク　ケ	【20】1点 1点

検査
1
受付番号
得点

※40点満点

令和４年度　京都府公立高等学校入学者選抜

中期選抜学力検査

検査２　社　会

（40分）

解答上の注意

1　「始め」の指示があるまで，問題を見てはいけません。

2　問題は，この冊子の中の**１～４ページ**にあります。

3　答案用紙には，**受付番号**を記入しなさい。氏名を書いてはいけません。

4　答案用紙の**答の欄**に答えを記入しなさい。採点欄に記入してはいけません。

5　答えを記入するときは，それぞれの問題に示してある**【答の番号】**と，答案用紙の**【答の番号】**とが一致するように注意しなさい。

6　答えを記号で選ぶときは，答案用紙の**答の欄**の当てはまる記号を○で囲みなさい。答えを訂正するときは，もとの○をきれいに消すか，それに×をつけなさい。

7　答えを記述するときは，丁寧に書きなさい。

8　**字数制限がある場合は，句読点や符号なども１字に数えなさい。**

9　答えの書き方について，次の**解答例**を見て間違いのないようにしなさい。

解 答 例

1　火曜日の翌日は何曜日か，**漢字１字**で書け。
……………………………**答の番号【１】**

2　次の（ア）～（ウ）の数を値の小さいものから順に並べかえ，**記号**で書け。　………………**答の番号【２】**

（ア）　7　　（イ）　5　　（ウ）　3

3　次の問い（１）・（２）に答えよ。

（１）　「京」の総画数として最も適当なものを，次の（ア）～（ウ）から１つ選べ。　……**答の番号【３】**

（ア）　7画　　（イ）　8画　　（ウ）　9画

（２）　次の（ア）～（オ）のうち，奇数を**すべて**選べ。
………………………**答の番号【４】**

（ア）　1　　（イ）　2　　（ウ）　3

（エ）　4　　（オ）　5

問題番号		答の番号	答　の　欄	採点欄
1		【１】	水　曜日	【１】
2		【２】	(ウ)→(イ)→(ア)	【２】
3	（１）	【３】	ア　㋑　ウ	【３】
	（２）	【４】	㋐　イ　㋒　エ　㋔	【４】

検査	受付番号						得点
2	1	2	3	4	5	6	

このページに問題は印刷されていません

1　恵《めぐみ》さんは，世界遺産についてさまざまなことを調べた。右の**資料Ⅰ**は，最初の世界遺産として1978年に登録された自然や文化財がある国々を，世界地図の一部に恵さんが灰色で塗って示したものである。これを見て，次の問い（**1**）～（**5**）に答えよ。(10点)

資料Ⅰ

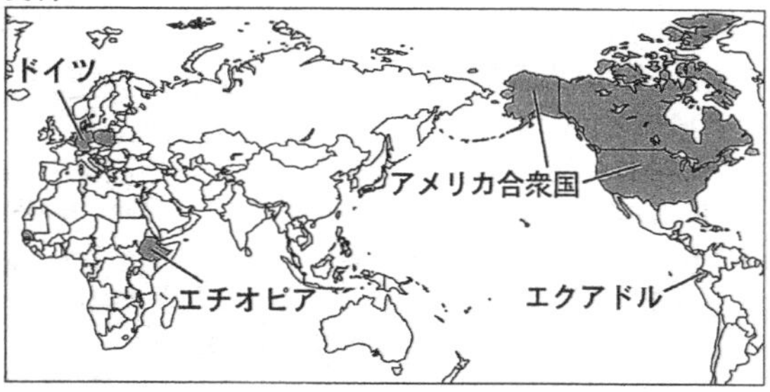

（1）　恵さんは，**資料Ⅰ**中のアメリカ合衆国における最初の世界遺産の一つが，広大な自然が見られるイエローストーン国立公園であることを知り，アメリカ合衆国の自然について調べた。アメリカ合衆国の自然について述べた文として最も適当なものを，次の（**ア**）～（**エ**）から１つ選べ。また，アメリカ合衆国は，地球環境問題の解決に向けた協定に2021年に復帰した。すべての参加国が温室効果ガスの削減目標を定め，その目標を達成するために努力していくことを義務づけたこの協定を何協定というか，**カタカナ２字**で書け。……………………………………………………**答の番号【１】**

（**ア**）　ライン川が流れている。　　（**イ**）　チベット高原が広がっている。

（**ウ**）　ミシシッピ川が流れている。　　（**エ**）　パンパと呼ばれる草原が広がっている。

（2）　恵さんは，**資料Ⅰ**中のエクアドルにおける最初の世界遺産の一つが，19世紀にエクアドルが領有を宣言したガラパゴス諸島であることを知り，19世紀の世界について調べた。19世紀に世界で起こったできごととして最も適当なものを，次の**ⅰ群**（**ア**）～（**エ**）から１つ選べ。また，エクアドルではバナナの生産が盛んである。右の**資料Ⅱ**は，2016年におけるバナナの輸出量が世界で上位５位までの国の，バナナの生産量と輸出量を，世界合計とともに示したものである。**資料Ⅱ**から読み取れることとして最も適当なものを，下の**ⅱ群**（**カ**）～（**ケ**）から１つ選べ。……………………**答の番号【２】**

資料Ⅱ

	生産量（万 t）（2016 年）	輸出量（万 t）（2016 年）
エクアドル	653	597
グアテマラ	378	215
コスタリカ	241	237
コロンビア	204	184
フィリピン	583	140
世界合計	11,328	2,064

「データブック オブ・ザ・ワールド 2019」より作成

ⅰ群　（**ア**）　インド大反乱が起こった。　　（**イ**）　ロシア革命によって社会主義の政府ができた。

（**ウ**）　フランス人権宣言が発表された。　　（**エ**）　イギリスで権利の章典（権利章典）が制定された。

ⅱ群　（**カ**）　エクアドルとフィリピンのバナナの生産量の差は，輸出量の差よりも大きい。

（**キ**）　エクアドルのバナナの生産量は，グアテマラとコスタリカのバナナの生産量の合計より少ない。

（**ク**）　バナナの輸出量の世界合計に占めるエクアドルの割合は，25%以上である。

（**ケ**）　バナナの輸出量が生産量の80%を超えているのは，エクアドルとコロンビアのみである。

（3）　恵さんは，**資料Ⅰ**中のエチオピアにおける最初の世界遺産の一つが，ラリベラの岩窟《がんくつ》教会群というキリスト教の教会群であることを知り，エチオピアで信仰されている宗教に興味を持った。右の**資料Ⅲ**は，恵さんが，2007年のエチオピアにおけるキリスト教，イスラム教，その他の宗教を信仰している人口をそれぞれ調べてまとめたものである。また，右の**資料Ⅳ**は，**資料Ⅲ**をもとに，2007年のエチオピアで信仰されている宗教の割合を，小数第１位を四捨五入して求め，その他の部分を で示したうえで，キリスト教の部分を ，イスラム教の部分を で円グラフに示そうとしている途中のものである。答案用紙の図中に，キリスト教の部分を**すべて** **で塗って**示し，円グラフを完成させよ。……………………………………**答の番号【３】**

資料Ⅲ
エチオピアにおける宗教別人口（万人）

キリスト教	4,629
イスラム教	2,504
その他	242
合計	7,375

国際連合ホームページより作成

資料Ⅳ

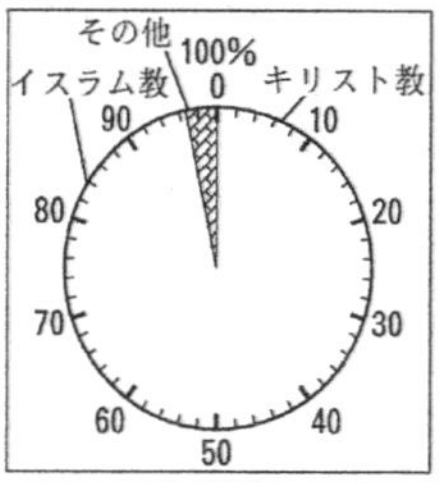

（4）　恵さんは，**資料Ⅰ**中のドイツにおける最初の世界遺産が，1000年以上の歴史を持つアーヘン大聖堂であることを知り，ドイツの歴史について調べた。ドイツについて述べた文として適当なものを，次の（**ア**）～（**オ**）から**２つ**選べ。……………………………………………………………………**答の番号【４】**

（**ア**）　大西洋憲章を発表した。　　（**イ**）　第一次世界大戦においてイギリスと同盟を結んだ。

（**ウ**）　ワイマール憲法が制定された。　　（**エ**）　第二次世界大戦においてイタリアと同盟を結んだ。

（**オ**）　ミッドウェー海戦でアメリカに敗れた。

（5）　恵さんは，世界遺産を登録し保護しているＵＮＥＳＣＯ《ユネスコ》（国際連合教育科学文化機関）が，国際連合の専門機関の一つであることを知り，国際連合について調べた。国際連合について述べた文として**適当でないもの**を，次の**ⅰ群**（**ア**）～（**エ**）から１つ選べ。また，恵さんは，日本の世界遺産についても調べ，正倉院《しょうそういん》が世界遺産の一つであることを知った。正倉院に遺品が納められている，天平《てんぴょう》文化の頃の人物として最も適当なものを，下の**ⅱ群**（**カ**）～（**ケ**）から１つ選べ。……………………………………**答の番号【５】**

ⅰ群　（**ア**）　現在の加盟国は190か国以上である。

（**イ**）　専門機関の一つとしてＷＨＯ（世界保健機関）がある。

（**ウ**）　安全保障理事会では常任理事国のみが拒否権を持っている。

（**エ**）　総会において各加盟国が投票できる票数は人口に比例して決められている。

ⅱ群　（**カ**）　桓武《かんむ》天皇　　（**キ**）　聖武《しょうむ》天皇　　（**ク**）　推古《すいこ》天皇　　（**ケ**）　後三条《ごさんじょう》天皇

【裏へつづく】

2　拓斗さんは，社会科の授業で「魅力的な旅行プラン」を提案することになり，夏の北海道を舞台とした旅行プランを考え，その行程にあることがらに関して調べた。右の**資料Ⅰ**は，拓斗さんが作成した行程表の一部である。これを見て，次の問い（1）～（5）に答えよ。(10点)

資料Ⅰ

「北海道の自然と歴史の体感ツアー」の行程表

1日目	①成田《なりた》国際空港…………たんちょう釧路《くしろ》空港＝＝北方四島交流センターで②北方領土について学ぶ（③根室《ねむろ》市）＝＝宿泊施設
2日目	宿泊施設＝＝搾乳《さくにゅう》体験（④別海《べつかい》町）＝＝阿寒《あかん》湖で伝統文化体験＝＝宿泊施設（夕食後にスターウォッチング）
3日目	宿泊施設＝＝⑤釧路湿原で清掃活動とカヌー体験＝＝塘路《とうろ》駅ー（くしろ湿原ノロッコ号に乗車）ー釧路駅＝＝宿泊施設

（1）　拓斗さんは，下線部①成田国際空港が日本有数の貿易の拠点であることを知り，貿易を行う空港と港について調べた。右の**資料Ⅱ**は，2019年の日本の空港や港における輸入額と輸出額のそれぞれ上位6港について，拓斗さんが調べたことをまとめたものである。また，**資料Ⅱ**中の**A**～**D**はそれぞれ，成田国際空港，関西国際空港，東京港，名古屋港のいずれかである。成田国際空港と名古屋港にあたるものを**A**～**D**からそれぞれ1つずつ選べ。　……………………………………**答の番号【6】**

資料Ⅱ

輸入額（2019年）				輸出額（2019年）			
順位	空港・港名	輸出入総額に占める輸入額の割合	1位の品目	順位	空港・港名	輸出入総額に占める輸出額の割合	1位の品目
1	A	55.2%	通信機	1	C	70.8%	自動車
2	B	66.4%	衣類	2	A	44.8%	半導体等製造装置
3	C	29.2%	液化ガス	3	横浜港	58.7%	自動車
4	横浜港	41.3%	石油	4	B	33.6%	半導体等製造装置
5	大阪港	55.9%	衣類	5	神戸港	62.7%	プラスチック
6	D	43.4%	医薬品	6	D	56.6%	集積回路

「日本国勢図会 2020/21」より作成

（2）　拓斗さんは，下線部②北方領土について調べる中で，日本とロシアの国境が移り変わってきたことを知り，右の**資料Ⅲ**を作成した。**資料Ⅲ**は，北方領土周辺の略地図であり，**P**～**S**の点線（---）はこれまでに日本とロシアの国境であった境界線を示している。1905年のポーツマス条約の締結によって国境はどのように変化したか，国境の変化を示す組み合わせとして最も適当なものを，次の（ア）～（エ）から1つ選べ。　………………**答の番号【7】**

資料Ⅲ

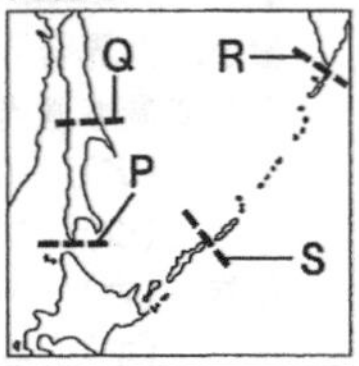

（ア）　締結前は**P**と**R**，締結後は**Q**と**R**　　（イ）　締結前は**P**と**R**，締結後は**Q**と**S**
（ウ）　締結前は**P**と**S**，締結後は**Q**と**R**　　（エ）　締結前は**P**と**S**，締結後は**Q**と**S**

（3）　拓斗さんは，下線部③根室市でかつて風力発電所の建設が中止されたことを知り，再生可能エネルギーについて調べた。右の文章は，拓斗さんが再生可能エネルギーを利用した発電についてまとめたものである。文章中の［　　］に入る適当な表現を，**供給量**という語句を用いて**9字以内**で書け。　……………………………**答の番号【8】**

下書き用［　　　　　　　　　］9

> 再生可能エネルギーを利用した発電は，温室効果ガスの排出量が少ないなど，地球温暖化対策として有効である一方で，発電コストが高いことや自然条件に電力の［　　　］ことだけでなく，立地場所の生態系への影響の大きさなどが指摘されている。そのため，再生可能エネルギーを利用した発電の拡大には，地球温暖化対策と生態系の保全などとの適切なバランスが求められている。

（4）　拓斗さんは，下線部④別海町で生乳の生産が盛んなことを知り，生乳について調べた。右の**資料Ⅳ**は，2019年に全国で生産された生乳の生産量の地方別割合と，全国で生産された生乳の牛乳等向けと乳製品向けに処理された量の地方別割合をそれぞれ，拓斗さんが示したものであり，［**A**］・［**B**］には牛乳等か乳製品のいずれか，［**X**］・［**Y**］には北海道か関東のいずれかが入る。［**A**］と［**Y**］に入るものの組み合わせとして正しいものを，次の（ア）～（エ）から1つ選べ。また，別海町は，社会生活を営む上でサポートが必要な人々の生活に対する保障や支援の一つとして，町の高齢者などに対して牛乳を配付している。これは，社会保障制度を構成する四つの柱のうち，何に含まれるか，**ひらがな7字**で書け。　…………**答の番号【9】**

（ア）　**A**　牛乳等　　**Y**　北海道　　（イ）　**A**　牛乳等　　**Y**　関東
（ウ）　**A**　乳製品　　**Y**　北海道　　（エ）　**A**　乳製品　　**Y**　関東

資料Ⅳ

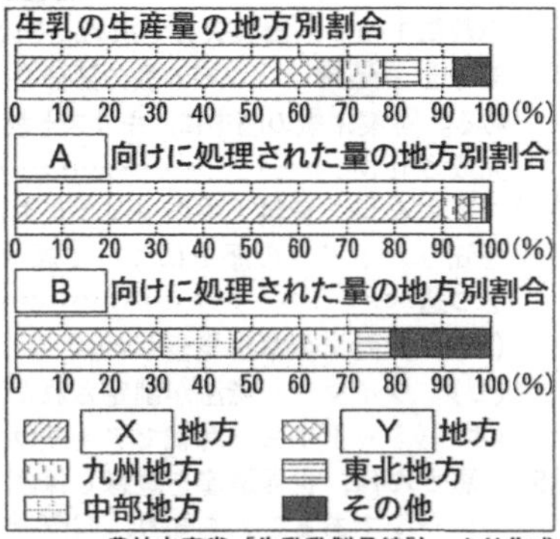

農林水産省「牛乳乳製品統計」より作成

（5）　拓斗さんは，下線部⑤釧路湿原の保全活動の一つである清掃活動に，多くの企業が参加していることを知り，企業の活動について調べ，右の文のようにまとめた。文中の［　　］に入る語句を，**漢字5字**で書け。また，現在の日本の企業について述べた文として最も適当なものを，次の（ア）～（エ）から1つ選べ。　……**答の番号【10】**

> 企業は法令を守り，より良い商品やサービスを生産し，利潤を追求するだけでなく，環境保全や地域文化への貢献などの「企業の［　　］（CSR）」を果たすことが期待されている。

（ア）　企業の10%以上が大企業である。
（イ）　企業間の健全な競争が独占禁止法によって制限されている。
（ウ）　成果主義による賃金制度にかわって，年功序列型の賃金制度を導入する企業が増えている。
（エ）　独自の技術や新たなビジネスモデルを用いて事業を展開する企業は，ベンチャー企業と呼ばれる。

3 次の**資料Ⅰ**は，「粉河寺縁起絵巻《こかわでらえんぎえまき》」の一部であり，右の会話は，**資料Ⅰ**を見ながら桜さんと俊さんが交わしたものの一部である。これを見て，下の問い（**1**）～（**5**）に答えよ。(10点)

資料Ⅰ

桜　この場面は，平安時代後期の有力者の屋敷の前の様子みたいだよ。やぐらや堀があって，門の前にいる武士たちが描かれているね。

俊　そうだね。 X が行われ， Y 文化が栄えた平安時代中期の寝殿造《しんでんづくり》の屋敷と様子が全く異なるね。

桜　つまり，同じ時代でも①住居の形態や様子は変化しているってことだね。ところで，屋敷に向かう人々は，何を運んでいるんだろう。

俊　これはきっと②年貢《ねんぐ》の一部だよ。門の前にいる武士たちは，年貢を保管している屋敷の③警備をしているんじゃないかな。

桜　なるほど。そういえば，武士が警備などの役割を担《にな》ったことは，武士が中央の④政治に関わるきっかけになったと先生が言ってたね。

（1）　会話中の X ・ Y に入るものとして最も適当なものを， X は次の**ⅰ群（ア）～（エ）**から， Y は**ⅱ群（カ）～（ケ）**からそれぞれ1つずつ選べ。　…………………………**答の番号【11】**

ⅰ群　**（ア）**　藤原《ふじわら》氏による摂関政治　　**（イ）**　後醍醐《ごだいご》天皇による建武《けんむ》の新政

（ウ）　北条《ほうじょう》氏による執権政治　　**（エ）**　中大兄皇子《なかのおおえのおうじ》らによる大化《たいか》の改新

ⅱ群　**（カ）**　北山　　**（キ）**　国風　　**（ク）**　南蛮《なんばん》　　**（ケ）**　東山

（2）　桜さんは，下線部①住居に興味を持ち，現代のさまざまな住居について調べた。桜さんは，右の**写真**の住居は，石でつくられ，石灰で壁が白く塗られたり，小さい窓の外側にブラインドが付けられたりしており，この住居がある気候を特徴づけるものであることを知った。右の**（ア）～（エ）**の，特定の気候の分布を黒で塗って示した世界地図の一部のうち，**写真**のような住居が多く見られる地域の気候の分布を示しているものとして，最も適当なものを1つ選べ。　…………**答の番号【12】**

写真

（ア）

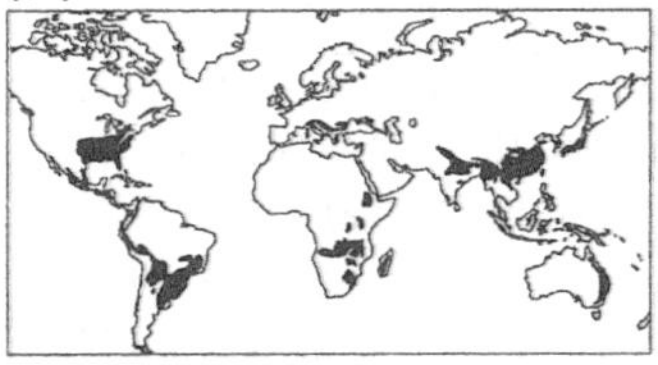

（イ）

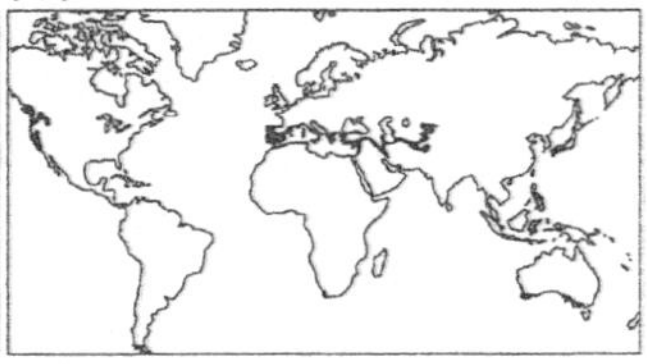

（ウ）

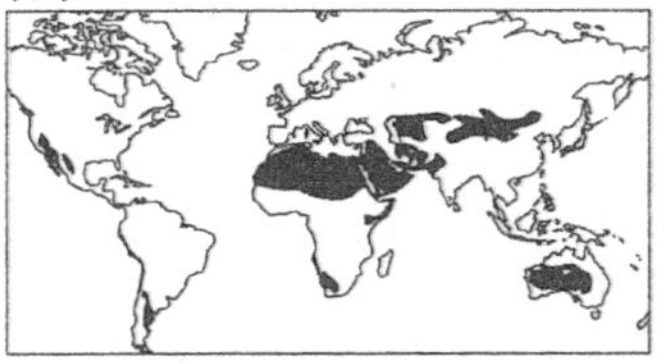

（エ）

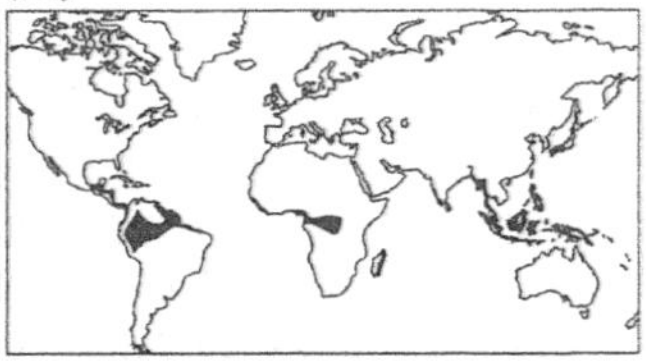

（3）　桜さんは，下線部②年貢に関する歴史について調べた。次の**（ア）～（エ）**は，年貢に関することについて述べた文である。**（ア）～（エ）**を古いものから順に並べかえ，**記号**で書け。　…………………………**答の番号【13】**

（ア）　村役人となった有力な本百姓は，年貢を徴収して幕府や藩に納入する責任を負った。

（イ）　治安維持や年貢の徴収・納入を職務とする地頭を置くことを，朝廷が初めて認めた。

（ウ）　重い年貢や借金に反発して団結した農民が，近畿地方を中心に土一揆《つちいっき》を起こすようになった。

（エ）　荘園領主や幕府に従わず，年貢をうばう悪党と呼ばれる武士が近畿地方を中心に現れ始めた。

（4）　桜さんは，かつて民衆が担っていた，下線部③警備について以前に学習したことを，右の文章のようにまとめていた。文章中の A ・ B に入るものとして最も適当なものを， A は次の**ⅰ群（ア）～（ウ）**から， B は**ⅱ群（カ）～（ク）**からそれぞれ1つずつ選べ。また，文章中の C に入る語句を，**漢字3字**で書け。　…**答の番号【14】**

　奈良時代の民衆には，年間60日以内の労役や A 地方の北部におかれた B のような兵役など，一家の働き手をうばわれてしまう重い負担が課せられた。当時の民衆の厳しい生活や B のつらさを詠《よ》んだ歌は奈良時代にまとめられた C という和歌集に収められている。

ⅰ群　**（ア）**　北海道　　**（イ）**　東北　　**（ウ）**　九州

ⅱ群　**（カ）**　防人《さきもり》　　**（キ）**　守護　　**（ク）**　屯田兵《とんでんへい》

（5）　桜さんは，下線部④政治に私たちの意見を反映させるためには，選挙が重要であることを知り，日本の選挙について調べた。右の**資料Ⅱ**は，桜さんが作成した2017年の日本の年齢別総人口と，2017年10月に行われた第48回衆議院議員総選挙の年齢別投票率を示すグラフである。**資料Ⅱ**中の20歳代の投票者数は，60歳代の投票者数の約何倍と推定できるか，最も適当なものを，次の**ⅰ群（ア）～（ウ）**から1つ選べ。また，現在の日本における選挙について述べた文として最も適当なものを，下の**ⅱ群（カ）～（ケ）**から1つ選べ。　…**答の番号【15】**

資料Ⅱ

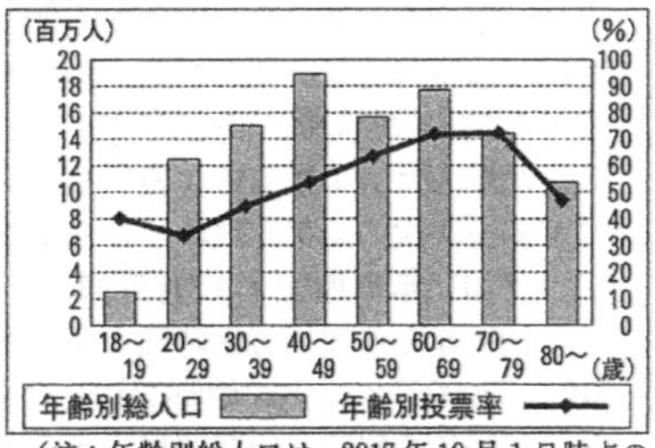

（注：年齢別総人口は，2017年10月1日時点のものである。また，年齢別投票率の数値は全国から抽出して調査したものである。）

総務省資料より作成

ⅰ群　**（ア）**　約0.3倍　　**（イ）**　約0.5倍　　**（ウ）**　約0.7倍

ⅱ群　**（カ）**　衆議院議員と参議院議員の被選挙権を得られる年齢は，同じである。

（キ）　国政選挙において，外国に居住している有権者は投票することができない。

（ク）　選挙に立候補した者は，ＳＮＳで情報を発信する選挙運動を行うことが認められている。

（ケ）　選挙当日に旅行などの外出により投票できない場合，選挙期日前に投票することは認められていない。

【裏へつづく】

4 真《まこと》さんのクラスでは「現代の日本の特色」について，班ごとにテーマを決めて調べ学習に取り組んだ。次の表は，1～5班のテーマを示したものである。これを見て，下の問い（1）～（5）に答えよ。(10点)

班	1班	2班	3班	4班	5班
テーマ	諸外国との関係	情報化の進展	家族の形態の変化	交通網の整備	働き方の変化

（1） 1班は，現在の日本と諸外国との関係が，日本がこれまで諸外国と結んできた多くの条約や同盟によって築かれていることを知った。右の**資料**Ⅰは，日本が外国と結んだ条約を，1班が年代順に並べて作成したものである。**資料**Ⅰ中の**A**～**D**のうち，日英同盟が結ばれた時期はどれか，1つ選べ。また，明治時代には不平等条約の改正を目的の一つとして岩倉《いわくら》使節団が欧米に派遣された。岩倉使節団に同行した女子留学生で，女子教育の発展に努めた人物として最も適当なものを，次の（ア）～（エ）から1つ選べ。 ……………………**答の番号【16】**

資料Ⅰ

日米和親条約が結ばれる
↕ **A**
下関《しものせき》条約が結ばれる
↕ **B**
ロンドン海軍軍縮条約が結ばれる
↕ **C**
日ソ中立条約が結ばれる
↕ **D**
日韓基本条約が結ばれる

（ア） 津田梅子《つだうめこ》　（イ） 樋口一葉《ひぐちいちよう》　（ウ） 平塚《ひらつか》らいてう《(ちょう)》　（エ） 与謝野晶子《よさのあきこ》

（2） 2班は，情報化の進展の中で情報を大量に扱うマスメディアについて調べた。右の文章は，2班がマスメディアの特徴についてまとめたものの一部である。文章中の［A］・［B］に入る語句の組み合わせとして最も適当なものを，次の**i群**（ア）～（エ）から1つ選べ。また，2班は，情報化の進展に伴い，情報公開条例が各地で制定されていることを知った。条例の制定や改廃を住民が首長に請求する場合，有権者の何分の1以上の署名が必要か，最も適当なものを，下の**ii群**（カ）～（ケ）から1つ選べ。 …**答の番号【17】**

> 1945年に［A］によって昭和天皇が日本の降伏を国民に伝えたように，マスメディアは多くの人々に一斉に情報を伝え，世論に影響を与えることもある。例えば，1960年代から70年代における［B］戦争では，マスメディアが戦況を伝えたことで，アメリカの撤兵を求める反戦運動を支持する世論が各地で高まったことなどが挙げられる。

i群
（ア） **A** テレビ放送　**B** 朝鮮　（イ） **A** テレビ放送　**B** ベトナム
（ウ） **A** ラジオ放送　**B** 朝鮮　（エ） **A** ラジオ放送　**B** ベトナム

ii群 （カ） 2分の1以上　（キ） 3分の1以上　（ク） 4分の1以上　（ケ） 50分の1以上

（3） 3班は，家族の形態の変化について調べ，1960年代以降に，核家族世帯が増加したことを知った。次の（ア）～（オ）のうち，核家族世帯にあたるものを**すべて**選べ。また，右の文は，3班が家庭生活を含めた共生社会の実現について書いたものの一部である。文中の［　　］に入る語句を**漢字6字**で書け。
………………………………………**答の番号【18】**

> 性別による役割分担という固定的な考え方を取り除き，女性の社会進出を進め，男女が家庭生活や仕事において対等な立場で活躍できる社会をつくることが求められており，1999年には男女［　　］基本法が制定された。

（ア） 単独（一人）世帯　（イ） 夫婦のみの世帯
（ウ） 夫婦と未婚の子どもの世帯　（エ） 夫婦と未婚の子どもと夫婦の両親の世帯
（オ） 一人親（父または母のみ）と未婚の子どもの世帯

（4） 4班は，交通網の整備について調べる中で，東京都と青森県を結ぶ国道4号線が，日本の陸路の国道の中で一番距離が長いことを知った。右の**資料**Ⅱは，東京都を出発して国道4号線を青森県まで北上する際に通過する都道府県をすべて，通過する順にまとめたものである。**資料**Ⅱ中の［A］に入る県名を**漢字**で書け。また，青森県が属する東北地方について述べた文として最も適当なものを，次の（ア）～（エ）から1つ選べ。
………………………………………………………**答の番号【19】**

資料Ⅱ

東京都 →埼玉県→
茨城県 →栃木県→
［A］ →宮城県→
岩手県 →青森県

（ア） 8つの県が属している。　（イ） 源義経《みなもとのよしつね》らが平《へい》氏をほろぼした戦いが行われた。
（ウ） 五街道のすべてが通っていた。　（エ） 天童将棋駒《てんどうしょうぎこま》や南部鉄器《なんぶてっき》などの伝統的工芸品がつくられている。

（5） 5班は，働き方の変化として，労働時間に注目した。右の**資料**Ⅲは，全産業における1995年から2015年にかけての，所定内労働時間，所定外労働時間，所定内労働時間と所定外労働時間の合計である総実労働時間，労働者のうちパートタイム労働者の割合を5班が示したものである。**資料**Ⅲから読み取れることとして適当なものを，次の（ア）～（オ）から**2つ**選べ。 …**答の番号【20】**

資料Ⅲ

	所定内労働時間（時間）	所定外労働時間（時間）	総実労働時間（時間）	パートタイム労働者の割合（%）
1995年	1772.4	136.8	1909.2	11.6
2000年	1719.6	139.2	1858.8	17.3
2005年	1680.0	150.0	1830.0	21.3
2010年	1653.6	144.0	1797.6	23.3
2015年	1629.6	154.8	1784.4	25.4

（注：所定内労働時間…各事業所の就業規則で定められた労働時間のうち，実際に労働した時間
所定外労働時間…残業や休日出勤など就業規則で定められた労働時間以外で実際に労働した時間
パートタイム労働者…正規の労働時間や労働日数で働く一般労働者よりも労働時間や労働日数が短い労働者）

厚生労働省資料より作成

（ア） 2015年の所定内労働時間と所定外労働時間はそれぞれ，1995年の所定内労働時間と所定外労働時間より減少した。
（イ） 2000年の総実労働時間に占める所定外労働時間の割合は，2015年の総実労働時間に占める所定外労働時間の割合より少ない。
（ウ） 2010年の総実労働時間は，1995年の総実労働時間より100時間以上長い。
（エ） 所定内労働時間が1700時間未満の年は，パートタイム労働者の割合が20%以下である。
（オ） 2015年のパートタイム労働者の割合は，1995年のパートタイム労働者の割合の2倍以上である。

【社会おわり】

2022(R4) 京都府公立高　中期
K 教英出版

令和４年度　京都府公立高等学校入学者選抜

中期選抜学力検査

検査３　数　学

（40分）

解答上の注意

1　「始め」の指示があるまで，問題を見てはいけません。
2　問題は，この冊子の中の**１～４ページ**にあります。
3　答案用紙には，**受付番号**を記入しなさい。氏名を書いてはいけません。
4　答案用紙の**答の欄**に答えを記入しなさい。採点欄に記入してはいけません。
5　答えを記入するときは，それぞれの問題に示してある**【答の番号】**と，答案用紙の**【答の番号】**とが一致するように注意しなさい。
6　答えを記号で選ぶときは，答案用紙の**答の欄**の当てはまる記号を○で囲みなさい。答えを訂正するときは，もとの○をきれいに消すか，それに╳をつけなさい。
7　答えを記述するときは，丁寧に書きなさい。
8　**円周率はπとしなさい。**
9　**答えの分数が約分できるときは，約分しなさい。**
10　**答えが$\sqrt{\quad}$を含む数になるときは，$\sqrt{\quad}$の中の数を最も小さい正の整数にしなさい。**
11　**答えの分母が$\sqrt{\quad}$を含む数になるときは，分母を有理化しなさい。**
12　答えの書き方について，次の**解答例**を見て間違いのないようにしなさい。

解答例

1　次の計算をせよ。　……………………**答の番号【１】**
　1 + 2 + 3

2　１辺が３cmのひし形の周の長さを求めよ。
……………………**答の番号【２】**

3　次の問い（１）・（２）に答えよ。

（１）　１けたの正の整数のうち，３の倍数を求めよ。
……………………**答の番号【３】**

（２）　北と反対の方角として最も適当なものを，次の（ア）～（ウ）から１つ選べ。　……**答の番号【４】**
（ア）　東　　（イ）　西　　（ウ）　南

問題番号		答の番号	答　の　欄	採点欄
1		【１】	6	【１】
2		【２】	12 cm	【２】
3	（１）	【３】	3, 6, 9	【３】
	（２）	【４】	ア　イ　(ウ)	【４】

検査	受付番号	得点
3	1 2 3 4 5 6	

このページに問題は印刷されていません

1　次の問い（1）～（8）に答えよ。（16点）

（1）　$-3^2-6\times5$　を計算せよ。　……………………………………………答の番号【1】

（2）　$\dfrac{8a+9}{4}-\dfrac{6a+4}{3}$　を計算せよ。　……………………………………………答の番号【2】

（3）　$\left(\sqrt{2}+\sqrt{5}\right)^2$　を計算せよ。　……………………………………………答の番号【3】

（4）　方程式　$0.16x-0.08=0.4$　を解け。　……………………………………………答の番号【4】

（5）　次の連立方程式を解け。　……………………………………………答の番号【5】

$$\begin{cases}7x-3y=11\\3x-2y=-1\end{cases}$$

（6）　関数　$y=\dfrac{1}{4}x^2$　について，x の変域が $a\leqq x\leqq 3$ のときの y の変域が $b\leqq y\leqq 9$ である。このとき，a，b の値をそれぞれ求めよ。　……………………………………………答の番号【6】

（7）　次の図で，4点A，B，C，Dは円Oの周上にある。このとき，$\angle x$ の大きさを求めよ。　…答の番号【7】

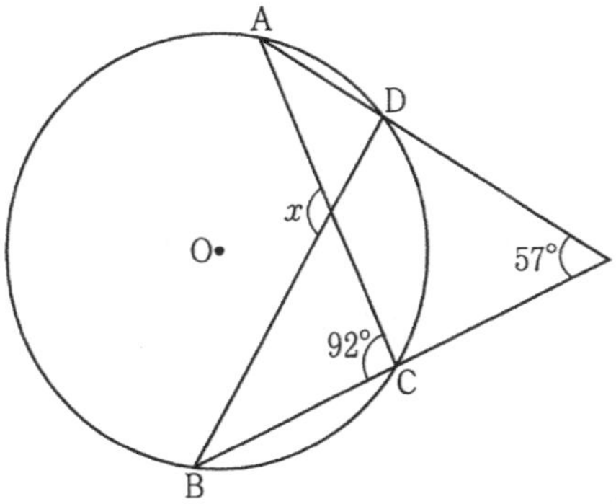

（8）　箱の中に同じ大きさの白玉だけがたくさん入っている。この箱の中に，同じ大きさの黒玉を50個入れてよくかき混ぜた後，この箱の中から40個の玉を無作為に抽出すると，その中に黒玉が3個含まれていた。この結果から，はじめにこの箱の中に入っていた白玉の個数はおよそ何個と考えられるか。**一の位**を四捨五入して答えよ。　……………………………………………答の番号【8】

【裏へつづく】

2　１から６までの目があるさいころを２回投げ，１回目に出た目の数を a，２回目に出た目の数を b とする。

このとき，次の問い（**1**）・（**2**）に答えよ。ただし，さいころの１から６までの目の出方は，同様に確からしいものとする。（４点）

（**1**）　$\frac{a}{b}=2$ となる確率を求めよ。　……………………………………**答の番号【9】**

（**2**）　$\frac{a}{b}$ の値が循環小数になる確率を求めよ。　……………………………………**答の番号【10】**

3　右の図のように，三角柱ＡＢＣ－ＤＥＦがあり，ＡＢ＝８cm，ＢＣ＝４cm，ＡＣ＝ＡＤ，∠ＡＢＣ＝90°である。

このとき，次の問い（**1**）・（**2**）に答えよ。（４点）

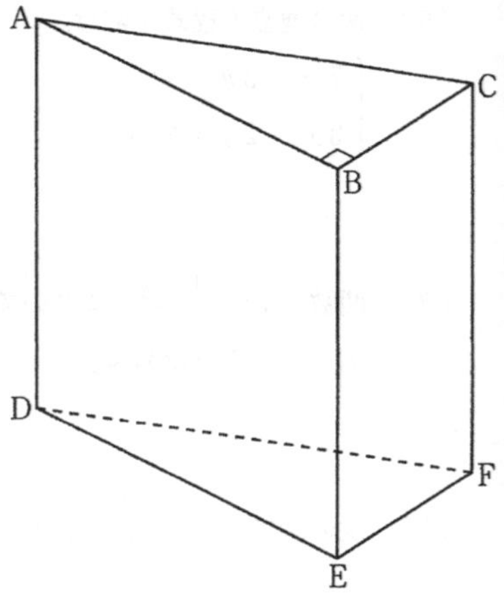

（**1**）　次の文は，点Ｂと平面ＡＤＦＣとの距離について述べたものである。文中の □ に当てはまるものを，下の（**ア**）～（**オ**）から１つ選べ。　……………………………………**答の番号【11】**

> □ をＧとするとき，線分ＢＧの長さが，点Ｂと平面ＡＤＦＣとの距離である。

（**ア**）　辺ＡＣの中点

（**イ**）　辺ＣＦの中点

（**ウ**）　線分ＡＦと線分ＣＤとの交点

（**エ**）　∠ＣＢＥの二等分線と辺ＣＦとの交点

（**オ**）　点Ｂから辺ＡＣにひいた垂線と辺ＡＣとの交点

（**2**）　２点Ｈ，Ｉをそれぞれ辺ＡＣ，ＤＦ上にＣＨ＝ＤＩ＝$\frac{9}{2}$ cm となるようにとるとき，四角錐《すい》ＢＣＨＤＩの体積を求めよ。

……………………………………**答の番号【12】**

4　右のⅠ図のように，池のまわりに1周1800 m の円形のジョギングコースがあり，このジョギングコース上に地点Aがある。ひなたさんは，午前9時ちょうどに地点Aを出発し，このジョギングコースを，一定の速さで同じ向きに2周歩いて，午前9時48分ちょうどに地点Aに着いた。また，大輝さんは，ひなたさんと同時に地点Aを出発し，このジョギングコースを，一定の速さでひなたさんと同じ向きに1周走って，地点Aに着いたところで18分間休憩した。休憩後，再び地点Aを出発し，1周目と同じ一定の速さで，1周目と同じ向きにもう1周走って，午前9時36分ちょうどに地点Aに着いた。

右のⅡ図は，午前9時から午前9時48分における，ひなたさんが午前9時に地点Aを出発してからの時間と，ひなたさんが午前9時に地点Aを出発してから進んだ道のりとの関係をグラフに表したものである。

このとき，次の問い（**1**）～（**3**）に答えよ。（6点）

Ⅰ図

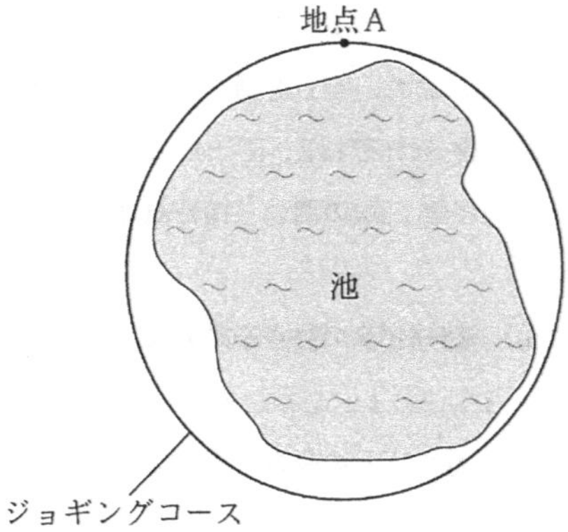

Ⅱ図

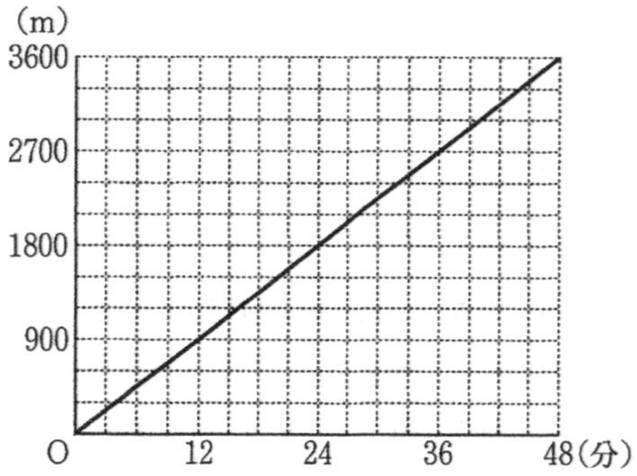

（**1**）　午前9時から午前9時36分における，大輝さんが午前9時に地点Aを出発してからの時間と，大輝さんが午前9時に地点Aを出発してから進んだ道のりとの関係を表すグラフを答案用紙の図にかけ。

……………………………………………**答の番号【13】**

（**2**）　大輝さんが，休憩後，ひなたさんに追いついたのは午前9時何分何秒か求めよ。ただし，分，秒いずれも0以上59以下の整数で答えること。　……………………………………………**答の番号【14】**

（**3**）　京平さんは，午前9時29分ちょうどに地点Aを出発し，このジョギングコースを，一定の速さでひなたさんと反対向きに1周走って，午前9時41分ちょうどに地点Aに着いた。このとき，京平さんが，大輝さんとすれ違ってから，ひなたさんとすれ違うまでに進んだ道のりを求めよ。　……………………………**答の番号【15】**

【裏へつづく】

5 右の図のように，△ＡＢＣがあり，ＡＢ＝9 cm，ＢＣ＝7 cm である。∠ＡＢＣの二等分線と∠ＡＣＢの二等分線との交点をＤとする。また，点Ｄを通り辺ＢＣに平行な直線と２辺ＡＢ，ＡＣとの交点をそれぞれＥ，Ｆとすると，ＢＥ＝3 cm であった。

このとき，次の問い（1）〜（3）に答えよ。（6点）

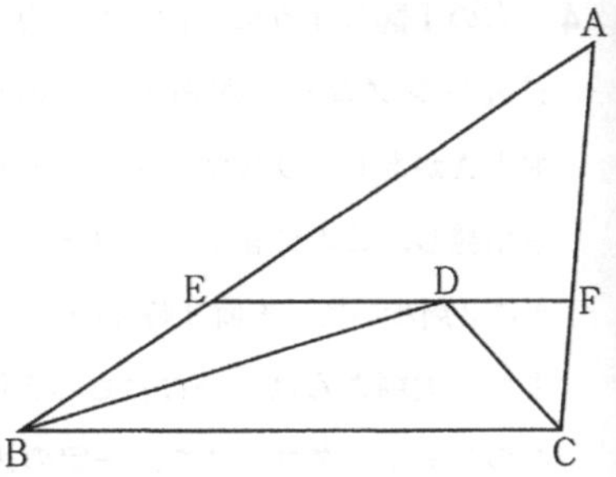

（1） 線分ＥＦの長さを求めよ。 ……………………**答の番号【16】**

（2） 線分ＡＦの長さを求めよ。 ……………………**答の番号【17】**

（3） △ＣＦＤと△ＡＢＣの面積の比を最も簡単な整数の比で表せ。
……………………………………………**答の番号【18】**

6 同じ大きさの正三角形の板がたくさんある。これらの板を，重ならないようにすき間なくしきつめて，大きな正三角形を作り，上の段から順に１段目，２段目，３段目，…とする。右の図のように，１段目の正三角形の板には１を書き，２段目の正三角形の板には，左端の板から順に２，３，４を書く。３段目の正三角形の板には，左端の板から順に５，６，７，８，９を書く。４段目以降の正三角形の板にも同じように，連続する自然数を書いていく。たとえば，４段目の左端の正三角形の板に書かれている数は10であり，４段目の右端の正三角形の板に書かれている数は16である。

このとき，次の問い（1）・（2）に答えよ。（4点）

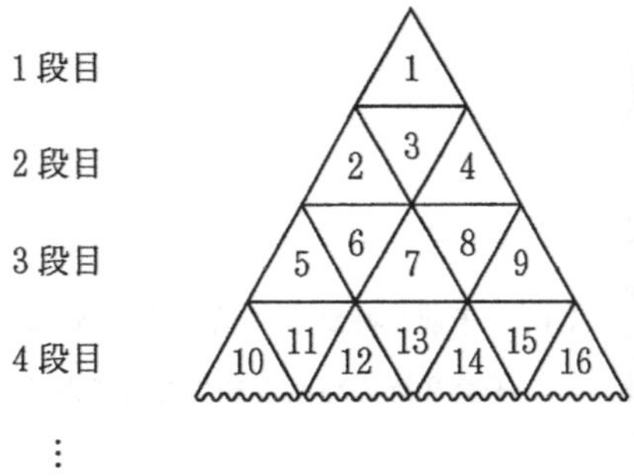

（1） 7段目の左端の正三角形の板に書かれている数と7段目の右端の正三角形の板に書かれている数をそれぞれ求めよ。 ……………………………………………**答の番号【19】**

（2） n 段目の左端の正三角形の板に書かれている数と n 段目の右端の正三角形の板に書かれている数の和が1986であった。このとき，n の値を求めよ。 ……………………………………………**答の番号【20】**

2022(R4) 京都府公立高　中期
K 教英出版

令和４年度　京都府公立高等学校入学者選抜

中期選抜学力検査

検査４　理　　科

（40分）

解答上の注意

1　「始め」の指示があるまで，問題を見てはいけません。
2　問題は，この冊子の中の**１～４ページ**にあります。
3　答案用紙には，**受付番号**を記入しなさい。氏名を書いてはいけません。
4　答案用紙の**答の欄**に答えを記入しなさい。採点欄に記入してはいけません。
5　答えを記入するときは，それぞれの問題に示してある**【答の番号】**と，答案用紙の**【答の番号】**とが一致するように注意しなさい。
6　答えを記号で選ぶときは，答案用紙の**答の欄**の当てはまる記号を○で囲みなさい。答えを訂正するときは，もとの○をきれいに消すか，それに×をつけなさい。
7　答えを記述するときは，丁寧に書きなさい。
8　**字数制限がある場合は，句読点や符号なども１字に数えなさい。**
9　答えの書き方について，次の**解答例**を見て間違いのないようにしなさい。

解 答 例

1　火曜日の翌日は何曜日か，**漢字１字**で書け。
……………………………**答の番号【１】**

2　次の（**ア**）～（**ウ**）の数を値の小さいものから順に並べかえ，**記号**で書け。　…………………**答の番号【２】**
（**ア**）　7　　（**イ**）　5　　（**ウ**）　3

3　次の問い（１）・（２）に答えよ。
（１）「京」の総画数として最も適当なものを，次の（**ア**）～（**ウ**）から１つ選べ。　……**答の番号【３】**
（**ア**）　7画　（**イ**）　8画　（**ウ**）　9画
（２）次の（**ア**）～（**オ**）のうち，奇数を**すべて**選べ。
……………………………**答の番号【４】**
（**ア**）　1　　（**イ**）　2　　（**ウ**）　3
（**エ**）　4　　（**オ**）　5

問題番号		答の番号	答の欄	採点欄
1		【１】	水　曜日	【1】
2		【２】	(ウ)→(イ)→(ア)	【2】
3	(１)	【３】	ア　㋑　ウ	【3】
	(２)	【４】	㋐ イ ㋒ エ ㋔	【4】

検査	受付番号	得点
4	1 2 3 4 5 6	

このページに問題は印刷されていません

1 右の図は夏実さんが作成した模式図であり，ヒトを正面から見たときの左うでの骨格と筋肉の一部を表している。また，次の**ノート**は夏実さんが，左うでの曲げのばしについて説明するためにまとめたものの一部である。これについて，下の問い（1）～（3）に答えよ。ただし，図中の手のひらは正面へと向けられているものとする。（6点）

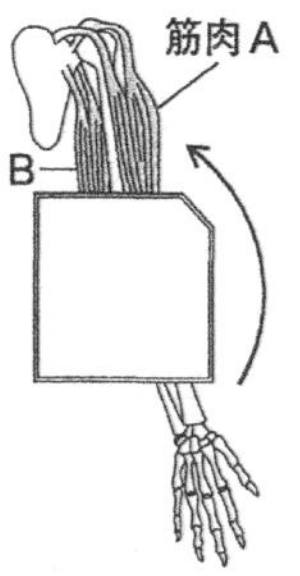

ノート

私たちが意識してうでを曲げたりのばしたりできるのは，骨や筋肉がたがいに関係し合って動いているためである。図中の，筋肉Aと筋肉Bは左うでの曲げのばしに関わっている筋肉である。

例えば，左手を左肩へ近づけようとして，図中の矢印（⟶）の方向へ左うでを曲げるときには，［　　　］。その結果，左うでが曲がり，左手を左肩へと近づけることができる。

（1） **ノート**中の下線部骨や筋肉について述べた次の（ア）～（エ）の文のうち，**適当でないもの**を1つ選べ。
……………………………………………………………………………………………………**答の番号【1】**

（ア） ホニュウ類はすべて，体の中に骨をもっている。
（イ） ヒトの筋肉の両端の，骨についている部分は，けんというつくりになっている。
（ウ） 筋肉をつくる細胞は，二酸化炭素をとり入れてエネルギーをとり出し，酸素を出している。
（エ） ヒトが口からとり入れた食物は，筋肉の運動によって，消化管を通って肛門へと送られていく。

（2） 図中の二重線（══）で囲まれた部分に入る図として最も適当なものを，次の**i群**（ア）～（エ）から1つ選べ。また，**ノート**中の［　　　］に入る表現として最も適当なものを，下の**ii群**（カ）～（ケ）から1つ選べ。
……………………………………………………………………………………………………**答の番号【2】**

i群 （ア）
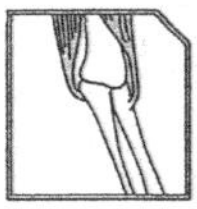
（イ）
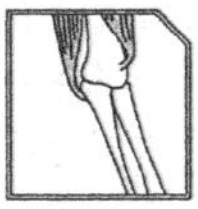
（ウ）
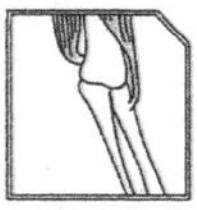
（エ）
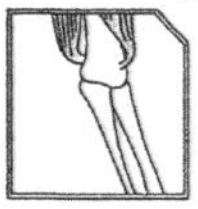

ii群 （カ） 筋肉Aも筋肉Bも縮む　　（キ） 筋肉Aは縮み，筋肉Bはゆるむ
（ク） 筋肉Aはゆるみ，筋肉Bは縮む　　（ケ） 筋肉Aも筋肉Bもゆるむ

（3） 筋肉は，多細胞生物の手やあしといった器官をつくっているものの1つである。次の文章は，夏実さんが器官について書いたものの一部である。文章中の［X］に入る語句として最も適当なものを，**漢字2字**で書け。また，下の（ア）～（エ）のうち，多細胞生物であるものとして最も適当なものを1つ選べ。 ……**答の番号【3】**

器官をつくっている，形やはたらきが同じ細胞が集まったものを［X］という。それぞれ特定のはたらきを受けもつ器官が，たがいにつながりをもって調和のとれたはたらきをすることで，多細胞生物の体全体が1つの生物として生きていくことができる。

（ア） アメーバ　　（イ） オオカナダモ　　（ウ） ゾウリムシ　　（エ） ミカヅキモ

2 次の〈**実験**〉について，下の問い（1）・（2）に答えよ。（4点）

〈**実験**〉

操作① ビーカーに，円筒型の素焼きの容器を入れ，その容器に硫酸銅水溶液を入れる。また，ビーカー内の，素焼きの容器の外側に硫酸亜鉛水溶液を入れる。

操作② 右の図のように，発泡ポリスチレンの板を用いて亜鉛板と銅板をたて，硫酸亜鉛水溶液に亜鉛板を，硫酸銅水溶液に銅板をさしこみ，電子オルゴールに亜鉛板と銅板を導線でつなぐ。

【結果】 **操作②**の結果，電子オルゴールが鳴った。

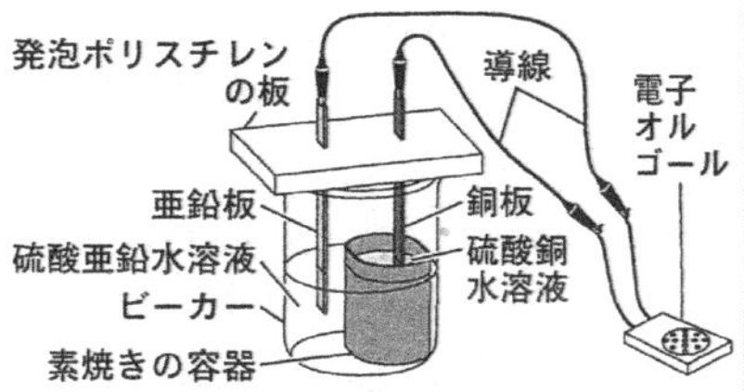

（1） 〈**実験**〉では，何エネルギーが電気エネルギーに変わることで電子オルゴールが鳴ったか，最も適当なものを，次の（ア）～（エ）から1つ選べ。 ……………………………………………………**答の番号【4】**

（ア） 核エネルギー　　（イ） 熱エネルギー　　（ウ） 位置エネルギー　　（エ） 化学エネルギー

（2） 次の文章は，〈**実験**〉について述べたものの一部である。文章中の［A］・［B］に入る表現の組み合わせとして最も適当なものを，下の**i群**（ア）～（エ）から1つ選べ。また，［C］に入る表現として最も適当なものを，下の**ii群**（カ）～（コ）から1つ選べ。 ……………………………………**答の番号【5】**

〈**実験**〉で，銅板は［A］，亜鉛板は［B］となっている。また〈**実験**〉で，素焼きの容器を用いたのは，素焼きの容器だと，［C］ためである。

i群 （ア） A 導線へと電流が流れ出る＋極　　B 導線から電流が流れこむ－極
（イ） A 導線へと電流が流れ出る－極　　B 導線から電流が流れこむ＋極
（ウ） A 導線から電流が流れこむ＋極　　B 導線へと電流が流れ出る－極
（エ） A 導線から電流が流れこむ－極　　B 導線へと電流が流れ出る＋極

ii群 （カ） イオンなどの小さい粒子は，通過することができない
（キ） それぞれの水溶液の溶媒である水分子だけが，少しずつ通過できる
（ク） イオンなどの小さい粒子が，硫酸銅水溶液から硫酸亜鉛水溶液へのみ少しずつ通過できる
（ケ） イオンなどの小さい粒子が，硫酸亜鉛水溶液から硫酸銅水溶液へのみ少しずつ通過できる
（コ） それぞれの水溶液に含まれるイオンなどの小さい粒子が，少しずつ通過できる

3 次の表は，太陽系の惑星について，太陽からの距離，公転周期，半径（赤道半径），質量，衛星の数をまとめたものであり，**A**～**G**はそれぞれ，海王星，火星，金星，水星，天王星，土星，木星のいずれかである。これに関して，下の問い（**1**）～（**3**）に答えよ。ただし，半径（赤道半径）と質量は，それぞれ地球を1としたときの値を示している。（6点）

	地球	A	B	C	D	E	F	G
太陽からの距離〔億km〕	1.50	7.78	2.28	0.58	45.04	14.29	28.75	1.08
公転周期〔年〕	1.00	11.86	1.88	0.24	164.77	29.46	84.02	0.62
半径（赤道半径）	1.00	11.21	0.53	0.38	3.88	9.45	4.01	0.95
質量	1.00	317.83	0.11	0.06	17.15	95.16	14.54	0.82
衛星の数〔個〕	1	79	2	0	14	65	27	0

（**1**） 表中の**A**～**G**のうち，地球型惑星であるものを**すべて**選べ。 ……………………………………**答の番号【6】**

（**2**） 表から考えて，太陽系の惑星について述べた文として適当なものを，次の（**ア**）～（**オ**）から**すべて**選べ。
………**答の番号【7】**

（**ア**） 太陽からの距離が地球よりも遠い惑星は，地球よりも多くの衛星をもつ。
（**イ**） 太陽からの距離が遠くなるにしたがって，惑星の半径（赤道半径）も大きくなる。
（**ウ**） 半径（赤道半径）が地球よりも小さい惑星は，地球よりも公転周期が短い。
（**エ**） 惑星の質量が大きくなるにしたがって，半径（赤道半径）も大きくなる。
（**オ**） 地球が太陽のまわりを100周する時間がたっても，太陽のまわりを1周もしていない惑星がある。

（**3**） 太陽系には，太陽系外縁天体，すい星，小惑星といった小天体がある。太陽系の小天体に関して述べた文として最も適当なものを，次の（**ア**）～（**エ**）から1つ選べ。また，太陽系は，千億個以上の恒星からなる，直径約10万光年の銀河系に属している。右の図は，銀河系の模式図である。図中の**X**～**Z**のうち，太陽系の位置を示しているものとして最も適当なものを1つ選べ。 ……………………………………………**答の番号【8】**

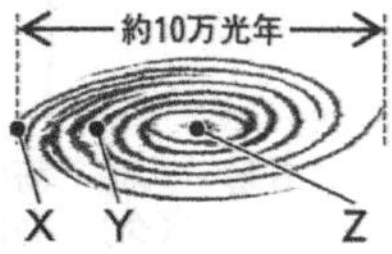

（**ア**） 太陽系外縁天体は，地球からは川のように帯状に見え，これを天の川という。
（**イ**） 細長いだ円軌道で地球のまわりを公転している小天体を，すい星という。
（**ウ**） 小惑星の多くは地球の公転軌道より内側にあり，いん石となって地球に落下するものもある。
（**エ**） すい星から放出されたちりが地球の大気とぶつかって光り，流星として観測されることがある。

4 次の会話は，京太さんが，ある日の気温や湿度について調べ，その結果について先生と交わしたものの一部である。これについて，下の問い（**1**）・（**2**）に答えよ。（4点）

京太　昨日，乾湿計を地上から［**X**］ぐらいの高さで，風通しのよい，直射日光が［**Y**］場所に置き，6時から18時まで，3時間ごとに気温と湿度を調べました。
先生　正しく乾湿計を設置できましたね。気温と湿度を調べ，何かわかったことはありますか。
京太　はい，昨日の6時，9時，12時における湿球温度計の示した値はそれぞれ8.0℃，9.0℃，8.0℃でした。この結果と，乾球温度計の示した値をあわせて考えると，それぞれの時刻における湿度は86％，87％，86％であったことがわかりました。
先生　なるほど。他にもわかったことはありますか。
京太　15時と18時における乾球温度計の示した値は，どちらも10℃でした。また，湿球温度計の示した値は，15時では8.5℃，18時では8.0℃になっていて，大きな変化は見られませんでした。
先生　よく調べられましたね。では，結果をもとに，昨日の気温と湿度をグラフにまとめてみましょう。

（**1**） 会話中の［**X**］・［**Y**］に入る表現として最も適当なものを，［**X**］は次の**i群**（**ア**）～（**ウ**）から，［**Y**］は下の**ii群**（**カ**）・（**キ**）からそれぞれ1つずつ選べ。 ……………………………**答の番号【9】**
i群　（**ア**） 15 cm　（**イ**） 50 cm　（**ウ**） 1.5 m
ii群　（**カ**） あたる　（**キ**） あたらない

（**2**） 次の図は，京太さんが調べた日の気温と湿度について，それぞれの変化をグラフで表そうとした途中のものであり，図中の点線（------）のうち，いずれかをなぞると完成する。会話および右の**乾湿計用湿度表**を参考にして，答案用紙の図中の点線のうち，6時から15時の間の気温の変化と，12時から18時の間の湿度の変化を表すために必要な点線をすべて**実線**（**――**）でなぞってグラフを完成させよ。 ……………………………**答の番号【10】**

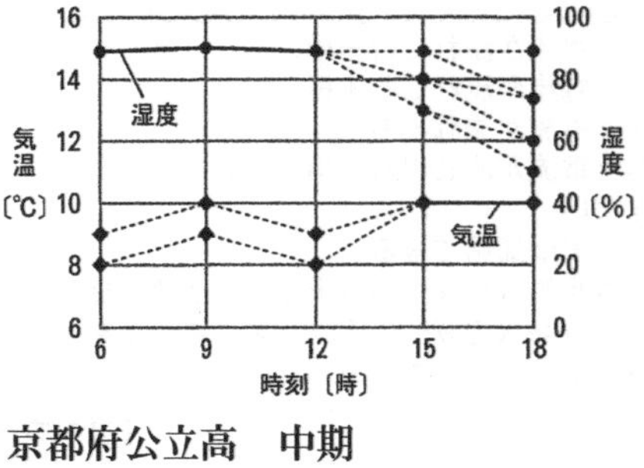

乾湿計用湿度表

乾球の読み〔℃〕	乾球と湿球との目盛りの読みの差〔℃〕							
	0.0	0.5	1.0	1.5	2.0	2.5	3.0	3.5
12	100	94	88	82	76	70	65	59
11	100	94	87	81	75	69	63	57
10	100	93	87	80	74	68	62	56
9	100	93	86	80	73	67	60	54
8	100	93	86	79	72	65	59	52
7	100	93	85	78	71	64	57	50

5 植物**A**～**C**はコケ植物，シダ植物，被子植物のいずれかであり，清《きよし》さんは，「植物**A**～**C**はそれぞれどの植物か」というクイズを出題するために次のパネル①～④を作成したが，このうち1枚に誤った内容を書いてしまった。これについて，下の問い（1）・（2）に答えよ。（4点）

パネル①	パネル②	パネル③	パネル④
植物**A**・**B**・**C**の細胞の細胞膜の外側には細胞壁がみられる	植物**A**・**C**には維管束がない	植物**B**・**C**は種子をつくらない	植物**B**には根，茎，葉の区別がない

（1） 清さんはパネル①～④のうち，誤った内容が書かれたパネルを正しい内容に書きかえることにした。このとき，パネル①～④のうち，どのパネルの下線部をどのように書きかえるとよいか，最も適当なものを，次の**ⅰ群**（ア）～（エ）から1つ選べ。また，植物**A**～**C**として最も適当なものを，下の**ⅱ群**（カ）～（ク）からそれぞれ1つずつ選べ。ただし，植物**A**～**C**はそれぞれ異なるなかまの植物である。……………………………答の番号【11】

ⅰ群 **（ア）** パネル①のみられるを「みられない」に書きかえる。
（イ） パネル②のないを「ある」に書きかえる。
（ウ） パネル③のつくらないを「つくる」に書きかえる。
（エ） パネル④のないを「ある」に書きかえる。

ⅱ群 **（カ）** コケ植物　**（キ）** シダ植物　**（ク）** 被子植物

（2） 次の文章は，清さんが，被子植物と裸子植物の違いについて書いたものの一部である。文章中の［　　］に入る表現として最も適当なものを，下の（ア）～（エ）から1つ選べ。……………………………答の番号【12】

> 被子植物と裸子植物は，胚珠と子房の特徴によって分けることができる。被子植物と異なり，裸子植物は，胚珠が［　　］。

（ア） ない　**（イ）** むき出しになっている　**（ウ）** 子房の中にある　**（エ）** 子房の中にも外にもある

6 酸化銅と炭素を用いて，次の**〈実験〉**を行った。また，下の**ノート**は**〈実験〉**についてまとめたものである。これについて，下の問い（1）～（3）に答えよ。ただし，炭素は空気中の酸素と反応しないものとする。（6点）

〈実験〉

操作① 黒色の酸化銅（CuO）の粉末3.20gと，黒色の炭素（C）の粉末0.24gをはかりとる。

操作② はかりとった酸化銅の粉末と炭素の粉末をよく混ぜ合わせ，酸化銅の粉末と炭素の粉末の混合物をつくり，試験管に入れる。

操作③ 右の図のような装置で，酸化銅の粉末と炭素の粉末の混合物をガスバーナーで十分に加熱する。このとき，石灰水の変化を観察する。

操作④ 十分に加熱ができたらガラス管を石灰水から引きぬき，ガスバーナーの火を消す。その後，ピンチコックでゴム管を閉じる。

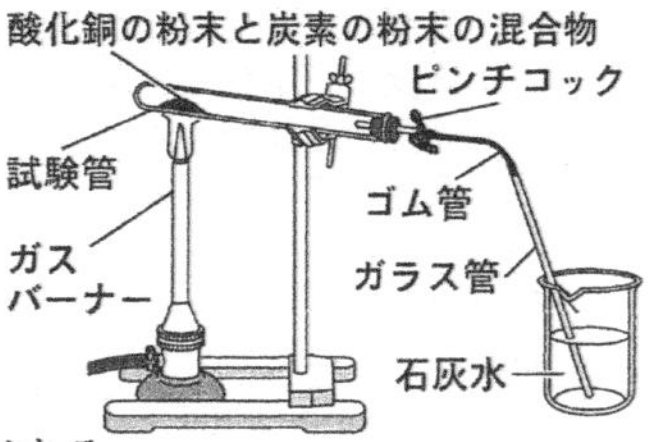

操作⑤ 試験管が冷めてから，試験管内の固体をとり出して観察し，質量をはかる。

操作⑥ **操作①**ではかりとる酸化銅の粉末と炭素の粉末の質量をさまざまに変えて，**操作②～⑤**を行う。

ノート

酸化銅の粉末と炭素の粉末の混合物を加熱したときの，石灰水の変化を観察したところ，白くにごった。また，酸化銅の粉末と炭素の粉末の質量，これらの混合物を加熱した後に試験管内に残った固体の質量と色についてまとめると，次の表のようになった。試験管内に残った固体のうち，赤色の物質をろ紙にとってこすると，金属光沢が見られた。これらのことから，炭素が酸化されて二酸化炭素になり，酸化銅が還元されて銅になったと考えられ，試験管内に残った固体の色がすべて赤色であったものは，酸化銅と炭素がどちらも残らず反応したと考えられる。

酸化銅の粉末の質量〔g〕	3.20	3.20	3.20	3.20	2.40	1.60
炭素の粉末の質量〔g〕	0.12	0.18	0.24	0.36	0.12	0.12
試験管内に残った固体の質量〔g〕	2.88	2.72	2.56	2.68	2.08	1.28
試験管内に残った固体の色	赤色と黒色の部分がある		すべて赤色	赤色と黒色の部分がある		すべて赤色

（1） **〈実験〉**において，酸化銅の粉末3.20gと炭素の粉末0.24gの混合物を加熱して発生した二酸化炭素の質量は何gか求めよ。……………………………答の番号【13】

（2） **〈実験〉**において，酸化銅の粉末3.20gと炭素の粉末0.36gの混合物を加熱した後に見られた黒色の物質を物質**X**，酸化銅の粉末2.40gと炭素の粉末0.12gの混合物を加熱した後に見られた黒色の物質を物質**Y**とするとき，物質**X**と物質**Y**にあたるものの組み合わせとして最も適当なものを，次の（ア）～（エ）から1つ選べ。……………………………答の番号【14】

（ア） **X** 酸化銅　**Y** 酸化銅　**（イ）** **X** 酸化銅　**Y** 炭素
（ウ） **X** 炭素　**Y** 酸化銅　**（エ）** **X** 炭素　**Y** 炭素

（3） **ノート**から考えて，次の（ア）～（オ）のうち，**操作②～⑤**を行うと，試験管内に残る固体の質量が1.92gになる酸化銅の粉末の質量と炭素の粉末の質量の組み合わせを**2つ**選べ。……………………………答の番号【15】

（ア） 酸化銅の粉末3.00gと炭素の粉末0.21g　**（イ）** 酸化銅の粉末2.40gと炭素の粉末0.18g
（ウ） 酸化銅の粉末2.32gと炭素の粉末0.15g　**（エ）** 酸化銅の粉末2.10gと炭素の粉末0.18g
（オ） 酸化銅の粉末2.00gと炭素の粉末0.15g

【裏へつづく】

7 凸レンズによる像のでき方について調べるために，次の〈実験〉を行った。これについて，下の問い（1）～（3）に答えよ。（6点）

〈実験〉

操作① 右のⅠ図のように，光学台上に，光源，凸レンズ，スクリーンを一直線上に設置する。

操作② 光源から凸レンズまでの距離を30 cm，40 cm，60 cmに変え，それぞれの距離において，スクリーン上にはっきりした光源の実像がうつるようにスクリーンを動かし，そのときの凸レンズからスクリーンまでの距離と，光源と比べた光源の実像の大きさを調べる。

Ⅰ図

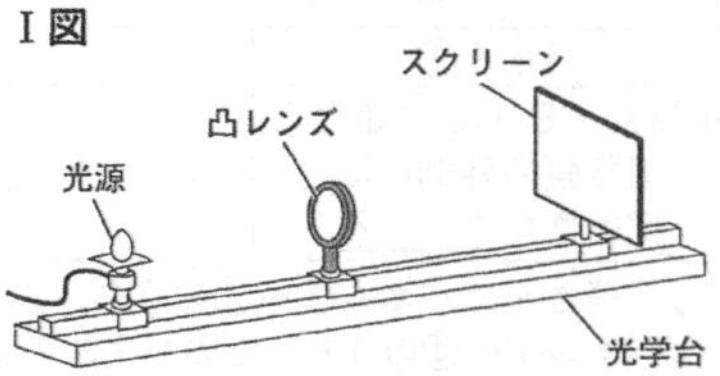

【結果】 スクリーン上にはっきりした光源の実像がうつったときの，光源から凸レンズまでの距離，凸レンズからスクリーンまでの距離，光源と比べた光源の実像の大きさをまとめると次のようになった。

光源から凸レンズまでの距離〔cm〕	30	40	60
凸レンズからスクリーンまでの距離〔cm〕	60	40	30
光源の実像の大きさ	A	光源と同じ	B

（1） 【結果】中の A ・ B に入る表現として最も適当なものを，次の（ア）～（ウ）からそれぞれ1つずつ選べ。また，【結果】から考えて，〈実験〉で用いた凸レンズの焦点距離は何cmか求めよ。 ……答の番号【16】

（ア） 光源より大きい　（イ） 光源より小さい　（ウ） 光源と同じ

（2） 操作②で，スクリーン上に光源の実像がはっきりうつっているとき，右のⅡ図のように，凸レンズの上半分に光を通さない紙をはる。このとき，光を通さない紙をはる前と比べて，スクリーン上にうつる光源の実像がどのようになるかについて述べた文として最も適当なものを，次の（ア）～（カ）から1つ選べ。 ……答の番号【17】

Ⅱ図

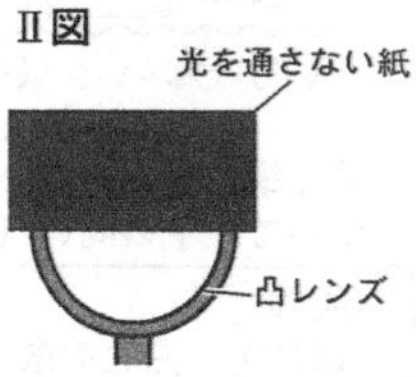

（ア） 光源の上半分だけがうつるようになり，明るさは変わらない。
（イ） 光源の上半分だけがうつるようになり，暗くなる。
（ウ） 光源の下半分だけがうつるようになり，明るさは変わらない。
（エ） 光源の下半分だけがうつるようになり，暗くなる。
（オ） 光源の全体がうつったままで，暗くなる。
（カ） 実像はまったくうつらなくなる。

（3） 凸レンズによってできる像は，実像の他に虚像もある。次の文章は，凸レンズを通して見える虚像に関して述べたものの一部である。文章中の ＿＿ に共通して入る表現を，**焦点**という語句を用いて**5字以上，8字以内**で書け。 ……答の番号【18】

> 光源を凸レンズの ＿＿ に置くと，凸レンズを通った光が広がるので実像はうつらなくなるが，凸レンズを通して実際の物体より大きな虚像が見える。
> 身近に虚像が用いられている例に，虫めがねによる観察がある。私たちが虫めがねを使って，小さな物体を拡大して観察しているとき，観察している小さな物体は，虫めがねのレンズの ＿＿ にある。

下書き用

				5			8

8 物体を持ち上げるのに必要な仕事について調べるため，誠さんは次の〈実験Ⅰ〉・〈実験Ⅱ〉を行った。これについて，下の問い（1）・（2）に答えよ。ただし，質量100 gの物体にはたらく重力の大きさを1 Nとし，斜面と物体の間の摩擦，ロープの質量は考えないものとする。（4点）

〈実験Ⅰ〉 右のⅰ図のように，質量1400 gの物体を，ロープを用いて，4.0秒かけて一定の速さで斜面に平行に1.40 m引き上げることで，はじめの位置から0.80 mの高さまで持ち上げる。

〈実験Ⅱ〉 右のⅱ図のように，質量1400 gの物体を，ロープを用いて，7.0秒かけて一定の速さで真上に引き上げることで，はじめの位置から1.40 mの高さまで持ち上げる。

ⅰ図

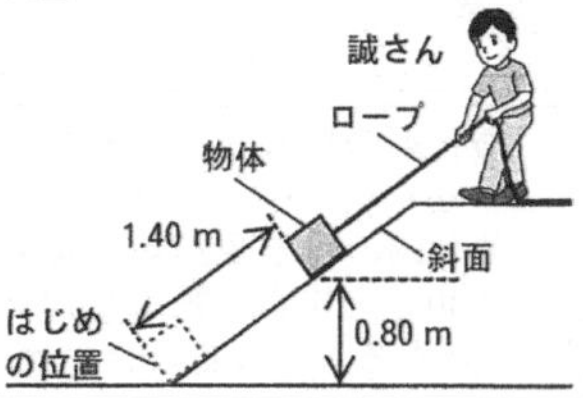

ⅱ図

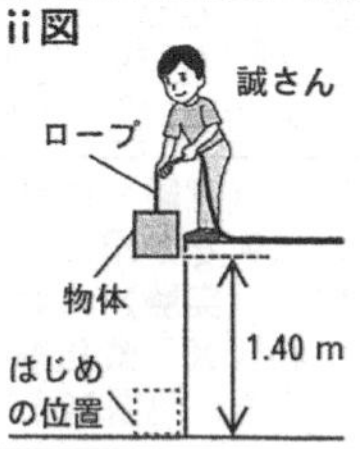

（1） 〈実験Ⅰ〉で物体を引き上げる力の大きさは何Nか求めよ。 ……答の番号【19】

（2） 次の文章は，〈実験Ⅰ〉と〈実験Ⅱ〉における，仕事と仕事率について述べたものの一部である。文章中の X ・ Y に入る表現として最も適当なものを，下の（ア）～（ウ）からそれぞれ1つずつ選べ。 ……答の番号【20】

> 〈実験Ⅰ〉と〈実験Ⅱ〉で，物体を引き上げる力が物体にした仕事の大きさを比べると X 。また，仕事率を比べると Y 。

（ア） 〈実験Ⅰ〉の方が大きい　（イ） 〈実験Ⅱ〉の方が大きい　（ウ） どちらも同じである

2022(R4) 京都府公立高　中期
教英出版